4470

Für Irene, Sara und Florian -
und für alle, die den Sprung ins Herz wagen!

Anmerkung des Autors:

Sollten Sie sich in einer der Personen wiedererkennen, muss ich Sie enttäuschen. Alle Personen sind quicklebendige Individuen, geboren aus meiner Fantasie (außer natürlich *Old Man Coyote*, dieser alte Trickser).
Aber melden Sie sich gerne bei mir.
Ich verarbeite Sie dann in meinem nächsten Roman.
Berühren Sie jedoch Handlung und Personen des Romans, so ist genau das geschehen, warum ich das Buch geschrieben habe. Und manchmal öffnet sich eben diese unsichtbare Tür in eine Welt, wo Wirklichkeit und Fantasie ineinander verwoben sind und neues Leben erblühen kann.

Gerald Ehegartner

KOPFSPRUNG INS HERZ –
ALS OLD MAN COYOTE DAS SCHULSYSTEM SPRENGTE

Roman

Tao.de Verlag

© tao.de in J. Kamphausen Mediengruppe GmbH, Bielefeld

1. Auflage 2017
Autor: Gerald Ehegartner
Umschlaggestaltung, Illustration: Leonora Leitl
Lektorat, Korrektorat: Eva Maria Nielsen
Textgestaltung: Vani M. Hopf
Printed in Germany

Verlag: tao.de in J. Kamphausen Mediengruppe GmbH, Bielefeld,
www.tao.de, eMail: info@tao.de

Bibliografische Information der Deutschen Nationalbibliothek:
Die Deutsche Nationalbibliothek verzeichnet diese Publikation
in der Deutschen Nationalbibliografie; detaillierte bibliografische
Daten sind im Internet über http://dnb.d-nb.de abrufbar.

ISBN Hardcover: 978-3-96051-904-1 (Paperback)
ISBN Paperback: 978-3-96051-905-8 (Hardcover)
ISBN e-Book: 978-3-96051-906-5 (e-Book)

Das Werk, einschließlich seiner Teile, ist urheberrechtlich geschützt.
Jede Verwertung ist ohne Zustimmung des Verlages unzulässig.
Dies gilt insbesondere für die elektronische oder sonstige
Vervielfältigung, Übersetzung, Verbreitung und sonstige Veröffentlichungen.

Inhalt

Teil 1 Einbruch in die Wirklichkeit

1	Nebelmeer Alltag	8
2	Das Lachen in meinem Wohnzimmer	11
3	Wie auf Schienen	16
4	Das Leben zuerst	23
5	Hermes, das arme Schwein	40
6	Der Ton des Saxophons	56
7	Schulaufsicht, Männertoilette und Sex	63
8	Die Kette der Unfreiheit	80
9	Meine Freunde und John	85
10	Fischottereffekt, Krishna und Burnout	91
11	Wa(h)re Kompetenz	104
12	Die Segel sind gesetzt	111

Teil 2 Zeit der Bewährung

1	Ab in die Heimat	130
2	Verwandelter Alltag und große Sehnsucht	142
3	Ein richtig gutes Erdäpfelgulasch	148
4	Der Verlust des Wilden und der schiefe Turm von Pizza	158
5	Die Vagina und das seltsame Verschwinden	165
6	Iglus und Hasenohren	168
7	Heidnische Alpenwelt und das Ende der Zeit	176
8	Der Berg ruft	193
9	Das Leben ist ein Gasthaus	212
10	Ein gelöster Coyote	222
11	Rotorblätter im Herzen, Menschenrechte – Oh du fröhliche Demut	233
12	Mit Coyote ganz allein	259
13	Die Wintersonnwendfeier	275

Erdäpfelgulasch – Rezept (für 2 Personen)	292
Erklärung	293
Österreichische Ausdrücke	294
Literatur	296
Dank	300

Die Tanzenden wurden für verrückt gehalten von denjenigen, die die Musik nicht hören konnten.
Friedrich W. Nietzsche zugeschrieben

Teil 1

Einbruch in die Wirklichkeit

1 Nebelmeer Alltag

Ruhig bleiben, Noah. Du bildest dir das ein. So wie beim Frühstück. Wer sollte auf der Couch geschlürft und geschmatzt haben, als du Kaffee getrunken hast?

Ich beschleunigte meine Schritte, die Tasche fest in der Hand. Die Schule war nicht mehr weit. Hinter mir hechelte etwas. Ich fuhr herum. Nichts. Niemand. Mist, was war mit mir los?

Diese Nacht hatte ich erneut schlecht geschlafen. Ich war vom Balkon in meine Wohnung geflüchtet, nachdem ich wieder diesen Jemand oder dieses Etwas gespürt hatte. Seit Wochen verfolgte es mich.

Nun rannte ich früher als sonst zur Schule. Dort fühlte ich mich zumindest sicher. Draußen nieselte es. Es war noch finster, der Nebel hatte das Tal fest im Griff. Die Lichtoasen der Straßenlampen leuchteten mir den Weg.

„Wer bist du?", flüsterte ich in das Nebelmeer.

Atemhauch stand vor meinem Gesicht. Was knackste da? Ich erstarrte. Panikwellen breiteten sich wie konzentrische Kreise aus.

Ein buschiger Schwanz verschwand hinter dem Lichtkegel einer Straßenlampe. Ein Hund? Mein Herz schlug laut wie eine Buschtrommel. In der Ferne vernahm ich das Geräusch eines Autos. Hörte ich ein Lachen?

Ich blickte mich um, dann rannte ich los.

Das Schulgebäude schälte sich langsam aus dem Nebel. Im Büro des Hausmeisters und im Lehrerzimmer brannte Licht. Außer Atem stemmte ich die Schultür auf und taumelte in die Aula.

„Guten Morgen. Wer hat's denn da so eilig, in die Schule zu kommen? Ein richtiges Sauwetter ist das heute wieder."

Der Hausmeister war wie immer gut gelaunt und sein warmer Bariton beruhigte meine Nerven.

„Morgen Tim!"

Ich eilte weiter und öffnete die Tür des Lehrerzimmers. Katja, die Direktorin, hängte Informationen zu Fortbildungskursen für das nächste Semester aus.

„Noah! So früh schon? Das passt hervorragend. Ich muss noch mit dir reden. Deine Schneeschuhwanderung mit Übernachtung auf der Adlerhütte ist zwar nett, aber das ist natürlich nicht durchführbar."

„Warum das denn?"

„Genau an diesem Tag ist unsere interne Fortbildung zur Kompetenzmessung. Außerdem sind wir keine Eventfirma."

„Und was ist mit der Naturwoche im Juni? Kann ich dann mit meiner Klasse in den Nationalpark fahren?"

„Leider nicht. Seit Jahren findet unsere Landschulwoche im Jugendgästehaus Hinterleitner statt. Johannes hat das zu einer Zeit eingefädelt, als du noch nicht an der Schule warst. Ich will diese bewährte Tradition wegen dir jetzt nicht kippen. Warum willst du überhaupt mit deiner Klasse zelten? Nein, mir ist das auch zu gefährlich."

Als ich in der Klasse an meinem Schreibtisch saß, stürmte Martin, ein junger Kollege, herein.

„Darf ich mir ein paar Magnete borgen? Meine sind wieder verschwunden."

„Nimm dir, was du brauchst", erwiderte ich und schrieb die versäumten Einträge ins Klassenbuch.

„Hast du heute die Nachrichten gehört? Wir haben höchstens noch zwanzig Jahre Zeit, um die Welt zu retten und den Karren herumzureißen."

„Ja, hab ich gehört. Aber hier geht die Welt nur unter, wenn das Klassenbuch nicht korrekt ausgefüllt ist. Was gibt es Wichtigeres?"

Ich wedelte mit dem Zettel, den Katja mir ins Klassenbuch gelegt hatte, weil ich zwei Biologiestunden noch nicht notiert hatte.

Meine Stimmung hob sich, als ich Deutsch unterrichtete und die Kinder über meine Witze lachten. Als es klopfte, stellte Hannah gerade ein Buch vor, dessen Titel und Inhalt sie frei erfunden hatte. Katja trat in die Klasse.

„Mach einfach weiter, Hannah."

Katja schritt nach hinten und setzte sich auf einen freien Stuhl. Hannah stockte.

„Du scheinst dich nicht sehr gut vorbereitet zu haben. Soll das eine Buchvorstellung werden?"

„Katja, die Kinder stellen Bücher vor, die es nicht gibt. Das macht Spaß und fördert die Kreativität."

„Wie bitte? Die Kinder sollen Bücher lesen und eine sehr gut vorbereitete Buchvorstellung abliefern. Oder glaubst du ernsthaft, dass diese Kompetenz bei den Bildungsstandards gefragt ist?"

Katja schüttelte den Kopf und verließ die Klasse. Als die Tür hinter ihr ins Schloss fiel, meinte Nicole: „Die Frau Direktor versteht auch wenig Spaß. Sie hat keine Fantasie, genauso wie Herr Lehrer Schmidt."

Die Zeit bis zur Freistunde spulte ich im Standby-Modus ab. Ich freute mich darauf, bald das Schulhaus verlassen zu können

2 Das Lachen in meinem Wohnzimmer

Ich stieß die Tür auf und stolperte aus dem Schulgebäude. Erstaunt kniff ich die Augen zusammen. Es war ein wunderbarer Frühlingstag, der warme Regen verstärkte den Duft der Pflanzen. Ein Hauch von Flieder, süß und schwer, Vögel zwitscherten und tschilpten und Menschen tanzten durch die Straße.

Was war passiert?

Ich schlang die Arme um mich, musste mir eingestehen: Junge, es ist nicht mehr weit bis zum Gefrierpunkt. Es nieselt, wir haben Ende November und Nebelkrähen gehören auch zu den Singvögeln. Weiß Gott, warum!

War der Kontrast zum Grau der Schule zu groß, sodass mein Gehirn mir kurz einen Frühling vorgegaukelt hatte? Wollte ich so sehr dieser Freudlosigkeit entfliehen?

„Das Leben ist ein wandelnd Schattenbild …", flüsterte ich und atmete tief durch. „Warum ist es so verdammt trist an unserer Schule? Man übersieht sogar die hübschen Kolleginnen. Wo ist das Leben? Was ist mit meinem Leben?"

Frustriert bog ich an der nächsten Kreuzung nach links ab. Die Straße führte den Hügel hinauf zu meiner Wohnung. Ich rannte neben einem dichten Wäldchen durch die kalte Tröpfchenwand. Bald waren meine Haare nass und Tropfen liefen in meinen Kragen. Ich fröstelte.

Endlich angekommen. Ich knallte die Tür hinter mir zu, rubbelte mein Haar trocken und stellte Wasser für einen Filterkaffee auf.

Bloß keine Einheitskapseln, die den Namen Kaffee nicht mehr verdienten. Kaffee in Kapseln einzusperren, das war genauso schlimm, wie einen Delfin in einem Plastikschwimmbecken zu halten.

„Gott, bist du griesgrämig!"

Als ich die rauchige Stimme hinter mir hörte, wirbelte ich herum. Auf meinem Sofa hockte ein gut trainierter, älterer Mann. Auf dem Kopf trug er einen Cowboyhut und er hatte Schultern, so breit, als würde er jeden Tag Säcke schleppen. Unter der Lederjacke spannte sich das Hemd über seiner Brust.

„Was guckst du so blöd, Noah? Tut mir leid für meine Verspätung!"

Er warf die Hände theatralisch in die Luft. „Niemand heilt durch Jammern seinen Harm."

Ich war sprachlos. Was machte der Alte in meiner Wohnung? Wie war er hereingekommen? Hatte ich die Tür am Morgen nicht abgeschlossen? Warum kannte er meinen Namen? Schweiß stand mir auf der Stirn. Vielleicht bildete ich mir das alles nur ein? Wenn ich die Augen schloss, würde sicher alles verschwinden.
Der Alte.
Der Cowboyhut.
Die Lederkluft.
Ich presste die Lider zusammen und riss die Augen wieder auf.

Der Mann saß immer noch auf meinem Sofa. Sichtlich vergnügt. Er grinste.

„Verschwinden Sie oder ich rufe die Polizei!"

„Die Polizei? Aber ich bin die Polizei, die dich von dir selbst befreit!"

Idiot. Der war sicher aus der Irrenanstalt entwischt.

Ich kramte nach meinem Handy. Aus den Augenwinkeln bemerkte ich, wie er mich ansah. Er war ein komischer Kauz, etwas seltsam, aber irgendwie friedlich.

Also gut. Ich würde es ohne Polizei versuchen. Ich stopfte das Handy in die Tasche und öffnete die Tür.

„Machen Sie, dass Sie wegkommen. Sonst muss ich wirklich etwas unternehmen!"

„Soll ich wirklich da raus? Und mir den Arsch abfrieren? Seinen Freund und Helfer jagt man nicht nach draußen in dieses Scheißwetter."

„Mir reicht es, wenn Sie bis vor meine Haustür gehen. Aber vorher sagen Sie noch: Wie sind Sie hier hereingekommen? Die Tür war abgesperrt."

„Wenn du mich duzt, erklär ich es dir. Außerdem fühle ich mich dann jünger."

„Gut. Wie bist du reingekommen?"

Ich sah dem Kerl direkt ins Gesicht. Eine Welle der Vertrautheit brandete heran.

„Verwandte Seelen knüpft der Augenblick des ersten Seh'ns mit diamantenen Banden."

Er schüttelte sich vor Lachen und ein buschiges Etwas schlüpfte aus seiner Lederhose und bewegte sich.

Oh Gott, jetzt bin ich völlig durchgeknallt! Ein alter Mann mit Fuchsschwanz und Cowboyhut zitiert Shakespeare auf meinem Sofa.

„Erstens: Ja, du brauchst Gott, Noah!", begann er. „Zweitens: Aber ganz anders, als du dir das vielleicht vorstellst. Drittens: Der Frühling ist nun da, denn ich bin ein Vertreter des Frühlings in dir."

Er lächelte mich an. Erst jetzt bemerkte ich seine weißen, langen Haare, die nicht genug Platz unter dem Cowboyhut fanden.

„Und viertens: Du und die Schule – ihr habt schon lange einen Sinn verloren, den ihr nun dringender braucht als je zuvor: den Möglichkeitssinn. Du hattest ihn. Und jetzt bist du gerade dabei, ihn zu verlieren. Und fünftens: Ich hoffe, du bist noch ein wenig verrückt, damit dich das Leben bewegen und ver-rücken kann."

Der Alte lachte laut, riss dabei den Mund so weit auf, dass ich seine Mandeln sehen konnte. Er schüttelte sich wieder, aus seinem Bauch schienen Eruptionen nach oben hin auszubrechen.

„Ach ja, sechstens hätte ich fast vergessen. Nimm das ganze Theater nicht zu ernst!"

Ich setzte mich ihm gegenüber, balancierte vor und zurück auf meinem Gymnastikball. Immer noch wusste ich nicht, was ich von dem Kauz auf meinem Sofa halten sollte, aber wenn er lachte …

Mein Gott war das ein Lachen! Und er roch verdammt gut. Was war das für ein Duft? Eine Mischung aus Rosenwasser, Weihrauch, Salbei und Lagerfeuer? Keine Ahnung. Jedenfalls wirklich gut.

„Wenn du schon auf meinem Sofa hockst, möchte ich wissen, wer du bist! Sofort."

„Dein Lehrer!"

„Den brauch ich nicht, das bin ich selbst."

„Stimmt. Momentan eher immer leerer!"

Was bildete er sich ein, so mit mir zu reden?

„Wer schickt dich? Katja, meine Chefin, kann das ja wohl nicht sein ..."

„Eine ziemlich hohe Schulbehörde."

„Wo soll diese denn sein?"

„Milchstraße 12 – 13."

„Verarsch mich nicht, alter Narr, sonst hörst du gleich hinter dir die Tür zuschlagen!"

„Besser ein weiser Tor als ein törichter Weiser, du Milchgesicht!"

„Mir reicht's! Du bist in meiner Wohnung, sitzt auf meinem Sofa und ich hab dich nicht hereingebeten. Da brauch ich mir so was nicht bieten zu lassen ..."

„Reg dich nicht künstlich auf. Gib mal einen Kaffee rüber! Ohne Milch. Endlich einer von der guten Sorte, noch dazu Fair Trade und nicht wie bei den meisten Kapselfressern alles verdreht."

„Danke für das Kompliment."

Ich reichte ihm den Kaffee.

„Warum musterst du mich so?", fragte er plötzlich, während er zum Fenster hinaussah und den Kaffee schlürfte.

„Warum trägst du einen Schwanz und ...?"

„Oh, Entschuldigung. Es ist wohl an der Zeit, mich genauer vorzustellen. Obwohl, es tut nicht viel zur Sache. Gestatten, ich bin *Coyote. Old Man Coyote.* Aber eigentlich bin ich das Universum, der Ozean im Tautropfen, der Kaffee in der Kapsel. Du übrigens auch, du Hosenscheißer."

„Bist du immer so vulgär? Du redest wie mein alter Kollege, der Sport unterrichtet."

„Ja, der hat was drauf, die Kinder mögen ihn. Er hat nur seine Probleme. Du weißt schon."

„Woher weißt du das? Kennst du die halbe Welt? Woher kennst du mich? Ich meine, du weißt meinen Namen und ..."

„Ich beobachte euch schon eine ganze Weile."

„Sehr vertrauenserweckend, wirklich, ich bin erfreut *Old Man Coyote.*"

„Also, Noah, schreib dir Folgendes hinter die Ohren. Ich werde dich in den Freistunden unterrichten. Und manchmal an den

Nachmittagen. Oder an den Abenden. Du kochst den besten Kaffee und ich gebe dir die besten Stunden. Du brauchst es dringend. Abgemacht?"

„Warum brauche ich Unterricht?"

„Um dich aufzurichten, Noah. Das wird auch deinen Kindern helfen."

Dann erhob er sich und tänzelte zur Tür. Dort drehte er sich um, steckte seinen buschigen Schwanz in die Hose und zwinkerte mir zu.

Kurz konnte ich ihn noch hören, er lachte. Weg war er!

Er schien sich in Luft aufgelöst zu haben.

3 Wie auf Schienen

Ein Blick auf die Uhr genügte. Die Freistunde war fast vorbei.

Ich schnappte mir meine Tasche, sprang die Stiegen hinunter, rannte aus der Haustür und stolperte beinahe über einen Fuchs, der gemächlich über die Straße trottete.

Hatte ich hier jemals einen lebenden Fuchs gesehen? Drehte ich jetzt völlig durch? War ich auf Drogen?

Vor ein paar Jahren hatte ich das letzte Mal gekifft.

Vielleicht hatte ich das ADHS-Medikament eines Schülers erwischt. Oder stand ich kurz vor einem Burn-out?

Traf auf mich die neue Modediagnose der Tiefenwahrnehmungsstörung zu, welche hauptsächlich männliche Schüler zu befallen schien? Vielleicht war das ansteckend und sprang auf Lehrer über?

Trotzdem fühlte ich in diesem Moment das Leben tiefer denn je. Merkwürdig!

„Herr Lehrer, Sie haben Farbe! Im Gesicht!"

Florian zappelte in der ersten Reihe. Wie schön, dass die Kinder heute so fröhlich waren und mich bunt wahrnahmen.

Doch dann verstand ich: Ich hatte mir bunten Kreidestaub in den Dreitagebart gestrichen. Mist! Warum war ich nur immer wieder so peinlich? Warum lebten wir an unserer Schule noch in der Kreidezeit? Andere Schulen verwendeten schon lange interaktive Boards.

„Weißt du, warum Engel fliegen können?"

Ich hatte Patrizia, meiner Kollegin, von der Kreidegeschichte berichtet. Eigentlich erzählte ich ihr immer alles. Nur von Coyote sagte ich nichts. Und nun stand sie vor mir und schaute mich mit schief gelegtem Kopf an.

„Noah, bist du noch da? Warum also können Engel fliegen?"
„Keine Ahnung!"
„Weil sie sich selbst nicht so ernst nehmen", erklärte sie und sauste weiter zu einem Schüler in Not.

Am Nachmittag unterrichtete ich zusammen mit meiner älteren Kollegin Gertrude, die ich zweimal in der Woche unterstützte.

Gertrude war so nett wie ihre Stunden quälend waren, denn sie hatte eine Leidenschaft: Sie war begeistert von sich selbst, so sehr, dass sie nicht einmal bemerkte, dass einige Schüler Mittagsschlaf machten, während sie unterrichtete.

Sie säuselte entzückt und ihre Stimme wirkte mit der Zeit so leise wie ein Radio, das irgendwo im Hintergrund in einer Gefängniszelle dudelte. Die Schüler schauten mich flehend an, aber ich konnte nichts machen. Gertrude schwebte wie eine entrückte Fee in höheren Gefilden, für Kinder und Kollegen unerreichbar.

Auch meine Gedanken drifteten ab – zu *Old Man Coyote*. Ich war hin- und hergerissen. Bildete ich mir alles nur ein?

Oder hatte er wirklich auf meinem Sofa gesessen?

Zuhause angekommen hockte ich mich auf meine Couch, genau dort, wo Coyote gesessen hatte und rief mir alles in Erinnerung.

Egal, ob ich es mir eingebildet hatte oder nicht: Wie konnte mir nur so etwas Verrücktes passieren?

Auf der Suche nach einer Lösung des Rätsels kramte ich in den Erinnerungen an die letzten Jahre. Szenen aus meiner Vergangenheit perlten wie Kohlensäurebläschen hoch.

Drei Jahre unterrichtete ich nun schon an dieser Mittelschule. Nach meinem Abschluss, kurz nach dem ersten Sex in dem Auto, das ich von meinem Vater geschenkt bekommen hatte, lebte ich als Straßenmusiker, Skilehrer, Weltreisender, Gitarrenlehrer und Freizeitpädagoge.

Die Welt war bunt gewesen und alle Türen schienen mir offen zu stehen. Trotzdem entschied ich mich für die Klassentür. Ich konnte mir keinen sinnvolleren Beruf als den des Lehrers vorstellen. Kinder liebte ich einfach. Ich wählte die Fächer Deutsch und Sport. Neben dem Bankfach – in diesem hatte ich als Schüler immer mein Pausenbrot verstaut – waren es die beiden Lieblingsfächer in meiner Schulzeit.

Während des Studiums an der Hochschule lernte ich viel – über hübsche Frauen, spannende Lokale, mitreißende Bands, neue Sportarten und auch über heilige, pädagogische Theorien, vorgetragen von praxisfernen Liebhabern junger Frauen, den Professoren. Danach ging ich nach Bayern und wurde als der charmante, unkonventionelle und etwas schüchterne Pädagogenlegionär endlich auf die Kinder losgelassen. Ich war geschätzt, vielleicht nicht so wie David Alaba, aber immerhin. Zwei Jahre später kehrte ich mit einem Rucksack voller Erfahrungen nach Österreich zurück, bereit, die Welt zu erobern. Doch es sollte anders kommen.

Kurz nach meiner Rückkehr starb mein geliebter Papsch völlig überraschend. Wir wollten uns, jetzt, wo ich im Nachbarort als Lehrer arbeitete, wieder öfter sehen, gemeinsam Sport treiben und einfach das Leben genießen. Er war stolz auf mich gewesen und froh, dass ich Lehrer geworden war.

Mein Herz war damals kurz davor, in tausend Stücke zu zerspringen.

Bald vergammelte der Rucksack voller Erfahrungsschätze in der letzten Ecke meines Lehrergehirns. Er war vergessen und wurde nicht mehr ausgepackt. Der Schulalltag peitschte mich wie ein Tyrann durch ein Leben, das nicht mehr meines war, und ich lebte, wie der Alte auf meinem Sofa gesagt hatte, nach dem Motto, das ich von der Schule nur zu gut kannte: Mache das Mögliche unmöglich!

Früher schien mir das Motto unmöglich, aber ich war eines Besseren belehrt worden. Nur meine Aufgabe als Klassenlehrer machte mich froh. Die Kinder waren wie Farbkleckse auf der grauen Leinwand meines Lebens.

Und jetzt war dieser Fuchsschwanztyp auf meiner Couch gehockt. Das war eigentlich völlig unmöglich, etwas, das ich nicht einordnen konnte. Aber es rührte mich in meiner Seele an. Ich war verwirrt und trotzdem glücklich. Dieses Gefühl war zart und zugleich stark, so wie ein Löwenzahn, der durch den Asphaltboden bricht. So ähnlich wie dieses trotzige Unkraut fühlte ich mich.

Um auf andere Gedanken zu kommen, googelte ich den Namen *Old Man Coyote*. Aber die Beschreibungen klangen fremd, fern von der Realität in meinem Leben.

Es war, als lese man Legenden über Yeti, der plötzlich an der Tür läutete, mit einem Eislutscher im Mund - und eine Skitour vorschlug.

Spätabends, nachdem ich die Deutschhausaufgaben korrigiert hatte, krachte ich todmüde ins Bett und hoffte, einen traumlosen Schlaf zu finden. Einen Augenblick später schrillte der Wecker.

„Aufstehen, mein Schatz!", rief meine Mutter. „Sonst kommst du zu spät zur Schule!"

Schule? Hm?

Hastig schlang ich mein Frühstück runter, kippte den Kakao hinterher und schwieg meine Schwester und meine Mutter an. Mein Vater war schon bei der Arbeit. Er war immer so witzig und ich vermisste ihn am Frühstückstisch.

Kurz darauf lief ich hinaus mit der Schultasche am Rücken.

Noch nicht lange war ich auf der neuen Schule, die mir schon wieder alt vorkam. Meine Freunde verschönerten mir meinen Schulalltag, aber die Lehrer wirkten auf mich wie Wesen aus einer anderen Welt. Nur der eine oder andere erreichte mich und nahm mit mir Kontakt auf. Nach einiger Zeit, ich wurde älter und älter, entdeckte ich, dass die meisten Lehrer auf Schienen fuhren. Als würden sie unsichtbar gesteuert.

Finn, mein Freund, zeigte mir, dass die Farben transparent und über die Jahre immer blasser wurden. Gerade bei vielen älteren Lehrern war kaum noch eine Farbe zu erkennen.

„Schau", sagte Finn, „immer haben sie Recht. Sie wissen genau, wie alles funktioniert."

„Na ja, schwer ist das doch nicht. Die sind ja auf Schiene, folgen immer und immer wieder denselben Weg und machen Pause bei denselben Stationen."

Ich sah, wie diese fahlen Gestalten Essen für uns Kinder in den Händen hielten; ein ungenießbarer, grauer Fraß, aufgewärmt und lieblos zubereitet. Alles war verkocht, die Zutaten hatten das Haltbarkeitsdatum längst überschritten.

Immer öfter erhielt die Schule Fertigprodukte, alles normgerecht, überprüft und extra in Fabriken von Experten produziert. Die Lehrer priesen die Vorteile dieser Produkte. Auf ihren Schienen brachten sie das Fabrikssessen zu uns Schülern in die Klassen. Dabei schauten sie an uns vorbei.

Nur wenn wir den Unterricht störten, traf uns ein entwürdigender Blick. Wenn wir dagegen anfingen, auch auf den Gleisen zu fahren, erhielten wir einen müden, aber anerkennenden Blick.

Die Schienen in der Schule waren seit Kurzem mit einem äußeren Schienennetz verbunden. Fast alles wurde zentral programmiert, geregelt und ferngesteuert.

Einige Kinder hielten das nicht aus. Zwei von ihnen mussten Medikamente zur Beruhigung nehmen. Danach glitten sie mühelos auf den Gleisen und ernteten viel müdes, teilnahmsloses Lob.

Man wollte alle auf Schiene bringen, aber wir hatten keine Lust, denn die Vorbilder stießen uns ab. Die Verantwortlichen für das Schienennetz und die Schienenbenutzer machten Druck, graue Angst sollte uns zwingen. Man drohte uns mit der Sperre der Zukunft, sollten wir die Schienen nicht benutzen. Ein Junge begehrte auf. Danach gab es viele graue Fragen und noch mehr Pillen.

„Ist hier jeder auf Schiene?", fragte ich Finn.

„Fast alle, aber es gibt Ausnahmen. Schau mal dort, der Lehrer ... Er ist neu in dieser Geisterbahn. Er kommt aus dem Leben. Aber er wirkt schon verunsichert. Ich sag dir, bald läuft der auch schnurgerade, wenn er sich nicht entscheidet. Sonst wird für ihn entschieden."

Ich behielt ihn im Auge. Er hatte Kuchen mitgenommen, in den er seine gute Laune hineingebacken hatte. Ganz frisch war der Kuchen, noch warm und er duftete himmlisch. Der Lehrer aß mit den Kindern und lachte mit ihnen. Die Kinder schoben sich den letzten Krümel in den Mund und leckten sich die Finger ab. Danach waren sie alle lebendiger, hatten Farbe im Gesicht und in der Stimme.

„Und die da, die junge Lehrerin im roten Kleid, die ist auch noch nicht auf Schiene. Sie macht, was sie will und hat einen unvergleichlichen Humor."

Auch sie backte für die Schüler, ihre Torte strahlte im Klassenraum genauso wie die Herzen der Kinder.

Danach entdeckte ich eine Frau und einen Mann, beide Mitte zwanzig. Die Frau war kühl und distanziert, der Mann schlank und groß gewachsen. Über das äußere Schienennetz glitten sie in das Schulgebäude, so schnell, dass sie uns Schüler gar nicht sahen. Sie hielten die Fertigprodukte in den Händen, aber alles ging so rasant. Während sie vorbeiflitzten, teilten sie das Essen aus.

Ich war enttäuscht. Die farblosen Muster ihrer Kleidung passten zu der Fertigproduktverpackung.

„Wer war das denn?", fragte ich Finn.

„Die zwei Neuen, aber die waren schon voll programmiert, bevor sie über das Außennetz an die Schule kamen."

Finn fuhr sich mit der Hand durch die Haare und wies mit dem Kopf in eine andere Richtung.

„Und der Kugelbauch da, siehst du ihn? Der mit dem langen Bart? Das ist ein Lehrer im Ruhestand. Du hast ihn nicht erlebt, aber ich sag dir, die halbe Schule weinte, als er ging."

„Er war nie programmiert", hörte ich eine Stimme hinter mir, „aber der junge Mann dort wird gerade programmiert. Er sollte aufpassen!"

Eigenartig. Woher kannte ich diese Stimme?

Verwirrt blickte ich mich um, sah aber niemanden mehr. Einen Lidschlag später duftete es nach Lagerfeuer und Kuchen.

Wo kam dieser Geruch her?

Dann stockte mir der Atem. Der junge Lehrer. Das war ich!

Ich wachte auf, war hellwach und mein Herz trommelte gegen die Rippen. Kalter Schweiß stand auf meiner Stirn.

Sofort sprang ich aus dem Bett, stolperte zur Toilette, kotzte und weinte. Sollte ich mich krankmelden?

Nein, nicht bei Katja. Dazu hatte ich keine Kraft. Kaltschnäuzige Kommentare konnte ich jetzt nicht verkraften.

So rauchte ich noch eine Zigarette, kippte Kaffee auf meinen leeren Magen, der lautstark protestierte, und trottete zur Schule.

4 Das Leben zuerst

„Wie siehst du denn aus? Bist du mit den Schulbus kollidiert?"

Als ich Franziska in der Aula begegnete, konnte sie ihre Neugierde kaum verhehlen. Sie strich sich durch ihre gelockten Haare, die auf ihre Schultern fielen.

„Gib es schon zu: Du hast die Nacht durchgefeiert?"

„Feiern? Machst du Scherze? Nein, echt nicht!"

„Ach komm, ich kenn das … Letztens habe ich auch ausgesehen wie nach einem Jahr auf dem Matrosenschiff, nachdem ich die ganze Nacht …"

Alter Schwede, Franziska war verboten hübsch, Humor hatte sie auch. Ich verschwand grinsend und in sichtlich besserer Laune in meiner Klasse. Zuerst holte ich Todi, unser Schulskelett, aus der Höhle Platons, dem Lehrerzimmer.

„Herr Lehrer, Todi und Sie sehen sich ganz schön ähnlich."

„Oh danke! Das ist mir aber eine Ehre!", meinte Todi am Ende der Stunde und verbeugte sich vor seinem Publikum.

„Jetzt haben wir dann Herrn Schmidt. Mit ihm macht es überhaupt keinen Spaß. Wenn er wenigstens nur einmal lächeln könnte. Ich habe Angst vor ihm", gestand mir Marie.

Ich redete ihr Mut zu und verschwand in die nächste Klasse zum Unterricht. Bald war der Tag geschafft.

Spätnachmittags rannte ich nach Hause und öffnete erwartungsvoll die Tür. Niemand. Gähnende Leere.

Also doch. Alles war Einbildung gewesen. Nein, das konnte nicht wahr sein! Die Gespräche, sein Aussehen, seine Art zu sprechen, ich konnte mich glasklar erinnern. War es ein Wachtraum gewesen oder war ich nun ein Fall für den Psychiater?

Ich stellte die Schultasche ab und ging zur Balkontür. Aber auch von dort war kein alter Mann mit Cowboyhut zu sehen. Enttäuscht drehte ich mich um – und stieß einen gewaltigen Schrei aus.

„Um Himmels willen, du darfst doch einen alten Knacker nicht so erschrecken!", tadelte mich Coyote.

Ich rang um Luft.

„Sag einmal spinnst du? Mein Herz ist mir fast in die Hose gerutscht."

„Besser wär's, wenn dein Hirn ins Herz gefallen wäre."

„Du bist also doch real?"

„Wenn du meinst. Zumindest so real wie du."

„Darf ich dich berühren?"

Ich griff nach seiner Lederjacke und war erstaunt, wie muskulös der Arm sich darunter anfühlte.

Coyote lachte.

„Siehst du. Es geht alles mit rechten Dingen zu."

Ich bekam trotzdem Herzrasen. Vielleicht war er ein Psychopath, so ein gefährlicher Spinner, der es auf gutherzige Menschen abgesehen hatte?

Ich legte mein Smartphone auf die Küchenablage und schaltete unbemerkt die Aufnahmefunktion ein.

„Du meinst, ich spinne. Stimmt's?"

Coyote kratzte sich an der Stirn.

„Die Chance besteht durchaus. Ja."

„Und was ist, wenn du der Irre bist und ich derjenige, der dich befreien möchte?"

„Wie solltest du das? Ich bin nicht eingesperrt."

„Oh doch. Du bist eine Geisel von dir selbst."

„Warum breche ich dann nicht aus? Sag es mir."

„Stockholm-Syndrom."

„Okay, mit der Diagnose kann ich leben. Das ist gesellschaftlich akzeptierter, als mit einem alten Kojoten abzuhängen."

„Der Herdentrieb ist auch dein Problem, du Schaf."

Er blökte so laut, dass ich mich umschaute, ob jemand unser Treffen bemerkte.

„Verfolgst du mich schon länger? Bist du diese Präsenz? Ich hab da immer etwas gespürt ... Warst du das?"

Ich blickte auf seinen Schweif. Hatte ich nicht gestern neben dem Wald einen Blick darauf erhascht? Sicher, das war er doch!

Warum war mir das noch nicht aufgefallen?

„Natürlich, du bist das, du bist schon seit einiger Zeit immer hinter mir her."

„Willst du mich nicht bitten, Platz zu nehmen? Und wolltest du nicht einen Kaffee kochen?"

„Aufgrund meiner guten Erziehung bitte ich dich nun, auf meinem Sofa Platz zu nehmen."

Danach machte ich Kaffee. Coyote zog seine Jacke aus, warf sie über die Lehne und legte seinen Hut daneben. Seine weißen Haare fielen über das leicht zerknitterte Holzfällerhemd. Er wirkte kräftig, energiegeladen und ungemein fröhlich. Ein kleiner Spalt zwischen den Vorderzähnen war zu sehen, als er mich angrinste.

„Schön, wieder bei dir zu sein. Mein Gott hatte ich schon Sehnsucht nach dir."

„Nach mir?"

„Gar nicht so einfach, dich punktgenau im Universum zu finden. Sorry für den Stress bei der Anbahnung. Jetzt ist´s aber gemütlich."

„Sehr gut, mir reicht der Stress in der Schule. Einigen Schülern scheint es auch nicht so gut zu gehen."

„Setz dich mit ihnen doch mal in einen Kreis und höre ihnen von Herzen zu."

„Wie meinst du das?"

Coyote lehnte sich zurück, nahm einen Schluck Kaffee und skizzierte mir eine einfache Art des Zuhörens und Redens.

„Das probiere ich sofort. Jetzt hast du mich neugierig gemacht, alter Mann. Wie hast du das vorhin mit dem Universum gemeint?"

Coyote bat mich, mich neben ihn zu setzen. „Willst du es wirklich wissen?"

Mir wurde warm ums Herz. Alle Angst war weg und ich nickte heftig.

Coyote legte seine Hände auf meine Stirn. Erst war es, als würde mein Kopf zerspringen. Dann wurde es licht, Coyotes breites Grinsen tauchte vor mir auf. Er lachte und ein tiefes und vertrautes Gefühl ergriff mich, ich erkannte …

Wo war ich? Was machte ich hier?

Ich rappelte mich auf und schaute mich um. Draußen war es finster geworden. Wie lange hatte ich auf dem Sofa gelegen?

Meine Finger tasteten sich zum Lichtschalter vor. Ein Uhr in der Früh. Wo war Coyote?

Auf dem Küchenregal lag immer noch mein Handy. Neugierig nahm ich es und blickte auf die Oberfläche. Als Hintergrundbild war ein grinsender Coyote zu sehen. Dann versuchte ich, unser Gespräch abzuhören.

„Freue mich schon auf einen guten Kaffee. Auf deine Befreiung. Der Alte."

Mehr war nicht zu hören.

Nur ein herzliches Lachen als Abschluss.

Die halbe Nacht wälzte ich mich hin und her, knuffte meinen Polster und starrte in die Dunkelheit.

Was hatte er mit mir gemacht?

Ich kramte in meinem Gehirn. Da war das Licht gewesen und Coyote. Zuvor hatte er meine Stirn berührt und ich hatte Geborgenheit gespürt.

Vertrautheit.

Frieden.

Meine kritische Vernunft wollte dieses Gefühl gerne abschütteln. Es gelang mir nicht, bis ich gegen Morgen einschlief.

„Heute probieren wir etwas Neues aus. Wir üben gemeinsam, wie wir mit dem Herzen hören können."

Ich hockte mit den Kindern im Kreis, fest entschlossen, den Vorschlag von *Old Man Coyote* auszuprobieren.

„Und wie geht das?"

Ben hob fragend seine buschigen Augenbrauen bis zum Haaransatz.

„Das ist ganz einfach. Jetzt nehme ich diesen Sprechstab. Wenn ich ihn in der Hand halte, hören mir alle aufmerksam zu, mit dem

Herzen. Wenn ich fertig bin, lege ich den Stab in die Mitte und der nächste darf ihn nehmen und reden. Alles klar?"

Nachdem ich den Sprechstab wieder in den Kreis gelegt hatte, holte ihn Marie und erzählte, was sie auf dem Herzen hatte. Alle Kinder lauschten. Nur Maries stille Stimme war zu vernehmen, als sie darüber sprach, wie wenig sie sich von einigen Lehrern geschätzt fühlte.

„Danke, dass ihr mir zugehört habt", meinte sie abschließend.

„Können wir bald wieder im Kreis sitzen?", fragte Ben später, der wie einige andere Kinder mit dem Stab in der Hand vor der gesamten Klasse geredet hatte.

Das musste ich *Old Man Coyote* erzählen. Vielleicht würde ich ihn ja treffen.

Als ich am Nachmittag die Schule verlassen wollte, fühlte ich mich leichter, fast beschwingt.

Was hatte Coyote gestern mit mir gemacht?

Hoffentlich war der Alte in Lederjacke und mit Cowboyhut schon in meiner Wohnung. Auch wenn ich nichts über ihn wusste, eines war sicher: Er machte mich glücklich und seine Tipps waren wirklich gut.

Leise summte ich vor mich hin. Schon lange hatte ich mich nicht mehr so glücklich gefühlt. In diesem Moment kam mir Katja entgegen. Sie wirkte unzufrieden, ihre Stirn war zerfurcht.

„Noah, dein Verhältnis zu den Schülern und Eltern ist zu eng. Du lässt alle zu nah an dich ran. Eine Schülerin hat mir begeistert erzählt, was ihr in der Deutschstunde besprochen habt. Wirklich, das führt zu weit."

„Warum soll ich keine Beziehung zu meinen Schülern haben? Plädierst du jetzt für Distanz?"

„Nein und das weißt du auch. Aber deine Vorgehensweise ist unprofessionell und naiv."

„Mein Gott, Katja. Derzeit lasse ich einen Kojoten mit Cowboyhut ganz nah an mich ran. Ich hab zu ihm, wenn ich ehrlich bin, mehr Vertrauen als zu dir und so manchen Kollegen. Ob es dir passt oder nicht, ich werde meinen Schülern zuhören, immer und überall. Und übrigens werde ich sie weiterhin spontane Referate und Buchvorstellungen halten lassen. Und wegen der Schullandwoche müssen wir auch noch reden und auf das Märchenbuch – pardon Klassenbuch – scheiße ich mal so richtig herzlich. Danke."

Die klaren Worte saßen. Also, sie saßen in meinem Hinterkopf und dort blieben sie auch sitzen, ohne den Mund zu verlassen.

„Hast du nichts mehr zu sagen, Noah?"

„Ja, schon. Nein, doch nicht."

Nach der Arbeit kochte ich mir Vollkornspaghetti mit Sugo. Danach nahm ich meine mexikanische Aluminiumkanne vom Regal und bald sprudelte das Wasser wie ein Geysir vom Bauch der Kanne hinauf. Ich öffnete den Deckel und goss die nachtschwarze Flüssigkeit in die Tasse.

„Einen wunderschönen Nachmittag. Sei gegrüßt von *Old Faithful*."

Ich verschüttete Kaffee und verbrühte mir fast die Finger, so erschrak ich. Tja, auch *Old Man Coyote* explodierte in mein Leben wie ein Geysir. Würde er regelmäßig wie diese heiße Quelle in meinen Freistunden auftauchen?

Wenn er da war, schmolzen meine Zweifel wie Schnee in der Sonne. Mein Herz hüpfte auf und ab. Was passierte mit mir? Bei diesem Alten geriet ich außer Kontrolle, ich, der niemals die Kontrolle über meine Gefühle verlieren wollte.

Coyote kam rüber zu mir. Er kühlte meine Hand unter kaltem Wasser und wischte den verschütteten Kaffee auf. Dann schenkte er sich ein.

„So eine Ausstrahlung! Ganz wie seine Vorfahren aus dem afrikanischen Hochland."

„Danke für das Kompliment, alter Mann. Stimmt, es brauchte Millionen Jahre der Menschheitsentwicklung – von den Anfängen in Afrika bis jetzt. Hier stehe ich!"

„Wieso du? Ich redete über den Espresso."

„Natürlich, Espresso – what else?"

„Danke, Noah Clooney, ich sag dir, du wirst die Welt noch vor der Sintflut der Kapseln retten!"

Ich schüttelte nur den Kopf. *Old Man Coyote* schlürfte etwas zu laut und als er lächelte, zeigte er wieder die Lücke zwischen den Schneidezähnen.

„Willkommen auf dem rettenden Schiff des Lebens. Freude wartet auf dich! Was treibst du dich noch hier im dreckigen Hafen der jammernden Opfer herum? Tanz über die Landungsbrücke und komm an Bord. Ich sag dir, das Schiff ist herrlich. Die Fahrt ein Genuss. Es wird nicht mehr allzu lange dauern und die Segel werden gesetzt!"

„Coyote", stotterte ich, „was meinst du? Ich verstehe nur Hafen, oder besser gesagt Bahnhof. Ich kapier es nicht."

„Okay, ich erklär es dir. Aber geh erst mal aus der Sonne, dein Schatten wiegt so schwer."

Ich trat zur Seite und nippte an meinem Espresso.

„Danke, Noah, das sind gefühlte zwanzig Kilo weniger, die auf mir liegen. Du solltest abspecken und dich leichter nehmen!"

„Was? Beleidigst du mich?"

„Nein, ganz und gar nicht!"

„Das hörte sich aber anders an, wenn ich darüber nachdenke."

„Tanz einfach und sing darüber."

„Spannender Vorschlag."

„Ich mein es ernst. Singe und tanze. Dein inneres Kind macht sich schon bereit. Es ist der Schlüssel zu deinen Kindern. Nicht irgendein perfektes Schulsystem, das es gar nicht gibt. Ist dir das noch nicht aufgefallen? Gut, Systeme sind wichtig, aber sekundär."

Dann funkelten seine Augen und er sang: „Sekundär, baby. Oh yes, sekundär ... "

„Und was ist dann primär, Coyote?"

„Leben, Noah, Leben. Zuerst das Leben und dann die Struktur. Prost!"

„Prost!", gab ich zurück und nickte. „Du lebst, Noah, ist dir das schon aufgefallen?"

„Ja, sicher!"

„Okay, doch nicht. Du prostest mit Kaffee. Du bist echt schräg ..."

„Coyote, aber ..."

Coyote enthüllte wieder die Schneise zwischen den Zähnen. Dann zerrte er an seinem buschigen Schwanz.

„Strukturen sind sekundär, mein Lieber. Sie verändern sich. Vor allem sind sie nicht des Rätsels Lösung. Sieh sie als Gefäß, in dem das lebendige Wasser weitergegeben wird. Oder auch der Kaffee."

Er zeigte auf die Kanne und sein Häferl.

„Viele aber legen den Wert auf Strukturen und Ordnungen, versuchen hier eine Perfektion zu erreichen, die es nicht gibt. Ich sehe das so: Systeme können förderlich und sie können hinderlich sein. Das ist alles."

„So wie Kaffeekannen förderlich sind, oder?"

„Kannen schon eher, Kapseln weniger! Du hast den Clou, ney?"

„Schenk dir die Anspielungen auf George, diesen Frauenschwarm. Ich hätte gerne seine Anziehungskraft auf Frauen."

Ich seufzte und hob theatralisch die Augenbraue.

„Ist da jemand gekränkt?"

„Naja. Mit Frauen tut sich momentan nicht viel!"

„Narziss und Schmollmund. Das wird schon wieder. Gekränkt sein ist immer ein Zeichen für ein verletztes und selbstverliebtes Ego. Umarme es am besten. Drück es an dich wie ein frisch gebadetes Häschen und gehe mit ihm hinaus ins Leben."

„Witzige Vorstellung, großer Hase."

„Weißt du, was wirklich zählt? Wie du mit den Kindern umgehst! Sie sind viel wichtiger als irgendein System. Und weil das Johannes noch nicht klar ist, fühlen sich die Kinder nicht wohl."

„Yes, old man. Sag mal, woher kennst du eigentlich Johannes?"

„Du weißt, ich beobachte dich schon länger. Und Johannes beschäftigt dich sehr, oder täusche ich mich?"

„Stimmt, mir geht es wie den Kindern, wenn ich mit Johannes zusammen bin. Er und sein Freund Manfred, der Physik unterrichtet, hoffen sicher insgeheim, dass der Quantenphysiker Anton Zeilinger sie noch vor der Pension als verschränkte Lichtteilchen von der Schule direkt nach Teneriffa oder besser noch Mallorca beamt. Okay, verschränkte Quantenteilchen kann man mittlerweile beamen, aber beschränkte Beamtenteilchen, die sich der Schwerkraft des Schulstandortes und dem Trägheitsgesetz verpflichtet fühlen?"

Coyote schlug sich auf die Schenkel.

„Eben. Ihr fühlt euch nicht wohl. Aber das liegt nicht an irgendeinem System, sondern an euch selbst. Jeder Mensch schafft mit seinen Überzeugungen selbst Systeme und die beeinflussen wieder bestimmte Haltungen."

Coyote fiel auf die Knie und schaute zu seinem buschigen Schwanz. Dann rannte er diesem wie ein Irrer auf allen Vieren im Kreis hinterher, packte ihn mit der rechten Hand, verbog sich wie ein Artist des chinesischen Nationalzirkus und hatte ihn kurz darauf zwischen seinen Zähnen. Ich war sprachlos. Er ließ wieder los und stand auf.

„So ist das mit der persönlichen Überzeugung und den Systemen. Sie machen sich selbstständig, drehen sich im Kreis und dann beißt sich die Katze in den Schwanz."

Er schnurrte laut.

Mann, war das ein durchgeknalltes Theater!

„Johannes hat kaum Bezug zu seinem inneren Kind, zu dem Jugendlichen, der er einmal gewesen ist. Er hatte keine gute Kindheit, nichts, an das er erinnert werden will.

Deshalb hat er sich, sobald er konnte, auf die andere Seite geschlagen. Er will alles vergessen und abspalten. Johannes bezahlt viel dafür, und zwar mit seiner Spontanität, Freude und Lebendigkeit. Das alles hat er verloren und die Kinder, die er unterrichtet, spüren das."

„Aber deshalb kann er doch ein guter Lehrer sein, Herr Coyote!"

„Das ist schwer."

Coyote hielt kurz inne und überlegte.

„Selbst wenn man das eigene Unterrichtsfach mag ... Wer den Zugang zu seinem Inneren verloren hat, landet irgendwann vor dieser unsichtbaren Mauer und kommt nicht mehr weiter, egal wohin. Ohne Selbstliebe verliert man die Orientierung. Der Kompass funktioniert nicht mehr und der Verstand arbeitet unzusammenhängend."

„Du erinnerst mich ein wenig an Hattie, den Erziehungswissenschaftler aus Neuseeland. Er kam auch zu dem Ergebnis, dass es nicht die Strukturen sind, wenn der Unterricht gelingt. Das entscheidende

Kriterium ist der Lehrer selbst. Bildung erhält man nicht durch ein System oder eine Struktur. Sie geschieht, wo sich Menschen begegnen."

„Getroffen. Das gilt übrigens für alle Lebensbereiche. Wenn die Haltung stimmt, dann entstehen danach – und ich betone danach – die fördernden Systeme wie von selbst. Und diese betet keiner an. Die werden bei Bedarf auch verändert und korrigiert. Stimmt's, Noah? Darf ich nächstes Mal eine kleinere Tasse haben? Der Kaffee kühlt zu schnell aus!"

Okay, ich hatte verstanden. „Und welches System haben wir jetzt?"

„Ein System, das Systeme an die erste Stelle reiht, noch vor dem Leben."

„Was du da sagst, ist aber ein Widerspruch."

„Ja, es ist paradox."

Er zupfte an seinem buschigen Kojotenschwanz.

„Es ist wie ein Spiel, das behauptet, kein Spiel zu sein. Verstehst du? Der Mensch schafft Systeme, die ihm dienen sollten, und dann klammert er sich an sie wie ein Betrunkener an die Flasche. Er wird von ihnen abhängig.

Systeme sind Wegweiser, sie weisen und führen wohin. Mehr nicht. Verwechselst du aber das Gefäß mit dem Getränk, dann hast du ein Problem, und wenn du glaubst, dass die virtuelle Welt an sich Substanz beinhaltet, sitzt du auch in der Falle.

Du solltest übrigens weniger Pornos schauen. Nur so nebenbei."
„Was?"

Entgeistert starrte ich ihn an. Woher wusste er, was ich in meiner Freizeit trieb?

Coyote krümmte sich vor Lachen.

„Mein Gott, du bist ein gelangweilter Single und bald dreißig. Schmeiß dich endlich ins Leben, geh aus und lerne echte Frauen kennen. Sei ein wenig lockerer und verrückter, dann interessiert dich diese Zaungast-Haltung nicht mehr wirklich. Triff dich wieder mit deinen Freunden."

Es stimmte. Wie lange war es eigentlich her, dass ich Zeit mit meinen Freunden verbracht hatte? Wie konnte das nur passieren?

„Verbringe Zeit in der Natur, mit Freunden. Was hockst du

stundenlang vor dem Computer und schaust dir Dinge an, die dir eine falsche Welt vorgaukeln. Oder kennst du etwa Frauen, die von solchen Porno-Gockeln wirklich begeistert sind?"

Ich musste lachen. Genau diese Typen fand ich furchtbar peinlich.

„Weißt du was, Noah, die Welt braucht Männer, die es wagen, sie selbst zu sein; die mutig genug sind, liebevoll, stark und lebendig zu sein. Männer, die das Leben achten und schützen. Weder Raubtiere noch Hosenscheißer, sondern solche, die auch riskieren können.

Du bist derzeit eher einer von der letzteren Sorte, ein Hosenscheißer mit viel Potential nach oben.

Mutter Erde blutet, weil die Menschen wie Räuber über sie herfallen und all die Hosenscheißer dabei zusehen, ohne etwas zu tun. Das Salz dieser Erde sollte der Mensch sein. Aber jetzt ist die Suppe versalzen und ihr müsst sie selbst auslöffeln."

Sah ich Tränen in den Augen von Coyote? Ich brauchte einige Zeit, bis ich mich wieder fasste.

„Ja, Coyote, Bertrand Russell hat das einmal ähnlich ausgedrückt. Es sei ärgerlich, dass in dieser Welt die Dummen so selbstsicher und die Gescheiten so voller Zweifel sind."

„Stimmt, aber intelligent und dumm würde ich großzügiger definieren. Die Dummen meinen oft, die Dinge zu kennen, nur weil sie alles benennen können. Als könnte man ein Ding allein von außen erfassen! Und diese Menschen werden sogar als intelligent gefeiert. Aber was wissen sie denn vom Leben? Kennen sie die Lebewesen? Und was ist das Ding an sich? Sie halten nur das tote Wort."

Sofort fiel mir eines meiner Lieblingsgedichte des österreichischen Dichters Rainer Maria Rilke ein, das ich für Coyote vortrug.

> *Ich fürchte mich so vor der Menschen Wort.*
> *Sie sprechen alles so deutlich aus:*
> *Und dieses heißt Hund und jenes heißt Haus,*
> *und hier ist Beginn und das Ende ist dort.*
>
> *Mich bangt auch ihr Sinn, ihr Spiel mit dem Spott,*
> *sie wissen alles, was wird und war;*
> *kein Berg ist ihnen mehr wunderbar;*
> *ihr Garten und Gut grenzt grade an Gott.*
>
> *Ich will immer warnen und wehren: Bleibt fern.*
> *Die Dinge singen hör ich so gern.*
> *Ihr rührt sie an: sie sind starr und stumm.*
> *Ihr bringt mir alle die Dinge um.*

„Ach ja", seufzte Coyote wehmütig. „Viele haben die Poesie des Lebens verloren. Doch auf ihr tanzen die Worte. Wörter ohne Leben sind eine tote Hülle. Und diese wird von einigen noch dazu als das viel gepriesene objektive Wissen verkauft."

Ich war begeistert von seinen Worten. Coyote kam so richtig in Fahrt.

„Leben, Noah. Leben! Wer hat die Sterne mit einem Wurf ans Firmament geworfen? Wer hat den Menschen das Pferd der Freiheit und das Feuer des Lebens geschenkt?"

„Warst du das etwa, alter Mann?"

Er grinste, seine Augen funkelten.

„Ich hab kein Ich, also war ich es nicht. Es ist das Leben als Coyote. Verstehst du? Hätte Coyote ein Ich, er würde darüber stolpern und dümmlich in die eigenen Fallen der Gier tappen. Erinnert dich das an etwas?"

Er gluckste, als er *system overload* in meinen Augen las.

Das Telefon klingelte und unser Gespräch wurde kurz unterbrochen. Während ich mein Smartphone zückte und den Anruf abwies, nahm ich mir vor, weitere Infos über Coyote zu googeln.

„Coyote, ich hab dir noch nicht von meinem Traum erzählt."

„Dann leg mal los."

Coyote drehte sich eine Zigarette, zündete sie an und hörte mir zu. Dabei paffte er und blies Ringe in die Luft.

„Noah, dieser Traum ist ein Geschenk. Lass dich von niemanden über den Tisch ziehen, egal, ob es ein System ist oder seine Vertreter. Sonst hast du verloren."

Coyote legte den Kopf in den Nacken und pustete Rauch in die Luft. „Und übrigens: Die Reibungswärme, die du spürst, wenn man dich über den Tisch zieht, solltest du nicht mit Nestwärme verwechseln. Das bildest du dir gerne ein, du bequemer Kerl."

„Warum rauchst du?", fiel ich ihm ins Wort.

„Damit ich mit dir aufhören kann."

„Ich soll aufhören zu rauchen? Ich habe gerade mal das Kiffen gelassen, weil es mich so ermüdete."

„Tja, die Götterpflanze Hanf ..."

Er zwinkerte mir zu. „Als ausgewiesener Drogenexperte würde ich sagen: Du bist müde, weil du wie viele deiner Kollegen nur noch funktionierst.

Und was passiert mit den Kindern, wenn schlappe Lehrer sie erziehen? Man zieht sie dorthin, wo man selbst steht. Auf die funktionierende Schiene.

Was glaubst du, wie die Kinder darauf reagieren? Sie wehren sich oder sie geben auf. Und wenn es ganz schlimm wird und sie´s nicht mehr aushalten, dann experimentieren sie mit Genussmitteln. Nennen wir sie beim Namen: Drogen. Ärzte und Eltern geben vielen Kindern ihr tägliches Wundermittel ... Trommelwirbel bitte!", rief Coyote plötzlich, „für ein Mittelchen, wo man sich nur wundern kann. Hier nun exklusiv zum Sonderpreis!"

Er bat mich darum, das Mittel vorzustellen.

„Hier sind sie, die Psychostimulanzien. Sie werden sich noch wundern!", stotterte ich, total überrumpelt, wie ich war.

Coyote stellte sich neben mich und mimte einen Moderator, der im Werbefernsehen den Experten an seiner Seite anhimmelte. „Sie sagten, Sie hätten es von Rita aus Talin. Stimmt das?"

„Ja, so könnte man´s formulieren."

„Wenn jemand nicht mehr funktioniert, Probleme macht, dann genügt eine Pille und alles kommt wieder in Ordnung?"

„Genau, unsere Wunderdroge ist ein Geschenk für Erzieher und die Pharmaindustrie. Ich liebe sie. So bringen wir jeden wieder auf die richtige Spur. Sie wissen schon, die Realität!"

„Diese Substanz zieht also momentan sehr. Darf ich das so zusammenfassen, Herr Experte Noah Artis?"

„Ja, dieses Mittel ist wirklich hipp und es zieht die Kinder in die richtige Richtung. Es versteht sich somit in der Kunst der Erziehung."

„Soll an den Kindern gezogen werden? Oder sollte jedes Kind sich entfalten können? Erziehen ist also das ultimative Ziehen?"

„Ach, Coyote. Ich geb's auf."

„Hey, du warst verdammt gut, Noah."

Ich streckte meinen müden Rücken.

„Wissen Sie was, Rekrut Noah?", schrie er plötzlich. „Ich lehne schon das Wort erziehen ab. Wir sollten weniger an den Kindern herumziehen und – zerren, sondern zu ihrer Entfaltung beitragen. Dies wird neue, lebensbejahende Systeme nach sich ziehen. So ist das mit dem Ziehen. Es geht um Haltung, mein Junge. Haltung!"

Er warf die Arme in die Luft und gestikulierte wild.

Ich sprang auf, salutierte und rief: „Yes, Sir!"

Danach öffnete ich die Balkontür und schlenderte hinaus ins Freie. Während ich ein paar Zigaretten rauchte, beobachtete ich Coyote durch das Fenster. Leise Zweifel stiegen wieder in mir hoch. Lebte ich noch in der Realität?

Coyote war unbeeindruckt und schien sich äußerst wohl zu fühlen. Er marschierte schreiend durch meine Wohnung. „Haltung ist das Zauberwort. Haltung!" Nach einiger Zeit verwandelte sich sein martialischer Schritt in Tanzschritte. Zuletzt landete er auf meiner Couch und schaltete den Fernseher ein. Er warf Erdnüsse in hohen Bögen in seinen Mund und lachte sich über irgendeine Doku kaputt.

Ich musste auch lachen, obwohl ich nicht mehr so recht wusste, ob ich alle Tassen im Schrank hatte. Konnte ich noch zwischen Traum und Wirklichkeit unterscheiden?

Aber warum fühlte ich mich so glücklich und doch vertraut mit der neuen Situation?

Als ich anfing zu frösteln, dämpfte ich die letzte Zigarette aus und trapste zurück zu meinem ungewöhnlichen Besuch.

„Coyote, kennst du den Film *Matrix*?"
„Ja, wieso?"
„Ist der nicht auch eine Metapher für das, was du gerade erklärt hast?"
„Rote oder blaue Pille?"
Coyote drehte den Fernseher leiser.
„Das geht jetzt zu schnell. Keine Ahnung! Rot steht für die Wahrheit, blau für die Illusion, oder?"
„Genau! Und du hast die Wahl. Überleg es dir. Die Kinder bekommen oft die blaue Pille, um in der Matrix bestehen zu können. Sie werden nicht gefragt. Das ist tragisch."
„Du meinst wieder diese Wunderdroge? Coyote, nicht alles, was hinkt, ist ein Vergleich. Die blaue Pille im Film versprach wenigstens illusionären Spaß. Diese nicht."
„Im Film sind Matrix und Realität andersrum. Wie Spiegel so sind. In der Wirklichkeit ist das Erwachen ein Freudenfest."
„Wie bringt man Schüler eigentlich auf Schiene?"
„Was machen jene Lehrer, die die Kinder ruhig stellen?"
„Letztendlich beschämen sie die Schüler, denke ich."
„Genau, Beschämung. So trennst du sie von sich selbst."
„Einige Kollegen werten die Kinder ab, nur um ein ordentliches Programm mit ihnen zu fahren."
„Ja, Programm ...", murmelte Coyote. „Was haben sie genau gemacht?"
„Die Schüler abgewertet, runtergemacht ... Das geschieht oft sehr subtil. Die Schüler fühlen sich schlecht, weil die Lehrer die Verbindung zu ihnen kappen."
„Genial. Das ist es! Wir kappen die Verbindung. Wir trennen uns von den Kindern und stellen uns über sie. Wenn du das machst, raubst du dem Kind seinen Wert. Besonders die sensibleren Kinder verlieren sehr schnell ihre Würde, ihre Seele, ihr Herz. Sie sind

nur mehr ein Schatten ihrer selbst und hoffen einzig und allein, die Schule irgendwie zu überleben."

„Stimmt! Ich habe oft das Gefühl, dass sie dann in Computerwelten und -spiele flüchten."

„Ja, denn dort erhalten sie Anerkennung", unterbrach er mich.

„Glaubst du das wirklich?"

„Sieh es mal so: Sie werden nicht beschämt! Keiner kritisiert sie. Und sie sind Helden in ihrer eigenen Welt. Schade, dass Kinder im Alltag nicht die Wertschätzung erhalten, nach der sie sich sehnen. Da ist die Flucht in die virtuelle Welt vorprogrammiert. Übrigens: Welche Spiele spielen denn deine Schüler derzeit?"

„Ach, Coyote. Keine Ahnung."

„Ein guter Lehrer interessiert sich für die Welt der Kinder ..."

„Gibt es überhaupt Pädagogen, die Kindern auf Augenhöhe begegnen?"

„Ich weiß von einer in Kanada, zwei in Papua-Neuguinea und drei im Iran!"

„Coyote!"

„Natürlich sind es viel mehr, aber immer noch viel zu wenige."

„Und was ist mit mir? Werte ich die Kinder ab?"

„Mögen dich die Kinder wirklich? Oder rennen sie dir wie einem Rattenfänger hinterher? Kriechen sie dir vor Angst in den Arsch, nur damit du glaubst, sie würden dich lieben? Wenn sie dich wirklich lieben, dann sprich ein lautes und deutliches Ja!"

„Ja!"

„Okay. Dann wertest du sie kaum ab."

Coyote verlagerte das Gewicht. „Und du? Lässt du dich abwerten?"

„Ja, leider viel zu oft!"

„Das ist die blaue Pille in Dosen, du Scheißer in die Hosen! Und jetzt bereite dich ordentlich vor. Die Schüler haben ein Recht auf interessanten Unterricht. Teste die Online-Games deiner Schüler und hol dir auch eine Spielkonsole. Verwende aber nicht gleich cheats."

„Wie?"

„Ah, sorry, du bist ja ein alter Mann, der sich in der Welt der Kinder nicht mehr orientieren kann. Verstehe."

Coyote sprang auf, wedelte mit seinem Kojotenschwanz, tanzte und als er hinausging, rief er mir über die Schulter zu: „Und nur nicht vergessen: Lebe nie unter deiner Würde!"

„Woher hast du diesen tollen Spruch?"

Ich wolle ihn mit dieser Frage aus der Fassung bringen.

„Von Leo dem Großen!"

„Was? Hast du Verbindungen zum Vatikan?"

„Ja, indirekt – über den Heiligen Geist. Tolles Projekt. Schönen Abend noch!"

„Danke. Jesus liebt dich!", rief ich ihm hinterher.

„Weiß ich!"

Und weg war er.

Ich korrigierte einige Hausaufgaben. Als ich das Heft von Lukas aufschlug, stieg kalter Nikotingeruch in meine Nase. Dass die Eltern in der Wohnung rauchten! Ich öffnete das Fenster und zündete mir eine Zigarette an. Seit einiger Zeit rauchte ich eine Marke, die ich für mich einfachheitshalber in *Indian Spirit* umbenannt hatte.

Das passte nun gut zu Coyote.

Jemand muss ja Rauchopfer darbringen, dachte ich mir, nahm das Hausübungsheft von Lukas und blies sanft den Rauch von *Indian Spirit* darauf.

„Der Große Geist segne deine Rechtschreibung und deine durchgeknallten Eltern!", salberte ich mit bedeutungsvoller Stimme.

5 Hermes, das arme Schwein

Ich wachte glücklich auf, kochte Kaffee, löffelte hastig Müsli, schnappte meine Tasche und eilte zur Schule. Diese betrat ich meistens über den Hintereingang.

Fehlte mir Selbstvertrauen? Wollte ich morgens noch meine Ruhe haben oder war meine Beziehung zu dieser Schule homoerotisch?

Als ich Franziska und Patrizia rauchend vor der Tür entdeckte, lösten sich alle meine Gedanken auf wie der Nebel an den Berghängen.

„Schöne Frauen am Morgen vertreiben Kummer und Sorgen!", rief ich ihnen zu.

Die beiden grinsten. Nur Patrizia murmelte „danke" zwischen zwei Zügen, bevor sie wieder zur ihrem Auto eilte, um die Gitarre zu holen. Franziska schwieg.

Trotzdem war ich mir sicher, dass sie schnurrte wie eine Katze und mit einer tiefen Stimme lockte: Könnte ich es doch mit dir hinter dem Fahrradschuppen treiben. Ich würde stöhnen vor Lust, während du in mich eindringst und meine Brüste liebkost.

Das wollte sie. Das wusste ich. Oder hoffte ich zumindest. Nein, das konnte ich leider nicht wirklich glauben.

„Wir sind übrigens gemeinsam auf der Sportwoche."

Franziska lächelte schon wieder.

„Echt?"

Ich war plötzlich hellwach.

„Ich betreue dann die Reitgruppe."

„Machst du das auch mit mir?"

„Wieso? Was meinst du?"

Fuck, wie komme ich da jetzt raus?

„Ähm, ich hab einfach das Gefühl, dass du schon viele geritten hast ... also Pferde."

Blut schoss mir in den Kopf. Von Franziska geritten zu werden, konnte ich mir nun wirklich abschreiben.

„Sieht man mir das an?"

Ihre Stimme hatte einen lauernden Unterton.
„Nicht jeder, aber ich hab dafür ein Auge."

Jetzt nichts wie weg, bevor es völlig in die Hose ging.
„Du bist also ein richtiger Frauenversteher?"
„Nein, Wahrheitsverdreher!"

Sie lachte. „Welche Gruppe betreust du denn?"
„Weiß noch nicht."
„Vielleicht Schach?"
„Wieso Schach?"
„Na, Denksport. Du denkst schneller, als du dich bewegst."
„Wie bitte? Ich bin voll gut in Form!", konterte ich.

„Und übrigens redest du schneller, als du denkst. Leider weißt du nicht, dass Frauen, die sich zu viel mit Pferden und Hunden abgeben, kaum einen Mann abkriegen", fügte ich in Gedanken hinzu. Aber ich traute mich nicht, es laut zu sagen. Man konnte nie wissen ... Ich wollte mir die Tür zum Wahnsinnsultrasexerlebnis offenhalten.

„Also ich mag es, wenn mir ein Mann über den Weg läuft, dem etwas einfällt. Und dann ist er auch noch Sportlehrer."

Das war doch gar nicht so schlecht. Mein beschämtes Kind richtete sich wieder auf.

„Ja, so bin ich!"

„Interessant", tönte Franziska, warf ihre rote Mähne über die Schulter und war weg. Ich blickte ihr mit einem leichten Kribbeln im Bauch hinterher.

„Bist du auch auf Schikurs mit den zweiten Klassen?"

Patrizia riss mich aus meinen Tagträumen. Sie hatte die Gitarre auf den Rücken geschnallt.

„Ja. Genau."

Ich drückte meine Zigarette aus. Dann schlenderten wir gemeinsam in die Heiligen Hallen der Pädagogik.

Ich ging zu meinem Schreibtisch, den ich mit Elisabeth teilte. Das war leicht untertrieben, denn sie beanspruchte zwei Drittel des Tisches. Ihre Hefte und Bücher waren wieder auf meiner Seite verteilt und eine benutzte Kaffeetasse stand auf meinem Platz. Ich schob ihre Sachen zurück und kauerte mich vor eine freie Fläche von schätzungsweise einem halben Quadratmeter. Das musste ich dokumentieren! Also schnappte ich mein Lineal, maß Länge und Breite der Arbeitsfläche nach. Länge: 63 cm, Breite: 52 cm.

„Johannes, borgst du mir deinen Taschenrechner?"

Ich wollte, obwohl es mir schwerfiel, Kontakt mit Johannes aufnehmen. Er zog oft über die Kollegen her, vor allem, wenn sie nicht in der Nähe waren. Vielleicht würde er meine Rechnung witzig finden. Dann könnten wir gemeinsam ein Klagelied über die Misere in der Schule jaulen, statt über andere zu lästern. So entwickelten Lehrer an unserer Schule ein Gefühl von Solidarität.

Ein gemeinsamer Feind musste her: Kinder, Eltern, Kollegen, Chefin, Inspektoren, Schulbehörde, Unterrichtsminister, Regierung, Europäische Union, die Kirche, der Islam, die Amerikaner, Putin, Gott und der Ehepartner. Sie gaben dem Leben Orientierung und Struktur.

Johannes reagierte nicht. Also fragte ich ihn etwas lauter, aber er reagierte immer noch nicht, sondern musterte mich kurz von der Seite, während er sich angeregt mit Dietmar unterhielt. Ein Schüler wurde im Fachgespräch durch den Fleischwolf gedreht. Dieses lief unter dem Motto *Meine Wahrheit, meine Schule, mein Gegenstand – deine Schuld und deine Fehler* ab. Gefühle aus meiner Schulzeit winkten mir zu.

„Darf ich mir kurz deinen Taschenrechner borgen?"

„Ich rede gerade! Was willst du?", knurrte Johannes genervt.

„Ach, egal."

„Warum egal? Willst du nun etwas oder willst du nichts?"

Jetzt unterbrach er tatsächlich sein Gespräch. „Deine Klasse ist eine Katastrophe!"

„Echt?"

„Ja", fügte Dietmar hinzu. „Johannes hat recht. Die Jungs toben wie wild den Gang entlang."

„Hausschuhe ziehen sie auch nie an", warf Astrid ein.

„Schweine sind sie", ereiferte sich Johannes, „laufen nur mit den Socken auf die Toiletten."

„Stell dir mal die bekannten und noch unbekannten Krankheits-erreger auf und in den Socken vor."

Dietmar, dessen Witz vom Frust des Lebens getrübt war, gab sich zynisch. Ich fand´s manchmal lustig, die Kinder selten.

„Ist das nicht normal für Kinder?"

Ich schaute in die Runde. Stille. Ich fand eine Frau für´s Leben, heiratete, wurde Vater, Großvater … Immer noch Stille.

„Okay, ich rede mit ihnen."

„Stell aber gleich klar, dass sie keine Sonderstellung haben. Die sollen erst mal Benehmen lernen. Sonst tanzen sie dir bald auf der Nase herum."

Johannes wandte sich wieder an Dietmar. „Und dann der Kevin. Bei diesen Eltern hat der keine großen Chancen. Der Vater hat nichts auf dem Kasten und die Mutter ist eine lästige Superglucke."

Ja und in der Pathologie ist es wahrscheinlich lustiger als bei uns an der Schule. Ich mochte Kevin sehr und es tat mir weh, wenn Kollegen so über ihn sprachen.

Wahrscheinlich war ich einfach der Schwache, der Träumer und die anderen die harten Realisten. Weicheier und bad cops – die zwei Teams in der internationalen Lehrerliga.

„Johannes?"

Katja trat ins Lehrerzimmer und blickte sich suchend um. „Die Eltern von Kevin wollen dich sprechen."

„Was? Ich habe ihn nur in Mathematik und über die Note haben wir schon geredet."

„Sie wirken nicht gerade freundlich", erklärte Katja. „Sie sagen, du würdest den Jungen im Unterricht mobben."

„So eine Frechheit! Was wir uns mittlerweile alles anhören müssen."

Johannes entglitten für einen kurzen Moment die Gesichts-züge. Dann fasste er sich und verließ den Raum. Die Lehrer im Konferenzzimmer schwiegen. Nur Martin, erst seit Kurzem an unserer Schule, schaute mich in einem Moment, in dem er sich sicher fühlte, an und grinste wissend.

Ich mochte ihn. Er war wie ein Paradiesvogel unter den ausge-stopften und verstaubten Beamtenvögeln. Die Kinder liebten ihn.

Einzig und allein: Er konnte Grenzen nicht wirklich stecken. Sicher hätte er ohne viel Mühe einem Bauern ohne Kühe eine Melkmaschine verkaufen können. Hausgänse hätte er motiviert, über die Alpen und das Mittelmeer nach Afrika zu ziehen. Altersschwachen Gäulen könnte er einreden, über die Gatter in die Freiheit zu springen, anstatt ihr Gnadenbrot zu fristen.

Aber Martin, der immer voller Ideen war, hatte nie wirklich einen Plan, wie man die Viecher dann wieder bremsen und zurückholen konnte.

„Ja, das ist Mobbing! Und einer, der daran auch Schuld ist, ist Noah. Ich hab´s mir, ehrlich gesagt, gleich gedacht!", posaunte Johannes, als er wieder ins Lehrerzimmer zurückgekehrt war.

„Nein, Johannes, ich würde dich niemals mobben. Ich gar keine Zeit dazu."

Ich versuchte, die Situation mit einem Scherz zu entschärfen.

„Du hast dem Fratz doch die Bühne gegeben und mit deinen Groupies über mich in einer Unterrichtsstunde gesprochen. Du plusterst dich etwas zu viel auf, junger Kollege! Da kann man sich auf die Zukunft freuen. Charakterlich unterste Schublade."

Ich war paralysiert. Mit allem hatte ich gerechnet, aber nicht damit. Einige Kollegen wandten sich ab. Nervös tippte ich 63x52 in Martins Taschenrechner, den er mir zuvor zugesteckt hatte. 0,32 Quadratmeter Arbeitsfläche.

Kaum Platz zum Atmen und noch weniger zum Arbeiten. Schweine hatten mehr Raum in ihren Stallungen als wir Lehrer im Konferenzzimmer.

„Ich bin ärmer als ein Schwein", flüsterte ich Martin zu, nachdem ich die Zahl berechnet hatte.

„Ja, hier wimmelt es von Schweinen."

„Beleidige nicht diese völlig unterschätzten, sozialen und intelligenten Tiere", erwiderte ich und stand auf.

Ich unterrichtete noch eine Stunde. Danach schnappte ich meine Schultasche und schlurfte nach Hause. Langsam stapfte ich die Treppe zu meiner Wohnung hoch, öffnete die Tür und fiel erschöpft auf das Sofa.

„Brauchst du einen Kaffee?"

Coyotes Stimme wärmte mich wie eine kuschelige Decke. Freude perlte durch meinen Körper.

„Natürlich. Wo hast du dich denn rumgetrieben?"

„Einen Teil der relativen Zeit im Irish Pub nebenan."

„Im *Shannon Inn*, meinem Lieblingslokal?"

„Ich hab da ein Zusatzengagement."

Er grinste und ich spürte, dass er nicht mehr erzählen wollte. Das *Shannon Inn* war mein externes Wohnzimmer.

„Kannst du mir helfen, Coyote?"

„Deshalb bin ich hier. Wo liegt der Hase im Pfeffer? Das Leben geht eben rauf und runter, rauf und wieder runter. Manchmal werden wir aufgerichtet und dann wieder unterrichtet, rauf und runter. Richtest du auf oder nach unten?"

Er zwinkerte mir zu.

„Ich hab ein Problem, ein echtes!"

„Wirklich? Ist es lebensbedrohlich?"

„Quatsch!"

„Dann kann es nicht so groß sein, dein Problem."

„So hab ich es noch nicht gesehen. Hilfst du mir trotzdem weiter?"

„Ich kann nicht nur, sondern ich will dir helfen. Ich konnte das Feuer für die Menschen dem Feuergott entreißen, ihnen das Pferd bringen und die Sterne an den Himmel werfen und ..."

„Ja, schon klar, alter Mann", unterbrach ich ihn. „Aber ich brauche konkrete Hilfe."

„Dann schieß mal los."

„Manchmal kommt es mir vor, als wärst du hier im falschen Film. Wie willst du mir und den Kindern helfen? Ist das nicht ein Himmelfahrtskommando?"

„Himmelfahrten sind meine Spezialität. Die drei Weisen aus dem Morgenland waren auch Exoten, Ausländer. Ihre Reise war ein viel größeres Himmelfahrtskommando. Und am Ende des Weges fanden sie den Himmel in der Krippe."

„Coyote, ich glaub, ich krieg die Grippe. Ich bin einfach zu tief gefallen."

„Immer mit der Ruhe, dann hast du wenigstens Bodenhaftung."

Coyote schenkte mir Kaffee ein, öffnete das Fenster und bot mir eine Zigarette an. „Solange du noch rauchst, paffen wir gemeinsam, nicht wahr?"

Ich überlegte, warum er gerade so viele christliche Bilder verwendete. War die Jahreszeit daran schuld? Oder glaubte er, dass ich ihn so besser verstehen würde? Ich nahm einen Zug und erzählte ihm von meinem Tag.

„Armes Schwein", meinte er nur.

„Danke. Sein oder Schwein, das ist hier meine Frage!", posaunte ich zurück.

„Ach, damit warst nicht du gemeint."

Coyote schob seine Lederjacke zur Seite, warf meinen Laptop an und suchte über eine alternative Suchmaschine Informationen zu Schweinen. „Du weißt schon. Kontrolle und so. Nicht mein Ding! ... Ah, dieser Text ... Zwar nicht aktuell von deiner Gegend, aber durchaus passend.

Alle Tiere müssen gleichzeitig ungehindert liegen, aufstehen, sich hinlegen und eine natürliche Körperhaltung einnehmen können. Sie benötigen einen trockenen Liegeplatz und dürfen nicht mehr als unvermeidbar mit Kot und Harn in Berührung kommen. Jedes Schwein muss zumindest Sichtkontakt zu Artgenossen haben. Da Schweine sehr gesellige Tiere sind, sind sie soweit wie möglich in der Gruppe zu halten. Zur Vermeidung von Rangordnungskämpfen sollte auf Umgruppierungen verzichtet werden. Ist ein Schwein jedoch nachhaltig unverträglich, muss der Betreuer dafür Sorge tragen, dass es einzeln untergebracht wird. Die Einzelhaltung ist dann so zu gestalten, dass sich das Schwein ungehindert umdrehen kann. (LAVES)

Noah, ich vermute, du bekommst jetzt eine Einzelhaltung. An der Schule bist du das nachhaltig unverträgliche Schwein. Aber das Gute ist, dass du dich dabei wenigstens umdrehen darfst."

„Ich dachte, Johannes wäre das Schwein?"

„Schwein oder nicht Schwein. Das ist hier die Frage, Prinz von Ham and Speck!"

„Okay, Herr Coyote, du bist wieder einmal sehr aufbauend."

Wir rauchten, quatschten, tranken heißen Kaffee und lachten. Meine Stimmung hellte auf.

„Ich werde dich verlassen", erklärte Coyote aus heiterem Himmel.

„Was?"

Ich spie vor Überraschung und Entrüstung beinahe den Kaffee aus. „Wie stellst du dir das vor? Erst schneist du in mein Leben, stellst alles auf den Kopf und dann haust du ab? Wem soll ich denn erzählen, dass es dich gibt? Oder dass du wieder weg bist?"

„Noch nicht sofort, aber ich kann jederzeit abberufen werden von diesem Sondereinsatz. Bis jetzt hab ich dein Leben noch gar nicht richtig durcheinandergebracht. Am Ende wirst du herrlich verrückt sein und wahrscheinlich auch die Prüfung bestehen."

„Welche Prüfung?"

„Komm mal her, Noah, leg dein Ohr an meine Brust und lausche."

Ich spürte Coyotes schwielige Hand auf meinem Kopf. Meine Frage zur Prüfung ignorierte er.

„Was hörst du?"

„Ich höre dein Herz. Das schlägt da drinnen. Du hast ein Herz. Witzig."

„Genauso wie du. Du hast auch ein Herz. Horchst du auf deins? Du wärst um einiges humorvoller, wenn du es machen würdest."

„Und wie soll das gehen? Sein eigenes Herz hören?"

Coyote zog die Augenbrauen nach oben und tat genervt.

„Indem du, wenn du Probleme hast, singst und tanzt, statt nur über sie zu grübeln. Finde dein Lied, finde deinen Tanz. Zermartere dir nicht deinen hübschen Kopf. Singe und tanze deine Fragen."

„Das ist mir bisher noch nie eingefallen."

„Dann wirst du es umso schneller lernen."

„Du gehst anders an die Sachen ran."

„Ja, etwas anders zu machen ist eine tolle Medizin."

„Dann probiere ich das vielleicht später."

„Nicht später, jetzt. Lebe es, Noah! Lebe es! Darf ich dir etwas raten?"

„Ja, sicher!"

„Ab jetzt gibt es keine Pornos mehr, keine Beiträge von dir in Internetforen und du surfst nicht mehr endlos nach nirgendwo.

Befrei dich von den Fängen des Informationszeitalters. Das hat nichts mit Gemeinschaft zu tun. Zieh für bestimmte Zeit am besten den Stecker raus."

„Aber die sozialen Plattformen, die ..."

„...mutieren oftmals zu unsozialen Zeitvernichtungsmaschinen. Außerdem kein Alkohol, Zucker und Fleisch. Schaffst du das? Nur für eine Zeit, später können wir wieder etwas lockerer werden. Und mach Sport, geh joggen und spiel endlich wieder auf deiner Gitarre. Aber erst stimmen."

„Ja, das mache ich immer, eh klar."

„Nein, nicht die Gitarre. Die kommt an zweiter Stelle. Vorher dich selbst."

„Wie das denn?"

„Noah, du sollst dich stimmen lassen, du Esel. Stimm´ dich ein auf das Leben, damit alles stimmig wird. Dann hebt sich deine Stimmung ganz von selbst. Stimmt doch, oder?"

„Danke für deine göttliche Stimme, verrückter Mann."

„Später wirst du auch das Rauchen lassen, aber noch darfst du dieses Laster ein wenig behalten. Meditiere und tanze morgens und abends. Du hast Zeit. Wenn du was lesen möchtest, dann vielleicht dies hier."

Er zog ein Buch aus seiner Tasche. „Lies mit deinem Herzen und nicht mit dem Kopf. Sonst werden die heiligsten Werke zur Schundliteratur. Ernähre dich von den Büchern wie von Brot, statt bloß mit dem Hirn drüber zu scannen. Iss die Bücher!"

„Was?"

„Geistige Nahrung natürlich!"

„Na, dann hoffe ich, dass ich keinen Durchfall oder geistige Verstopfung bekomme."

Coyote holte einen Stapel Bücher aus seiner Tasche. Ich nahm sie, spürte die glatten Einbände unter meinen Fingerspitzen. Es war wie eine Reise um den Erdball. William Blake, Rumi, Hafiz, Ramakrishna, Vivekananda, Huang-Po, eine zerschlissene Ausgabe der Bhagavad-Gita, um nur einige zu nennen, und dann noch eines über ein Naturvolk.

Als ich das letzte Buch auf den Stapel gelegt hatte, drückte Coyote mir ein Survivalhandbuch in die Hand.

„Die beste Lebensversicherung für die Zukunft. Könnte sein, dass du es mal brauchst." Dann tanzte er rüber zu meinem Buchregal und griff nach einem leicht vergilbten Taschenbuch. Papschs Buch.

„Das hat meinem Vater gehört."

„Umso besser", meinte er. „Zeit, dass du es liest! Am besten, du fängst damit an."

Coyote schlug das Buch auf und befahl mir, auf den Tisch zu steigen und laut zu lesen.

Gott, war er jetzt völlig von Sinnen? Ich kam mir vor wie ein Prediger. Erst wehrte ich mich, aber als Coyote mir drohte, den Unterricht abzubrechen, gab ich nach.

„Okay, ich mach es."

„Aber nackt!"

„Vergiss es!"

„Nein, nicht jetzt – später, Noah, später. Wieder nur so eine Empfehlung."

„Warum?"

„Um völlig nackt zu dir selbst zu stehen. Zu deiner Ursprünglichkeit. Um dich zu zeigen, so wie du geschaffen wurdest. Wirf nicht nur die Kleider ab, sondern auch deine Scham."

Coyote blies Ringe in die Luft und ich las, weil mir nichts anders übrig blieb, laut und deutlich, während ich auf dem Tisch stand.

„Die alte Tradition behauptet, dass ECHTES LERNEN nur in der Gegenwart von Hermes möglich ist. Das ist deprimierend, denn normalerweise versuchen die Universitätsfakultäten, Dozenten mit Hermes-Energie loszuwerden. Das ganze akademische System wurde von teutonischen Hermes-Killern geschaffen. Hermes ist magisch, detailverliebt, obszön, tänzerisch, naiv und keinesfalls karrierebewusst ... Seine Präsenz ist gleichbedeutend mit himmlischer Intelligenz."

„Wunderbar. Wie verstehst du das? Siehst du das genauso?"

„Irre Stelle im Buch, schlechte Stellung am Tisch!"

„Was noch?"

„Hm, weil ich gerade noch so dastehe, in dieser Stellung. Darf ich wenigstens in nächster Zeit Sex haben?"

„Oh ja, mit Herz."

„In Wahrheit kann das noch gefühlte Jahrhunderte dauern. Sterne erlöschen, Galaxien werden erschaffen, die Kontinentalplatten verschieben sich, meine Kollegin Gertrude macht spannenden Unterricht und das Schulsystem wird von Grund auf erneuert … Kann ich mir zumindest die Serie *Green Porno* auf *Sundance-TV* ansehen?"

Coyote lachte über meine nicht ganz ernst gemeinte Frage, nutzte jedoch die Chance, um über den Sonnentanz zu fabulieren und die Kraft der Sonne zu preisen.

„Bis ich eine Frau in meinen Armen halte, bin ich sicher genauso runzelig wie du … "

„So hat das heute Morgen aber nicht ausgesehen."

„Behältst du mich die ganze Zeit im Auge?"

„Nein, eigentlich bin ich immer bei dir. In deinem Herzen, Noah. Ich liebe dich, so wie ich mich selbst und das Leben liebe."

„Danke, liebender Coyote!"

„Nichts zu danken. Aber nun wieder zurück zu Hermes. Was denkst du?"

„Echtes Lernen soll lebendig sein, so wie der wahre Lehrer lebendig ist. Aber Universitäten und Schulen töten jede Spontanität. Lebendiges Lernen, das hassen sie. Sie lieben es fein säuberlich, gut organisiert. Denen geht es nur um eins: fixe Strukturen, klare Regeln, Schienen und Fertigprodukte. Mehr nicht."

„Bravo! Und jetzt wollen sie auch dich loswerden, die Hermesmörder."

Coyote klatschte.

„Kannst du auch mal ernst sein, Coyote?"

„Gerne. Weißt du, wie ich dich sehe? Du bist lebendig, du bist ein Freigeist, aber du brauchst dringend noch Eier. Du bist die Welt für die Kinder, mit denen du zusammen bist. Leider arbeitest du in einem System, das sich am Defizit und an der Gleichschaltung orientiert. Im Normkatalog könntest du die Kinder abhaken. Wenn du es dir einfacher machen willst, dann machst du Dienst nach Vorschrift."

„Yes, Sir!"

„Orientiert euch doch nur an euren Marschbüchern und Normkatalogen, ihr einfältigen Tölpel, ihr sinnloses Geschmeiß, ihr geistloses Gesinde, ihr marschierenden Einfaltspinsel!", brüllte er auf einmal.

„Genau! Du sprichst mir aus der Seele!"

Ich kletterte vom Tisch.

„Es ist ein Geschenk, wenn man sensibel ist und das Leben spürt. Du brauchst Mut, um das zu leben, was du spürst. Vertraue auch auf deine männliche Autorität, Noah."

„Und wie soll ich diese Männlichkeit finden?"

„Geh vor den Spiegel und zieh die Hose runter, wenn du unsicher bist. Und lies das Buch. Es ist echt gut. Und wenn du das nicht machst, dann lies wenigstens das Märchen vom Eisenhans. Das ist dir auf den Leib geschnitten."

„Wozu soll das alles gut sein? "

„Setz es um in dein Leben, übersetz es. Du sollst es leben, Mann!", brüllte er so durchdringend, dass es kurz darauf an der Tür klopfte.

„Alles in Ordnung bei Ihnen?"

Mein älterer Nachbar aus der Wohnung nebenan lehnte im Türrahmen, die Augen weit aufgerissen.

„Entschuldigung, ich hab nur meinen Fernseher zu laut aufgedreht."

Schulterzuckend verabschiedete er sich und verschwand in seine Wohnung.

„Pst, Coyote. Geht es auch ein bisschen leiser? Die Leute finden mich sowieso schon verrückt. Ehrlich gesagt hab ich genug Probleme am Hals, da brauchst du mir keine neuen basteln."

„Ja, verrückt sein. Das ist das Schlüsselwort. *Herzenszentrierte Verrücktheit*. Ein neuer Begriff wurde gerade geboren, nur für dich, mein Sohn!"

„*Herzenszentrierte Verrücktheit*! Ich werde Seminare abhalten und reich werden!", posaunte ich und stockte dann abrupt. „Warum hat dich mein Nachbar eigentlich nicht gesehen?"

„Er ist nicht verrückt genug. Wir sehen nur, was wir auch erwarten. Das wussten schon die Scouts der Indianer. Die kannten die Menschen oft besser als die Psychologen heute."

„Du bist durchgeknallt!"
„Genau. Und dazu stehe ich gerne. Im Gegensatz zu dir. Der starre und begrenzte Verstand interessiert mich genauso viel wie eine Mücke, die in Namibia pupst. Bring noch mehr durcheinander. Die alten Systeme funktionieren sowieso nicht mehr."
„Das Gefühl haben viele."
„Noah, es ist immer das Gleiche. Erst kommt das Leben. Dann die Strukturen. Leben primär, Strukturen sekundär. Du kapieren?"
„Jawohl. Ich kapieren, Chef."
„Momentan strömt neues Leben auf den Planeten ein. Strukturen schmelzen dahin. Alles dehnt sich. Ein kosmischer Frühling bricht an. Die ersten Pionierpflänzchen sind schon gesetzt. Ein heikler, aber spannender Moment."

Er genehmigte sich eine Zigarettenpause.

Was meinte er wohl? Ich wechselte das Thema.

„Coyote, hast du auch das Gefühl, dass es zwei Typen von Lehrern gibt? Die *bad cops* und die *good cops*, die Harten und die Weichen?"
„Sicher, Noah, es gibt generell zwei Arten von Menschen. Die einen unterteilen die Menschen in zwei Gruppen. Die anderen machen das nicht. Ich gehöre zur letzteren Art."

Coyote nestelte an seinem buschigen Schweif und grinste.

„Aber was macht einen guten Pädagogen aus, mein Hase? Er sollte sowohl gütig als auch streng sein. Nicht wahr?

Strenge, die dem Leben dient, ist gut. Du darfst das alles nicht so eng sehen. Das liebende Herz ist kein Weichei. Manchmal ist es das Herz eines Löwen und wie ein Löwe markiert es Grenzen. Mit den Grenzen erschließen sich neue Räume.

Zornige Pädagogen und die, die ihre Größe nicht anerkennen, provozieren geradezu Aggressionen. Vor allem unter Jugendlichen. Um in der Tierwelt zu bleiben. Gefräßige Haie und ängstliche Hasen sind nicht als Lehrer und Mentoren geeignet."

Das musste ich erst mal verdauen. Also filterte ich einen neuen Kaffee, nahm die Kanne mit in das Wohnzimmer und lehnte mich mit der Tasse in der Hand ans Fenster. Ich nahm einen Schluck und stellte mein Häferl auf die Fensterbank.

„Hier, fang!" Coyote warf mir eine DVD zu. „Der ist für dich."
„*Club der toten Dichter*? Das war einer der Lieblingsfilme meines Vaters."

„Ja, Robin Williams hatte es drauf. Der Film ist ein Diamant für Pädagogen."

„Was hatte er drauf?"

„Er spielt im Film einen Lehrer, der …" Coyote schauspielerte mir alles Mögliche vor und ich musste raten, worum es ging. Der Mann war offensichtlich liebevoll, inspirierend, herzlich, originell, leidenschaftlich und vieles mehr gewesen.

Dann nahm Coyote mich an die Hand und ich rief: „Verbunden!"

„Bingo! Williams spielt einen Lehrer, der neue Wege in einem alten System geht. Er hilft seinen Schülern, sich als Individuen zu entfalten. Verbundenheit und Individualität – was für eine Kombination!"

Er klatschte, nahm meine Hand und tanzte mit mir. Danach plumpsten wir verschwitzt aufs Sofa.

„Coyote, du hast es geschafft, dass ich wieder öfter an meinen Vater denke."

Ich wischte mir mit den Handrücken die Tränen aus den Augen.

„Weißt du, damals kam ich kaum über meine Trauer hinweg. Ein Psychotherapeut ist mit mir durch die fünf Phasen der Trauer gegangen. Ich dachte, ich hätte es geschafft, aber jetzt kommt alles wieder hoch … Aber obwohl es weh tut, ist es auch gut."

„Pah – vier Phasen, fünf Phasen. Sind die Phasen vorwärts, rückwärts, glatt, verkehrt? Mein Gott! Was soll dieses Geschwafel über Phasen? War der Therapeut am Leben?"

„Wie? Ja, sicher!"

„Nein, ich meine: Nahm er am Leben teil? War er lebendig?"

„Hm, ich hatte öfter das Gefühl, dass er sehr im Kopf verankert war. Eher der kopflastige Typ, verstehst du?"

„Siehst du."

Coyote umfasste meine Hand und drückte sie.

„Dein Herz darf ruhig brechen und von Tränen der Liebe ausgeschwemmt werden. Dann kann neues Leben entstehen.

Spring vom Kopf ins Herz und du bist sofort an das Leben angeschlossen. Diese Tränen, weil du deinen Vater verloren hast, sind wie eine Taufe. Die Verbindung zu deinem Vater wird noch stärker werden, ohne dass du dich an ihn klammerst. Das ist ein Geschenk!"

Ich schluchzte noch eine Weile, dann wusch ich im Badezimmer mein Gesicht. Als ich zurück ins Wohnzimmer kam, rauchte Coyote am offenen Fenster. Ich stellte mich zu ihm und beobachtete, wie der Abend den Tag ablöste.

„Funktioniert das auch mit Frauen?"

„Mann, du bist aber mit Lichtgeschwindigkeit zurück im realen Leben. Ja, natürlich, aber zuerst kommt das Herz und dann erst der Sex."

Ich griff nach dem Lichtschalter und posaunte: „Ich liebe mein Herz!"

„Jugendtorheit hat Gelingen."

„Zitierst du schon wieder Leo den Großen?"

„Nein, das ist eine chinesische Weisheit. Aber lange kannst du dich nicht mehr darauf berufen. So taufrisch bist du nun auch nicht mehr, mein Lieber. Wird Zeit, dass du erwachsen wirst."

Dann trank er seinen Kaffee aus und fuhr mit der Zunge um seinen Mund. Ich kniff die Augen zusammen, um sie besser zu sehen. Sah sie nicht anders aus?

„Deine Zunge, was ist mit der los? Du solltest zu einem Arzt oder Zungendiagnostiker. Am besten beides."

„Ach nein, meine Zunge gehört mir. Ich will den armen Diagnostiker nicht verwirren."

Coyote streckte die Zunge raus, rollte diese der Länge nach wieder ein und wedelte mit seinem buschigen Schwanz. Eine ungeheure Energie ergriff den Raum, es wurde heiß und mir schwindelte. Mein Kopf explodierte.

„Halt, Hilfe!"

Ich schrie.

„Weichei! Aber ich werde dich schon noch gar kochen!"

Dann war Coyote weg. Genauso schnell, wie er gekommen war. Zurück blieb nur ein Hauch von Rauch und Kaffee. Und etwas anderes.

Ich blähte die Nase auf. Es duftete nach Rosen. Herrlicher Geruch.

Ich war hellwach, zog mich aus und warf die Kleider auf den Boden. Nackt wie ich war, kletterte ich auf den Tisch und zitierte todernst die Zeilen über Hermes. Ich war lebendig wie lange nicht mehr, platzte vor Energie und Tatendrang.

6 Der Ton des Saxophons

Mit dem Rosenduft in der Nase kam ich auf die Idee, Franziska, in deren Nähe ich mich immer lebendig fühlte, anzurufen. Vielleicht war sie noch an der Schule.

„Hallo, Franziska, bist du zufällig noch im Schulgebäude?"

„Noah! Ich habe gerade in der Nähe deiner Wohnung geparkt. Vor der Schule war alles voll. Ich muss nur noch was kopieren. Wo brennt´s?"

„Kommst du nachher rüber zu mir? Wir könnten ins Pub gehen oder gemeinsam kochen und dann einen Film schauen."

„Warum nicht? Aber nur, wenn du mich abholst. Ich hab Angst, die Schule im Dunklen alleine zu verlassen. Mir ist letztens ein eigenartiger Mann begegnet. Der hat mich irgendwie verunsichert."

„Natürlich hol ich dich ab."

„Danke, dir vertrau ich, nach dem, was ich gerade zuvor gesehen habe."

„Wie meinst du das?"

„So wie Gott dich schuf bist du ganz nah am Fenster gestanden. Das warst doch du? Wohnst du nicht im obersten Stock im Haus direkt hinter der Kuppe?"

„Ja, da wohne ich", stotterte ich verlegen. War das peinlich, auch wenn ich mich sicher nicht zu verstecken brauchte! Aber mein Licht nicht unter den Scheffel, sondern auf den Tisch zu stellen und dabei gesehen zu werden?

„Keine Angst, ich hab fast nichts sehen können. Du hast halt meine Fantasie beflügelt. Du, ich kopiere nur schnell die Arbeitsblätter für den Unterricht. Bis du kommst, bin ich fertig."

„Abgemacht. Ich bin schon unterwegs."

Ich sprang in meine Kleidung, die Treppe hinunter und joggte am Wald entlang. Bei vollem Lauf brauchte ich exakt vier Minuten. Der Geruch des herannahenden Winters lag in der Luft. Über meinen Weg huschte ein Fuchs, rostrot und viel eleganter als sein ausgestopfter Artgenosse im Biologiezimmer.

Da war wieder diese Gegenwart. Ich hatte das Gefühl, eine Präsenz spüren zu können. Mein Puls hämmerte und alles fühlte sich nach Leben an. Zu spüren, dass ich lebte, kam mir wie eine Erinnerung aus einem vergangenen Leben vor. Was oder wer hatte diesen Frühling mitten in der kalten Jahreszeit herbeigezaubert? War es wirklich Coyote?

Franziska wartete hinter der Glastür. Als ich sie sah, war es, als würde ein schmachtender Saxophonton Bereiche in mir wachspielen, die ich schon einige Zeit vergessen hatte.

„Na hallo, Frau Professorin!"

Es folgte ein Küsschen links und rechts auf die Wangen. Franziskas rotblondes Haar roch nach Pfirsich. Als wir zurückgingen, den Himmel über uns ausgespannt, hakte sie sich bei mir unter.

„Noah, ist das Leben nicht ein wunderbares Geschenk?"

„Ja, heute sehe ich das genauso."

„Du meinst aber nicht den Vormittag an der Schule!"

„Oh nein, erinnere mich nicht daran. Da gab es nur Probleme."

„Schade. Aber trotzdem, das Leben bleibt immer ein Geschenk, das gelebt werden will und kein Problem, das gelöst werden muss."

„Meine Mutter hat ein Kaffeehäferl mit diesem Spruch."

„Das wäre doch das ideale Geburtstagspräsent für Johannes "

„Ja, das wär was. Aber ich befürchte, er würde es nicht verstehen. Wie findest du ihn?"

„Jeder hat seine Schwierigkeiten mit ihm, vor allem die jungen Lehrer."

„Warum ist mir das noch nicht aufgefallen. Ich dachte, ich wäre der Einzige, der ... "

„Quatschkopf. Keiner will es sich mit ihm verscherzen. Er hat sich über Jahre seine Machtstellung ersessen."

In diesem Moment sprintete Franziska los.

„Wer zuletzt oben ist, muss Abendessen machen."

Sie war erstaunlich schnell.

„Na, was ist los mit dem Herrn Sportlehrer? Keine Luft in den Lungen?"

Sie rannte weiter und warf mir einen verschmitzten Blick über die Schulter zu.

„Ich hab wohl die Geografie dieser Gegend studiert und dabei das Laufen vergessen."

Vor lauter Anstrengung japste ich und hatte Seitenstechen, aber um mir keine Blöße zu geben, nahm ich alle Kraft zusammen, zog ihr nach und holte sie im letzten Augenblick ein. Gemeinsam liefen wir in unser imaginäres Ziel, der Hügelkuppe, ein. Da standen wir, schnauften und prusteten, und das mit einem Lachen im Gesicht.

Einen Lidschlag später legte Franziska den Finger auf die Lippen und flüsterte: „Schau, ein Fuchs!"

Als würden wir nicht existieren, trottete er gemächlich über die Straße und blickte zu uns. Sofort hatte ich wieder dieses kribbelige Gefühl.

„Schön!", wisperte ich nur.

„Ja", meinte Franziska und zeigte auf den Nachthimmel. Orion hatte sich sichtbar auf das Himmelszelt gesetzt.

Franziska knetete den Teig für die Pizza und ich schnipselte Tomaten, Ananas und Schinken. Wir arbeiteten, als hätten wir das schon immer gemeinsam gemacht. Während der Käse im Ofen schmolz und verführerisch duftete, öffnete ich meinen besten Rotwein. Wir prosteten einander zu.

„Shit, ich sollte weder Alkohol trinken noch Fleisch essen."

„Wieso das denn?"

Franziska hob fragend die Augenbraue.

„Ein Arzt, naja, mehr ein Alternativarzt, fast schon ein Schamane, hat mir diese Diät empfohlen."

„Aber heute genehmigst du dir eine Ausnahme. Auf der Pizza ist sowieso kaum Fleisch."

„Hast du Lust, mit mir den *Club der toten Dichter* ansehen?"

„Gerne, den wollte ich schon immer sehen. Der alte Streifen soll verdammt gut sein."

„Genauso wie mein Wein."

„Es gibt aber auch die Kombination von jung und gut."

„Danke."

„Oh, ich hab an den Film *Fack ju Göhte* gedacht!"

„Stimmt trotzdem. Die Hauptperson unterrichtet auch Deutsch und Sport. Da ist man zwangsweise cool drauf und hat den Swag." Ich zwinkerte ihr frech zu.

„Von wem hast du *Club der toten Dichter*?"

„Von einem Freund. Der schwärmt für diesen Film."

Ich legte die DVD ein, wir rückten näher zusammen, tranken den Wein und holten uns ein Stück Pizza.

„Der Wein ist etwas schüchtern im Abgang", witzelte ich.

„Und ich war etwas schüchtern beim Aufgang zu deiner Wohnung. Das hat sich nun aber gelegt."

Sie legte ihren Kopf auf meine Schulter. Dieser Pfirsichduft! Als gegen Ende des Films die Jungs für ihren Lehrer John Keating der Reihe nach auf die Tische stiegen und „Oh Captain, mein Captain!" riefen, konnte ich mich nicht mehr halten. Tränen liefen über meine Wangen. Franziska schluchzte ebenfalls neben mir.

„Sorry", meinte ich und putzte mir die Nase. „Das ist eigentlich nicht meine Art."

„Oh, endlich ein Mann mit Gefühlen!"

Sie küsste mich, erst zaghaft und verspielt, dann immer intensiver, und bald schon lagen wir auf meiner Couch, die Kleidung am Boden verstreut.

Mann, tat das gut nach gefühlten Jahrhunderten der totalen Enthaltsamkeit! Wir badeten in einem Meer aus Küssen, Stöhnen, Wippen, Wimmern und Liebkosungen. Unsere Bewegungen wurden langsamer. Sie saß auf meinem Schoß, ihre rötlichen Haare umspielten ihre Brüste. Je langsamer wir uns bewegten, desto intensiver wurden die Gefühle.

Franziska stöhnte und zitterte und ich glaubte, meine Schädeldecke würde abheben. Ein Funkenregen hellen Lichts. Sterne wurden geboren, Heißluftballone stiegen auf, ein Adler breitete seine Schwingen aus, Wellen brausten, brandeten herein und schäumten, Berge schwankten, reißende Flüsse sprangen über Gestein und ein Geysir schoss unter lautem Stöhnen in den Himmel.

Der Orgasmus meines Lebens! Franziska und ich schwebten draußen im Weltraum. Ganz alleine. Eng umschlungen. Ihr Körper zuckte. Ermattet und sprachlos lagen wir nebeneinander, die Arme ineinander verschränkt.

„Besser als Selbstbefriedigung, oder?"

Franziskas Stimme vibrierte vor Freude.

„Dafür gibt es keine Worte. Früher hab ich mir manchmal die Orgasmen vorgespielt, nur damit ich schneller mit der Selbstbefriedigung aufhören konnte."

„Scherzkeks".

Es klingelte. „Oh, mein Gott, mein Nachbar. Wieder mal ein Lauschangriff."

„Bleib einfach liegen."

„Dann musst du aber gehen."

Ich bewunderte ihren weichen Körper und erinnerte mich an Worte von William Blake, der meinte, dass der nackte Körper der Frau ein Teil der Ewigkeit sei, zu groß für das Auge des Mannes. Es schellte wieder, diesmal ungeduldiger.

„Ich könnte nicht mal gehen, wenn ich wollte", protestierte Franziska, „mein Körper zittert noch."

Also sprang ich auf, zog mir leicht genervt die Hose über, was nicht einfach war, schlüpfte in mein Hemd und stolperte zur Tür. Es klingelte noch einmal und diesmal nahm er den Finger nicht mehr vom Klingelknopf.

„Was für einen Film schauen Sie denn jetzt wieder? Ich krieg bei diesem Lärm kein Auge zu!"

„Den *Club der toten Dichter*", knurrte ich und betonte toten besonders stark.

„Grandioser Film, aber da gibt es doch keine lauten Szenen."

„Doch, die in der Höhle, wo sich die Jungen mit den Mädchen ... Sie wissen schon ... Erinnern Sie sich nicht?"

„Kann sein, aber drehen Sie in Zukunft den Fernseher leiser, vor allem, wenn Sie Mädchen in der Höhle haben."

Er zwinkerte mir zu und drehte sich um. Die Tür fiel ins Schloss. Ich atmete auf. Vielleicht war er netter, als ich immer gedacht hatte. Dann sauste ich wieder zu Franziska.

„Was hast du zu ihm gesagt?"

Franziska stieg in ihren Slip und zog sich das Unterhemd über.

„Die Wahrheit natürlich ... dass er die Szene mit dem Geheimversteck in der Höhle gehört hat."

„Ja, nichts als die pure Wahrheit. Höhle, Mädchen und Junge.

Mein Gott, dich sollte man als Therapie verschreiben. Und die Höhle ist geheim. Bitte sag es niemanden weiter. Auch nicht deinen Kumpels."

Sie stand mit dem Rücken zu mir.

„Glaubst du an Gott?", fragte ich sie spontan.

„Das ist doch keine Frage des Glaubens. Ich fühle ihn, ich bin bei ihm. Ich liebe das, was man Gott nennt. Ich bin da mitten drin, so wie alles, was lebt."

„Ich finde das nicht so einfach, ich fühle es, kann es aber nicht klar sehen."

„Du willst Gott sehen?"

Sie blickte mich unvermittelt an, eine steile Falte in der Stirn.

„Können deine Augen sich selbst sehen?"

Ich schwieg. Was sollte ich darauf antworten?

„Noah, das, was ich vorhin erzählt habe, von dem Mann, du bist der Erste, dem ich es erzähle. Ich mach mir fast in die Hose, wenn ich als Letzte die Schule verlasse oder alleine unterwegs bin. Es ist, als ob der Typ mir auflauert. Der Mann ist ein bisschen gruselig, aber trotzdem faszinierend. Ich fürchte mich, ihn zu sehen, und gleichzeitig freue ich mich darauf. Wenn du seine Augen sehen würdest, könntest du mich verstehen ..."

Eifersucht stieg in mir auf. Ich wollte Franziska wegen dieses Wahnsinnstypen unterbrechen, doch ich hatte keine Chance.

„... ich wusste nicht mehr, wo ich war, drehte mich um und sah einen ... "

In ihre Augen trat ein flehender Blick. „Bitte lach mich jetzt nicht aus. Ich sah einen Schwanz, wie von einem Fuchs oder so."

Franziska hatte Coyote gesehen! Ich war erleichtert und gleichzeitig verunsichert.

„Ist das ein Kerl mit Cowboyhut und Lederhose?"

„Ja, genau. Die Lederhose, den Cowboyhut und seine weißen Haare hab ich ganz vergessen. Der Fuchsschwanz war einfach zu irritierend."

„Vor dem brauchst du wirklich keine Angst zu haben. Den kenn ich, er ist ein gutmütiger Freak, ein richtiger Philanthrop, ein wenig schrullig ist er und leicht durchgeknallt, aber eigentlich schwer in

Ordnung. Vielleicht hat er den Fuchsschwanz am Schlüsselbund montiert."

„Du kennst ihn?"

„Nur ein bisschen", stotterte ich. „Er hilft manchmal im Pub nebenan aus."

„Im *Shannon Inn*? Das beruhigt mich ein wenig."

„Wenn du diesen alten Knacker so anziehend findest, was ist dann mit mir? Findest du mich auch attraktiv?"

„Willst du das wirklich wissen? Da muss ich noch mal drüber nachdenken."

Es war zwei Uhr morgens, als ich auf das Display meines Handys blickte. Ich zündete mir eine Zigarette an.

„Meinst du, ich krieg Probleme wegen der Mobbinggeschichte?"

„Ich denk schon. Johannes fühlt sich von dir bedroht. Du bringst Unruhe in sein Leben, Noah, und das will er verhindern."

„Ich hasse Probleme, aber verbiegen mag ich mich auch nicht. Warum gibt Katja mir keine Rückendeckung? Das wäre verdammt wichtig."

„Katja schätzt dich, auch wenn sie nicht alles gutheißt, was du anstellst."

„Ja, vielleicht, aber was soll ich deiner Meinung nach machen?"

„Lass dir bloß kein schlechtes Gewissen von Johannes einjagen. An unserer Schule brauchen wir sowieso einen Perspektivenwechsel, so wie die Jungs im Film. Wir sollten alle mal auf die Tische steigen so wie diese im Film – oder du heute am Fenster."

Sie knuffte mich in die Seite und grinste.

„Ich denke, Johannes fühlt sich von deiner Arbeit bedroht. Dabei könnte er selbst so viel gewinnen! Weißt du, ich glaube sogar, dass wir auf die Tische für unseren inneren Lehrer steigen sollten, der ermutigenden, liebevollen Stimme in uns. Wir sollten diesen Lehrer nicht immer allzu schnell rauswerfen. Er hätte uns viel zu lehren ..."

7 Schulaufsicht, Männertoilette und Sex

„Noah, kommst du bitte in meine Kanzlei?"

Auch wenn Katja, meine Direktorin, freundlich gegrüßt hatte, spürte ich sofort einen Eisklumpen im Bauch. Viel zu sehr erinnerte mich diese Situation an meine eigene Schulzeit. Immer diese Angst, wenn wir beim Direktor vorsprechen mussten. Ich trat ein in ihr Reich.

„Setz dich, Noah!"

Ich stellte die Tasche neben den Stuhl und gab mich betont lässig, indem ich die Arme auf die Lehne legte. Dass mein Herz bis zum Hals schlug, konnte sie nicht hören.

„Heute kommt die Schulinspektion. Johannes hat mich gestern noch kontaktiert. Er meint, du würdest ihn mobben und ihm sei so etwas in seiner langen Lehrerlaufbahn noch nicht untergekommen."

„Was? Das ist doch nicht zu fassen."

Ich schüttelte den Kopf und beugte mich vor. „Katja, das müssen Missverständnisse sein. Warum sollte ich ihn mobben?"

„Du hättest schlecht über ihn vor den Kindern geredet und damit die Eltern gegen ihn aufgehetzt. Er sei dein Sündenbock, der deiner Schüler und deren Eltern geworden."

„Du weißt, dass das nicht stimmt. Ich fühle mich langsam selbst als sein Opfer."

„Das musst du mit der Inspektorin klären. Sie will dich in der großen Pause sprechen. Patrizia übernimmt deine Pausenaufsicht."

Ich schnappte meine Tasche und ging zum Konferenzzimmer. Das musste ich sofort ordnen.

Was bildete Johannes sich ein? So ein Mensch, wie Johannes meinte, war ich nicht. Vor der Tür atmete ich tief ein. Meine Nerven flatterten wie Wäsche im Wind. Als ich die Tür öffnete, zwang ich mich, fröhlich zu lächeln.

„Guten Morgen!"

Stille. Okay, schaut gut her. Ich bin das fieseste Arschloch, das ihr je gesehen habt! Mein Charakter ist eine Katastrophe und ich bin eine Niete als Lehrer.

„Guten Morgen, Noah."

Ich hätte Patrizia umarmen können. Auch Gertrude und Martin nickten mir aufmunternd zu.

Alle anderen ignorierten mich.

Als wäre ich Luft.

Ich wollte so schnell wie möglich in meine Klasse.

Nur das Kratzen der Stifte auf dem Papier war zu hören. Ein Stuhl knarrte. Ich beobachtete die über den Papieren gesenkten Köpfe. Schwarze, blonde und braune Haare. Ein Rotschopf mit krausen, wuscheligen Locken. Ben.

Jeder von ihnen war ein ganz besonderer Mensch, mit Träumen, Begabungen und Herausforderungen. Sie waren nicht nur äußerlich verschieden. Ich versuchte doch nur, jeden Schüler zu sehen, egal wie gut seine Tarnkappe war.

Wir waren ein Team, miteinander unterwegs. Warum konnte Johannes das nicht verstehen?

Mein Blick blieb bei Marcel hängen. Beim letzten Kreisgespräch hatte er den Sprechstab so fest in seinen Händen gehalten, dass ich Angst gehabt hatte, er würde ihn zerbrechen.

„Dieses Wochenende gehe ich mit Papa ins Kino und auf den Adventmarkt."

Marcels Vater hatte die Familie verlassen, als Marcel neun Jahre alt gewesen war. Die Scheidung, dass er seinen Vater nur jedes zweite Wochenende sah, all das hatte vor allem Marcel hart getroffen. Seine Mutter war überfordert, klapperte Experten ab und hatte schon in der Volksschule die Schulpsychologin eingeschaltet.

Aber fehlte Marcel nicht einfach eine verlässliche Bezugsperson, die an ihn glaubte, die ihm zuhörte und die mit ihm auch konkrete Dinge wie die Hausaufgaben machte? Ein Erwachsener, der einfach da war?

Marcel war kein Einzelfall. Vielen Kindern ging es so. Ich erinnerte mich noch genau an das Kreisgespräch. Nach Marcel hatte Simon sich den Sprechstab genommen.

„Nur Sie hören uns zu ... und die Frau Patrizia König."

Einige Kinder nannten auch Martin und Franziska.

„Die meisten Lehrer nehmen uns nicht ernst", erklärte Nora und fast alle nickten.

„Herr Schmidt sagt immer, dass wir nichts können und dass früher alles viel besser gewesen ist", erzählte Anna, als sie den Stab in ihren Händen hielt.

Kevin hatte Tränen in den Augen, die er verzweifelt wegzublinzeln versuchte.

„Ich wär zu blöd für Mathematik, hat er gesagt ... Wenn ich so weitermache, muss ich die Klasse wiederholen und später als Müllmann arbeiten."

„Er vergleicht uns ständig mit Schülern von früher, wir können ihm nichts recht machen und er lacht nie, wirklich nie." Nora war ganz aufgebracht gewesen.

„Ja, genau. Immer ist alles nur schlecht in seinen Augen", stimmten die anderen zu.

„Der braucht einen Augenarzt", unterbrach Alexander und die Kinder lachten, froh, weil Alex wieder einmal die Runde mit einem Scherz aufgelockert hatte. Dann war es still geworden.

„Könnten Sie mit Herrn Schmidt reden, Herr Breitenbach?", hatte Maria in die Stille hinein gefragt.

Inzwischen hatten die Kinder den Sprachstab vergessen. Er war in der Mitte der Decke gelegen. Ich hatte kurz überlegt und mir dann den Sprechstab geholt.

„Ja, denn ich glaube an euch. Und in meiner Klasse soll jeder seinen Platz haben. Jeder. Hört nicht auf alles, was er sagt. Nehmt es nicht persönlich. Ich werde mit ihm reden. So kann es nicht weitergehen."

Die Kinder waren sichtlich erleichtert gewesen. War ich damals zu weit gegangen? Am selben Tag hatte mich Hannahs Mutter, die Elternvertreterin war, angerufen und sich für die Gespräche bedankt, die ich mit den Kindern geführt hatte.

„Ich brauche Ihren Rat. Die Eltern von Kevin haben erzählt, dass ihr Sohn sehr unter Herrn Schmidts Attacken leidet. Soll ich mit Herrn Schmidt reden?"

Die Stimme der Elternvertreterin war noch deutlich in meinem Ohr. In diesem Augenblick riss Kevin mich aus meinen Tagträumen.

„Ich komm nicht weiter, helfen Sie mir?"

Kevin kasperlte oft herum. Er lernte schwer und versuchte so, die Aufmerksamkeit seiner Mitschüler zu bekommen. Aber das war nur eine Seite, denn meistens strengte er sich an. An eine negative Jahresbewertung war darum nicht zu denken. Ich ging zu ihm und half.

„Danke, Herr Lehrer." Er strahlte mich an.

Dann klingelte es zur Pause.

„Macht die Aufgabe zu Hause fertig. Wir sehen uns dann morgen."

„Warten Sie." Hannah hielt mir ihre rosa Plastikbox mit frisch gebackenen Keksen unter die Nase. „Die hat meine Oma gemacht. Bitte schön!"

Ich bedankte mich, packte meine Tasche und während ich zu Katjas Zimmer ging, genoss ich das pudrig luftige Gebäck, das auf der Zunge zerbröselte.

Auf der Treppe schien mir alles wieder grau in grau. Meine Hände waren feucht und ich hatte ein flaues Gefühl im Magen. Ich klopfte an. Katja, die direkt hinter der Tür gestanden haben musste, öffnete und nickte mir aufmunternd zu. Die Inspektorin war schon da. Ich trat ein, grüßte freundlich und setzte mich zu ihnen an den runden Tisch. Dann kam Johannes und zu meiner Überraschung auch die Vizedirektorin Gertrude.

„Herr Noah Breitenbach, Sie wissen, welcher Vorwurf gegen Sie erhoben wird?", leitete die Inspektorin das Treffen ein.

„Ja, nur ich verstehe das Ganze überhaupt nicht", unterbrach ich sie.

Aber Johannes brachte mich mit einem Lass-doch-mal-die-Inspektorin-ausreden-Blick zum Schweigen. Schweiß perlte meinen Rücken herab. Saß ich jetzt auf der Anklagebank?

„Herr Breitenbach, mir wurde gestern mitgeteilt, dass Herr Johannes Schmidt sich von Ihnen gemobbt fühlt. Sie sollen die Kinder und Eltern Ihrer Klasse gegen ihn aufgehetzt und in der Kollegenschaft schlecht über ihn geredet haben. Ihre Frau Direktor betont allerdings, dass Sie bisher sehr gut gearbeitet haben und bei Kindern und Eltern beliebt sind. Trotzdem sind die Vorwürfe so stark, dass ich reagieren muss.

Herr Schmidt hat bis jetzt einen tadellosen Leumund als Lehrer. Dieser Vorfall beeinträchtigt ihn natürlich psychisch und physisch."

Mein Mund war staubtrocken. Ich kam mir vor wie in einem falschen Film, fast als wäre ich unfreiwillig in einen Bob geplumpst, der nun unaufhaltsam den Eiskanal hinunterraste. Ich hatte keine Chance, anzuhalten oder die Richtung zu ändern. Ich stand am Pranger. Die Welt hatte sich gegen mich verschworen.

„Noah, was sagst du zu diesen Vorwürfen?"

Katja beugte sich vor und schaute mich an.

„Die Vorwürfe überraschen mich. Sie treffen mich völlig aus dem Nichts. Ich habe meinen Kollegen Johannes niemals gemobbt. Aber die Kinder haben mir ihre Erlebnisse mit Johannes erzählt und ich habe meine Sicht der Dinge dargelegt. Wenn Johannes das falsch verstanden hat, dann möchte mich entschuldigen."

„Das ist es doch. Du hast den Kindern eine Bühne gegeben, um mich zu diffamieren. Herr Kollege, du bist noch nicht lange genug im Geschäft, als dass du verstehen würdest, worum es hier geht. Die Kinder ziehen dich über den Tisch. Bei jeder Gangaufsicht kann ich das beobachten. Die Jungen deiner Klasse laufen während der Pause auf dem Gang herum, fast immer ohne Hausschuhe ... und die Mädchen haben nicht gelernt, zu grüßen.

Dir sind die Kinder völlig entglitten. Die müssen erzogen werden. Du musst als Lehrer doch Profil zeigen. Aber das kannst du nicht, du bist halt auch nur ein Kind einer autoritätsfernen Elterngeneration."

„Moment mal, Johannes ... "

„Nein, Katja, ich bin noch nicht fertig. So ein Grünschnabel will meinen exzellenten Ruf zerstören ... Noah wächst gerade in den Himmel, er ist verblendet und selbstverliebt. Die Kinder tanzen ihm auf der Nase rum. Nennst du das Unterricht? Außerdem hat er nur Augen für die jungen Damen ..."

„Johannes, ich möchte gerne ..."

Ich wollte gerade etwas sagen, als es an der Tür klopfte.

„Ich hab doch darum gebeten, dass man uns nicht stört!", schimpfte Katja.

Gertrude stand auf, öffnete die Tür einen Spalt und zwängte sich hinaus. Sie redete leise, dann kam sie wieder rein.

„Noah, dein Vater hat diese Medikamente für dich, er sagt, du hättest sie bei ihm vergessen."

Das konnte unmöglich mein Vater sein. Und ich nahm keine Medikamente. Aber allein die Vorstellung, dass mein Vater hier stände, trieb mir Tränen in die Augen. Ich schaute auf die Schachtel, die Gertrude mir überreichte.

„Können wir eine kleine Pause machen? Ich will nur Wasser zum Schlucken der Pillen holen."

Katja und Gertrude tuschelten besorgt und auch die Inspektorin machte einen verwirrten Eindruck.

Ich nahm das Päckchen, ging zur Männertoilette und sperrte mich ein. Es waren zwei Pillen im Päckchen, eine rote und eine blaue. Coyote!

„Für welche Pille entscheidest du dich, Noah?"

Das war Coyotes Stimme. Sie kam direkt aus der Box neben mir. Es donnerte.

„Ich bin sicher, dass dein Vater stolz auf dich wäre, wenn er dich mit den Kindern zusammen sehen würde. Aber wäre er auch stolz, wenn er sähe, wie du dich bei diesem Treffen aufführst?"

„Ich weiß es selbst, Coyote, das brauchst du mir nicht unter die Nase zu reiben."

„Ich hab es dir schon gesagt: Falls du es nicht wissen solltest, ob du ein Mann bist ... über dem Waschbecken hängt ein Spiegel. Schau nochmals nach, bevor du rausgehst. Und lebe nicht unter deiner Würde. Wie sollen deine Kinder sonst lernen, dass Menschen wie Johannes keine Macht über sie haben? Sag es mir!"

Statt einer Antwort, seufzte ich nur. „Ach ja, noch was. Ich soll dich von deinem Vater grüßen. Er liebt dich von ganzem Herzen."

Das trieb mir nun endgültig die Tränen in die Augen. Mein Herz weitete sich, wurde offen, ruhig, kraftvoll und klar. Ich blickte auf die Pillen in der Schachtel und wählte die rote Pille. Sie schmeckte nach Gummibärchen. Mehr passierte nicht. Nur Coyote in der Box neben mir brach in „Ahs" und „Ohs" aus. Hatte er mich reingelegt? „Gut gewählt, Noah. Jetzt hast du deine Scheiße hinuntergespült. Ich meine jene in deinem Hirn."

Dann rauschte die Klospülung und Coyote lachte.

Ich entriegelte die Tür und trat aus meiner Kabine. Vor mir stand Coyote, seine Augen funkelten vor Freude. Er sagte kein Wort, legte seine linke Hand auf mein Herz und berührte mit der rechten auf gleicher Höhe meine Wirbelsäule. Geballte Energie floss durch meinen Körper und dann hörte ich meinen Vater lachen, so kraftvoll wie noch nie.

Als sein Lachen verebbte, war Coyote verschwunden. Ich warf einen letzten Blick in den Spiegel, grinste und ging wieder zum Direktionszimmer.

„Herr Breitenbach, ist alles in Ordnung mit Ihnen? Wir haben uns Sorgen um Sie gemacht."

„Danke, es ist alles bestens. Ich hatte nur meine Medizin vergessen."

„Dann machen wir weiter, Herr Breitenbach. Sie wollten etwas sagen, als es klopfte. Wollten Sie sich nicht für Ihr Fehlverhalten entschuldigen?"

Die Inspektorin lehnte sich zurück.

„Ja, Noah, ich glaube auch, dass du das tun solltest."

Gertrude schaute zu Katja. „Wir sind so ein harmonisches Team, nicht wahr, Katja? Und um gut arbeiten zu können, brauchen wir Frieden."

Ich spürte das Leben in mir pulsieren. Der Unterschied zwischen meinen Kollegen und mir war, dass ich keinen Frieden brauchte. Ich hatte ihn.

„Wisst ihr", holte ich aus, „das war eben nicht mein Vater, sondern ein guter, älterer Freund, der als Pädagoge arbeitet. Er sorgt sich um mich. Die Pillen sollen mir wieder Schwung geben. Ich war in letzter Zeit müde und verspannt. Er kennt sich mit alternativer Medizin gut aus."

„Ah, du hast Kreislaufprobleme, Noah?"

Gertrude schaute mich fragend an.

„Können wir jetzt wieder mit dem Thema fortfahren?"

„Gerne, Johannes. Zurück zu meinem echten Vater, der vor ein paar Jahren verstorben ist. Er war stolz, dass ich Lehrer wurde. Ich hätte ein Herz für Kinder, meinte er. Und wisst ihr was: Ja, ich habe es, dieses Herz. Mein Herz schlägt für die Schüler.

Wenn ich irgendetwas weiß, dann das. Und es ist die absolute Priorität in meinem, in unserem Beruf. Alles andere ist im Vergleich belanglos."

„Hör mit deinen Wischi-Waschi-Ausführungen auf und komm endlich zum Punkt!", unterbrach mich Johannes.

„Weißt du was, Johannes, unabhängig von deinen Unfreundlichkeiten werde ich die Kinder weiterhin wertschätzen und gemeinsam mit ihnen Unterricht erleben.

Glaub mir, ich werde ihnen nach wie vor Raum für ihre Persönlichkeit und für ihre Geschichten lassen. Das nimmt mir niemand, schon gar keiner, der selber nur Angst hat. Ich gehe meinen Weg, den ich für richtig halte.

Weißt du, was zu einem echten Lernerfolg dazugehört? Man muss als Lehrer eine Beziehung zu den Kindern aufbauen. Sonst lernen die Kinder schlecht. Und eine gute Beziehung, die haben die Kinder wohl am meisten verdient."

Ich räusperte mich.

„Und nun zu deinem Vorwurf. Ich bin mit den Kindern im Kreis gesessen. Ja, und jeder, der etwas sagen wollte, durfte, sobald er den Sprechstab aus der Mitte des Kreises hielt, reden. Mit dem Stab in der Hand sollte er aus seinem Herzen reden."

„Also bitte, was hat das mit Deutschunterricht zu tun? Ich will das alles nicht mehr hören, das ist doch lächerlich."

Johannes sprang auf.

„Setzen Sie sich und lassen Sie den Kollegen endlich ausreden!"

Die Stimme der Inspektorin war scharf wie ein gut geschliffenes Messer.

„Das hat viel mit Deutschunterricht zu tun, Johannes. Am Anfang lernen wir zuzuhören, dann reden und erst danach können wir überhaupt lesen und schreiben lernen. Aber das Zuhören, das haben viele von uns verlernt, nicht wahr?

Beim Kreisgespräch sind alle gefordert, man hört einander auf einer gleichwertigen Ebene zu und redet von Mensch zu Mensch.

Im Kreis gibt es keine Hierarchie, kein Oben und Unten. Kinder, die vom Herzen reden und mit dem Herzen zuhören, können diese Welt verändern.

Ja, sie haben viel über dich gesprochen, Johannes, sie fühlen sich beschämt und abgewertet von dir. Sie trauen sich nichts mehr zu, weil sie erleben, dass du ihnen nichts zutraust."

Ich atmete tief ein. Es war still im Raum. Johannes war weiß wie frische Milch.

„Ich mobbe dich nicht. Aber ich biete den Kindern einen geschützten Rahmen. Sie dürfen sagen, was sie bewegt.

Momentan liegst du den Kindern schwer im Magen, Johannes, und das wissen die Eltern auch. Auf Schulbänken und Toilettenwänden war es schon länger nachzulesen.

Wie kannst du nur glauben, dass ich dich mobben möchte? Oder haben hier an der Schule alle Angst vor dir? Mir ist es mittlerweile egal, wenn keiner hinter mir steht. Ich stelle mich auch alleine vor meine Schüler."

Ich hielt kurz inne und wandte mich dann direkt an Katja.

„Nicht ich mobbe Johannes, sondern Johannes mobbt mich. Er spielt *Fangt den Dieb* und lässt dich und die Frau Inspektor hinter mir herlaufen. Klar, ich bin jung und hab noch viel zu lernen. Ich bin nicht perfekt. Aber ich liebe Kinder. Dieses unwürdige Spiel spiele ich nicht mehr mit. Entschuldigen solltest du dich, Johannes, und nicht ich. Mehr hab ich dazu nicht zu sagen."

Im Raum herrschte Stille und erst nach einer gefühlten Ewigkeit, ergriff die Inspektorin das Wort.

„Das waren ehrliche Worte."

Katja und Gertrude nickten, lächelten mich an. Johannes wirkte geknickt. Offensichtlich hatte es ihm die Sprache verschlagen, wie sich das Treffen gewendet hatte und er wusste nicht mehr, was er sagen sollte.

„Herr Kollege, Sie bleiben nach diesem Treffen noch kurz da. Ich muss mit Ihnen einiges bereden", meinte die Inspektorin zu Johannes.

Ich wollte gerade rausgehen, um eine Zigarette zu rauchen, als Gertrude mir zu verstehen gab, dass sie mir etwas sagen wollte.

„Noah, ich bin immer noch ganz beeindruckt von deiner Rede.

Könntest du dir vorstellen, im Krisenteam der Schule für die Kinder zu arbeiten?"

„Natürlich. Sogar sehr gerne!"

„Ich dachte wirklich, der Mann wäre dein Vater ... Es tut mir leid, dass dein Vater schon verstorben ist, Noah, das wusste ich nicht."

„Danke, Gertrude, mein Vater kommt mir gerade wieder sehr lebendig vor."

Sie drückte meine Hand. „Wie schön für dich ... Aber noch mal zu dem Pädagogen. Er hatte eine unglaubliche Ausstrahlung. Solche Männer trifft man heute selten. Wo arbeitet er?"

Meine grauen Zellen arbeiteten auf Hochtouren.

„Mein Freund arbeitet an einer alternativen Schule in den Vereinigten Staaten. Er besucht mich gerade. Aber, du hast recht, er ist ein super Typ!"

„Schade, ich hätte ihn gerne näher kennengelernt. Apropos Alternativschule: Die Katja sollte das jetzt nicht hören, aber du bist für mich auch ein Typ, der hervorragend an eine alternative Schule passen würde."

„Danke für die Rosen, Gertrude, ich geh jetzt eine rauchen."

Mann, fühlte ich mich lebendig. Auf dem Weg zum Hintereingang der Schule traf ich Franziska.

„Hey, sexiest man alive, was hast du mit Johannes gemacht? Er war völlig erledigt, als er ins Konferenzzimmer kam. Und dann tauchte auch noch die Elternvertreterin deiner Klasse auf, um mit Katja über Johannes zu reden."

„Ich habe auf meine innere Stärke vertraut, Franziska", sagte ich und blinzelte ihr zu.

„Oh, ich verstehe." Sie grinste. „Du siehst richtig gut aus."

Noch nie hatte mir eine Frau das so direkt gesagt.

Patrizia bog mit Martin um die Ecke, um sich einen Kaffee vom Kaffeeautomaten zu holen.

„Noah, was ist los? Bist du gewachsen?", fragte Patrizia.

„Nein, meine Hosen passen mir noch, aber ich halte meine Wirbelsäule gerade, damit ich mich nicht verbiege."

„Gute Idee." Patrizia verstand offenbar, was ich gemeint hatte.

Am Nachmittag unterrichtete ich gemeinsam mit Gertrude. Ich betreute das Integrationskind Stefan und war Hilfssheriff und Hirtenhund zugleich.

Gertrude hätte am liebsten den gesamten Klassenraum laminiert, die Kinder mit eingeschlossen, anstatt im Biologieunterricht draußen zu unterrichten. Was hatte sie eigentlich vor dem Laminieren gemacht?

Stefan, der den Lehrstoff nicht im selben Tempo wie die meisten Kinder schaffte und nach dem sonderpädagogischen Lehrplan unterrichtet wurde, wäre sicherlich gerne nach draußen gelaufen. So war er unruhig und ich hatte alle Hände voll zu tun, ihn zu beschäftigen.

Etwas verärgert verließ ich die Schule und trat mit voller Wucht gegen einen herumliegenden Fußball, der daraufhin quer über den Sportplatz flog.

„Du hast aber noch viel Energie nach dem Unterricht."

Martin blickte mich erstaunt an.

„Ich musste gerade aufgestaute Energie loswerden. Der gemeinsame Unterricht mit Gertrude ist etwas frustrierend."

„Reagierst du dich immer auf diese Weise nach euren Stunden ab?"

„Nein, normalerweise laufe ich danach nackt in den Wald, gehe dort über glühende Kohlen und springe in den Wildbach. Anschließend zünde ich Autoreifen an und grille am Feuer selbsterlegtes Wild, während ich harte Pornos am Smartphone schaue. Dann weiß ich wieder, dass ich lebe!"

Zuhause wartete Coyote auf mich. „Gratuliere, Noah, aus dir wird doch noch ein richtiger Mann! Was das auch immer ist ..."

„Worauf spielst du an? Auf die letzte Nacht oder auf heute Vormittag?"

„Natürlich auf beides. Und du hast die Aaskäse überwunden, Mr. lover bombastic!"

Er begann das Lied zu singen. Ich unterbrach ihn.

„Bist du blöd. Kannst du bitte auch mal ernst sein?"

„Verliebte und Verrückte sind beide von so brausendem Gehirn, so bildungsreicher Phantasie, die wahrnimmt, was nie die kühlere Vernunft begreift."

„Ja, das fühlt sich richtig an. Hast du sonst noch eine Botschaft?"

„Sex ist wichtig."

„Noch dazu mit einer traumhaften Frau. Franziska hat Klasse, Coyote."

„Also ist sie Lehrerin?"

„Ja, dir entgeht wirklich nichts."

„Danke, junger Mann mit Klasse. Also, Noah, sexuelle Energie ist Lebensenergie pur, sie ist das Feuer, die aufgehende Sonne. Nur bei vielen Lehrern fristet sie ein kümmerliches Dasein."

„Wieso?"

„Weil sie den Drachen einsperren."

„Drache? Was soll das denn jetzt. Ich kann mich nicht erinnern, jemals mit einem Drachen gekämpft zu haben."

„Ja, sicher. Der Drache und sein Feuer sind ein Sinnbild für Sexualität und Spiritualität."

„Und die werden dann in eine Höhle von der Lehrergewerkschaft eingesperrt. Stimmt's?"

„Fast. Die könnten den Drachen auch zahm streicheln und irgendwann würde er verstauben. Nein, mit der Höhle meine ich natürlich das Unterbewusstsein."

„Also, wir verdrängen das Biest?"

„Genau, aber wenn du es liebst und rausholst aus der Höhle, dann gibt es dir Kraft und du steigst mit ihm in die Lüfte und merkst, dass es gar kein Biest ist."

„Aber Drachen werden in den Sagen ausnahmslos getötet. Meistens von einem Mann mit Schwert oder Lanze."

„Richtig, und der drachentötende Held wird sogar unsterblich. Im Fernen Osten aber durfte der Drache fliegen. Man nutzte seine Kraft.

Das ist die andere Weise mit Sexualität und Spiritualität umzugehen. Sie wird integriert und transformiert. Übrigens: Das Schwert ist der scharfe, kontrollierende Verstand."

„Aber wir leben doch mittlerweile in einer sexualisierten Welt."

„Ja, das ist die andere Seite der Medaille. Man holt den Drachen

nicht aus der Höhle raus, sondern mästet ihn fett und lässt ihn ständig Feuer speien. Beide Methoden geben keine Kraft und Freiheit."
"Ich darf also den Drachen rauslassen?"
"Ich bitte darum. Aber nur, wenn dein Herz offen ist. Sonst verbrennst du dich."
"Darf ich ihn mit in den Unterricht nehmen? Du weißt schon: tiergestützter Unterricht. Ist gerade sehr modern."
"Ja, pass aber auf. Er verleiht dir ein unvergleichliches Charisma. Eros wird blühen. Nicht nur Kinder werden angezogen werden."
"Frauen auch?"
Coyote hielt inne, fixierte mich mit seinen Augen.
"Ja natürlich, aber bleiben wir bei den Kindern. Die meisten Lehrer leben diese Kraft nicht mehr. Sie verlieren sich in ihren negativen Gedankenkarussells und wundern sich, dass die Schüler nicht auf sie reagieren. Aber der neue Pädagoge wird Eros im Unterricht mitbringen. Dann wird alles lebendiger, ein Zauber schwebt über der Klasse."
"Also, ab jetzt Assistenz-Drache im Unterricht."
"Richtig. Du hattest ihn heute schon. Mir wuchsen Brusthaare bei deiner Rede."
"Weißt du was? Gertrude hat sich in dich verguckt, sie findet dich verwegen männlich. Das hätte ich ihr ehrlich nicht mehr zugetraut."
Coyote lachte.
"Tja, und Johannes hat nun zwei Möglichkeiten. Ich hoffe, er spürt den Schmerz und öffnet sich. Sonst verkapselt er sich noch mehr."
"Du warst unschlagbar, Coyote, ohne dich hätte ich es heute nicht geschafft."
"Immer gerne, ich wollte sowieso eure Toiletten kennen lernen, Scheißerchen."

"Coyote, warum werden so wenige Männer Lehrer?"
"Weil sie nicht mehr tanzen!"
"Erzähl keinen Quatsch. Ich will das wirklich wissen."

„Das ist mein voller Ernst. Viel zu viele sind perfekte und angepasste Maschinen, die sich selbst und die Welt ausbeuten. Geistige Soldaten nennt man das. Würden sie tanzen, dann wären sie energiegeladene Krieger, die sich für das Leben einsetzen. Dann gäbe es auch mehr maskuline Lehrer. Könige im eigenen Reich."

Naja, mit der Antwort hatte ich nicht gerade gerechnet, aber seitdem Coyote in mein Leben getanzt war, bildeten sich in meinem Hirn ständig neue Synapsen.

„Und was meinst du selbst? Warum sind deine Kumpels keine Lehrer geworden?"

„Sie interessieren sich für Technik und nicht für Kinder!"

„Technik interessiert dich doch auch!"

„Aber nicht nur", protestierte ich. „Vielleicht liegt es auch an der Bezahlung."

„So schlecht ist sie doch nicht, oder? Natürlich kannst du das nicht mit dem Gehalt in einem ausgewiesenen Männerberuf vergleichen, aber das kann doch nicht alles sein."

„Hängt es mit dem Selbstbild von uns Männern zusammen? Viele würden niemals einen Beruf, der als Frauenberuf angesehen wird, wählen."

„Genau. Und ich sag dir: Wenn du behauptest, dass Tanzen Frauensache ist, dann hören schon die Jungs auf zu tanzen, weil sie unbedingt wie Männer wahrgenommen werden wollen. Das ist eine komische Entwicklung.

Tanzen wurde früher nie als spezifisch weiblich angesehen. Diese Idee kam erst spät auf und sie ist maßgeschneidert für den Mann in der westlichen Kultur.

Oder erzähl heranwachsenden Männern, dass Singen Frauensache ist. Sie werden keinen Ton mehr herausbringen. Welcher Vater singt noch mit seinen Kindern?

Ist das nicht eigenartig? Zwei grundlegende, menschliche Ausdrucksformen finden kaum Platz bei Männern. Das Singen lernten die Menschen übrigens vor Urzeiten von ihren gefiederten Brüdern."

„Warum Brüder, Coyote?"

„Weil bis auf wenige Ausnahmen nur die Vogelmännchen singen."

„Zur Revierabgrenzung, oder?"

„Ja, aber nicht nur. Heute könnte man es bei menschlichen Revierabgrenzungen ausprobieren. Oder?" Er zwinkerte mir zu.

Ich sah vor meinem geistigen Auge singende Staatsoberhäupter, Verteidigungsminister und Offiziere, die bei Konflikten ihre besten Sänger und Chöre an den Grenzen aufmarschieren – nein auftanzen - ließen, um ihre Reviere zu verteidigen. Keine Panzer, keine Gewehre und Abschussrampen. Nur singende und tanzende Männer, die ihre Reviere mit Liedern voneinander abgrenzten. Ein großartiges Schauspiel.

„Hast du Sänger auf der Bühne beobachtet? Wenn sie singen und tanzen, dann ist das erotisch und maskulin, oder?"

Coyote unterbrach meine Gedanken. Er schnappte sich einen meiner Kakteen, hielt ihn vor den Mund wie ein Mikrofon und bewegte sich durch meine Küche. Sein *Moonwalk* war sensationell. Ich applaudierte diesem Spaßvogel.

„Warum ist es so wichtig, sich vom Weiblichen abzugrenzen? Die Frauen haben mit der Abgrenzung vom Männlichen weniger Stress."

„Ganz einfach: Jungs grenzen sich ab, damit sie ihre Identität finden. Das ist heilsam und wichtig. Sie sind nicht im Bauch ihrer Väter herangewachsen. Die Väter haben sie weder geboren noch gestillt und so weiter. Wenn den Buben später bei der gesunden Abgrenzung aufmerksame Väter, männliche Mentoren oder Erzieher zur Seite stehen, dann ist das richtig gut. Gelingt es nicht, dann unter- und überschätzen sich die Jungen und später die Männer. Ihr Selbstbild ist instabil. Sie müssen eine Heldenreise vollbringen, um ihre Männlichkeit entfalten zu können. Aber die Reise ist es wert."

Coyote machte eine Pause.

Dann rief er plötzlich: „Wo sind die Männer? Hat hier jemand Männer im Angebot? Männer als Lehrer? Kindergärtner? Für andere unmögliche Berufe? Was? Nur so wenige und zu diesem Preis?

Ah, hier haben wir jemanden. Naja, du musst noch ein bisschen wachsen. Wir brauchen erwachsene Männer mit einem großen Kind im Herzen.

Wo sind die alle? In den Fabriken? Oder in den Banken? In den Vorständen, Werkstätten, Firmenzentralen? Aha, manche funktionieren schon nach vorprogrammierten Algorithmen. Aber wir brauchen euch, Männer! Na, endlich jemand, der sich nicht scheut. Machen Sie die Schule bunter, nicht nur der Kinder wegen!"

Coyote wechselte plötzlich die Rolle und spielte den neuen Lehrer an der Schule. Konzentriert und lässig wirkte er dabei.

„Modelliere mich!"

„Was?"

„Spiel meinen perfekten Zwilling!"

Ich nahm Coyotes Körperhaltung ein, kopierte seine Mimik und Gestik.

„Was sagst du nun?"

„Ich bin beeindruckt, du Mann von einem Coyoten!"

„Kinder ahmen gerne ihre Vorbilder nach. Sie kopieren wie Profis."

Coyote rauchte eine Zigarette und bat mich um einen weiteren Kaffee.

„Magst du wirklich keine Pads?"

„Nein, nicht die Bohne, Noah."

Er nippte und verdrehte die Augen vor Genuss. „Nimmst du überhaupt diesen Geruch der Freiheit wahr? All die Kapselfresser haben den Kaffee doch seiner Freiheit und Würde beraubt, haben ihn in trostlose Behältnisse gesperrt. Aber deine Bohnen, frisch gemahlen, sind freie Radikale, die den Geschmack der Freiheit in die Welt tragen."

„Jetzt trägst du ein bisschen zu dick auf."

„Möglich, aber ich habe noch nie etwas von angepasstem und sauber gestyltem Leben gehalten. Kaffee muss wild sein. Männer und Frauen auch. Wir brauchen Menschen, die sich ihre Leidenschaft bewahrt haben. Das würde allen gut tun, besonders der Erde. Nur der Pornoindustrie würde es schaden."

Er lachte lauthals. „Auch das Angebot im Kino würde sich ändern. Der größte Teil der Filme wird doch für männliche Jugendliche produziert."

Ich fand Coyotes Aussagen durchaus schlüssig.

„Da ist Taktik dabei, um die Menschen zu lenken, und obwohl viele ferngesteuert durch eine künstliche Welt geschleust werden, halten sie sich selbst für den Superman, der alles kann. Sie glauben, sie wären Individualisten. Dabei fahren sie wie in deinem Traum in einer vorbereiteten Welt auf Schienen. Das Grau wird mit Hochglanzdesign kaschiert. Kratzen mit den Pfoten ist verboten."

„Aber die rote Pille schluckt sich nicht so leicht."

„Oh nein, heute ist es viel härter, sich für die blaue zu entscheiden und in der Illusion zu bleiben.

Glaub mir das, Noah. Du wirst Dinge erleben, die wie Wunder wirken! Die kannst du dir jetzt noch nicht vorstellen. Deine Entscheidung hat dich wieder in den Fluss des Lebens zurückgebracht, aber der hat eine andere Strömung als der träge Seitenarm, in dem du bisher geschwommen bist.

Du spürst, wie du lebst und kannst jetzt die Kinder und Jugendlichen wieder an ihre ursprünglichen Spielplätze führen."

„Welche Spielplätze? Ich arbeite nicht im Kindergarten, sondern in einer Schule."

„Mir fallen viele Spielplätze ein. Da wäre der innere Spielplatz. Manche nennen ihn Fantasie. Er verkümmert, wenn man ihn nicht bespielt.

Und dann dieser wunderschöne äußere Spielplatz. Beide Spielplätze werden im Moment zugemüllt. Wie heißt der äußere nochmals? Verdammt, ich habe es vergessen. Warte einen Moment. Ich hab´s gleich."

Coyote gab sich extra blöd. „Ach ja, Na … Na … Natur. Genau, Natur. Raus aus dem Zimmer, aus der Wohnung, aus dem Haus. Dann merkt man, dass man im Universum zu Hause ist. Raus aus der Schachtel. In der Natur gibt es Freiräume, kleine Nischen, wo man sich unsichtbar machen kann. Kinder und viele Erwachsene lieben das.

Wo sind diese an den Schulen? In der Natur vergehen Stunden und niemand beobachtet und betreut einen. Hast du jetzt nicht den Geruch der Freiheit in der Nase, Noah?"

Er ließ einen fahren.

„Ach Gott, Coyote. So viel Natur ist kaum zu ertragen."

„Hast du schon mal darüber nachgedacht, dass Gase fahren und nicht fliegen?"

„Nein, aber stimmt: Ballone fahren zum Beispiel. Und hast du darüber nachgedacht, dass Kindern eine professionelle Betreuung zusteht?"

8 Die Kette der Unfreiheit

„Noah, Noah, oh nein, oh mein Gott!"

Ich hatte einen Nerv erwischt. Coyote holte tief Luft, bat um eine *Indian spirit*, zog so heftig an der Zigarette, bis sie an der Vorderseite hell glühte. Danach blies er einen Kreis in die Luft und stellte sich darunter. Der Heiligenschein war perfekt.

„Professionalisierung, was für ein Wort. Ich bete dich an, du allerheiligste Professionalisierung."

Er kniete nieder und faltete seine Hände, zitterte ehrfürchtig und blickte gottergeben nach oben. Der rauchige Heiligenschein schwebte über ihm. Die Bezeichnung Scheinheiliger bekam eine ganz neue Bedeutung für mich. Dann sprang er auf, hüpfte auf den Tisch, schleuderte seinen Hut gekonnt auf meinen Kühlschrank und begann mit zerzaustem Haar und theatralischer Geste zu reden. Er sah aus wie ein alttestamentlicher Prophet auf einem Felsen.

„Oh, da lachen sogar die Götter. Professionalisierung ist das Pferd, das der Verstand vor den Karren der Produktivität nun spannt. Auf dieses neue Pferd setzt er. Eine geniale Idee.

Oh, wunderbare Ressourcenausbeutung! Du hast uns schon so viel Freude gemacht! Aber ich sage euch, ihr werdet rennen, Blut schwitzen und ausbrennen, wenn ihr darauf reinfällt. So öffnet ihr die Büchse der Pandora.

Nehmt die Professionalität nicht zu ernst. Möge sie manchmal angesagt sein, ihre Relativität ist grenzenlos. Meist ist sie des Teufels eigenes Gebräu, das euch eure Seele raubt. Lasst euch nicht blenden. Sonst verliert ihr eure Menschlichkeit und werdet zu Multitasking-Burnout-professionals ohne Herz, hirnverbrannte Perfektionsmaschinen. Roboter im Reich des Todes.

Ihr werdet es so weit treiben, dass ihr euch nach dem Lachen der Kinder sehnt, nach dem Glitzern der Sonnenstrahlen auf dem Wasser, nach warmen Kaffee bei euren Freunden, nach einer Umarmung und tiefen Gefühlen.

Ihr werdet euch nach allem Sinnlosen, nach purem Leben verzehren, aber es ist zwecklos, denn ihr wurdet bereits verzweckt. Kontrolle, Perfektion, Professionalität, Expertentum, Produktivität, Maximierung, Optimierung, Messung, Evaluierung, Standardisierung - das sind die Glieder an der Kette der Unfreiheit. Sie blinken und funkeln wie Perlen, sind aber bloß gefrorene Tropfen Blut. Hugh, ich habe gesprochen!"

Danach verbeugte er sich vor mir, sprang vom Tisch und setzte sich erneut unter seinen nächsten selbstgeblasenen Heiligenschein.

„Ach, was für ein Auftritt, du scheinheiliger Coyote! Weißt du was? Gertrude möchte, dass ich im Krisenteam der Schule mitmache. Und Katja will mich als Testleiter für die Standardüberprüfungen an der Schule. Obwohl ich nicht ganz so dramatisiert habe wie du, habe ich den Testleiter abgelehnt."

Coyote sprang wieder auf den Tisch, das Haar immer noch zerzaust.

„Dramatisiert? Es ist ein Drama. Begreift ihr nicht, ihr Kleingläubigen?

Der heutige Mensch wird von der Wiege bis zur Bahre überwacht, kontrolliert, abgemessen. Jeder Entwicklungsschritt wird vermessen und wehe, jemand fällt aus dem Rahmen, der immer enger gesteckt wird! Das Ganze läuft als Förderprogramm in einer Welt, in der nur die Besten und Stärksten am Kuchen des Wohlstandes mitnaschen können.

Man wird euch Angst machen und aus Angst werdet ihr alles mitmachen. Und ihr werdet für alles und jedes Zertifikate als Belohnung erhalten. Bis zum Erwachsenenalter könnt ihr die Wände eurer Zellen damit tapezieren. Ihr werdet auch pathologisiert werden, wenn ihr nicht ins Schema passt.

Man wird euch therapieren, entsolidarisieren und von eurer Energie leben. Da gackern ja die Hühner. Die Strukturen werden enger und feinmaschiger werden, auch wenn das Netz nach außen locker und lässig gehalten wird. Merkt ihr das nicht, ihr kopflosen Hühner?"

„Oh ja, durchaus."

„Na, dann satteln wir die Hühner!"

Er sprang vom Tisch, holte seinen Hut, schaute extra blöd und flüsterte: „War ich gut?"

„Sensationell. Hattest du Schauspielunterricht?"

„Nein, das liegt mir im Hut."

„Den hattest du aber abgenommen."

„Na, dann halt im Blut!"

„Warum machen wir das, Coyote? Warum professionalisieren, perfektionieren und kontrollieren wir so stark?"

Er ließ einen fahren. „Entschuldigung, das war nicht sehr professionell. Ich gestehe, ich bin ein wenig unkontrolliert."

„Aber der Flatus war perfekt, Coyote."

Er lachte, wie nur er lachen konnte.

„Ach, Noah. Wäre dieser Furz perfekt gewesen, dann wäre er schon gestorben. Perfektion ist Stillstand, das Anhalten des Lebens, der Gestank des Todes."

„Okay, dann war er perfekt."

Ich wusste nicht, dass die Verdauung eines Kojoten so viel Spaß machen konnte. „Trotzdem, Coyote, warum perfektionieren wir in diesem Ausmaß?"

„Aus Angst vor dem Geruch des Todes."

„Echt? Na gut, ich kann´s verstehen."

Eine Gasansammlung fuhr wieder an meiner Nase vorbei.

„Tja, mein Lieber, wenn wir versuchen, den Tod aufzuhalten, dann ist das ungefähr so schwierig, wie meine Flatulenzen anzuhalten. Quasi ein Kampf gegen Windmühlen."

„Stimmt, du könntest Windmühlen betreiben, Coyote."

„Danke!"

„Also entspringen die standardisierten Tests an den Schulen letztendlich der Angst vor dem Tod?"

„Sicher. Aber alles, was wir aus Angst heraus machen, ist wie wenn wir Sand aufschichten. Mit Sandburgen kann man der Flut nicht trotzen. Aus Angst will man weder die Kontrolle über die Kinder noch über die Lehrer verlieren. Es wird eine enorme Datenmenge zu jedem Kind gesammelt und es wird noch zunehmen, falls sich nicht etwas ändert."

„Das kann ich Katja nicht als Entschuldigung sagen."

„Würde ich an deiner Stelle auch nicht machen."

„Kann ich als Lehrer etwas tun?"

„Beschäftige dich mit Dingen, die nichts bringen, die keinen direkten Nutzen haben."

„Was?"

„Mach, was dir Spaß macht, und sei es noch so ein Unsinn. Ein guter Lehrer interessiert sich auch für sinnlose Dinge. Er ist begeisterungsfähig.

Wir kennen von allem den Preis, aber den Wert verstehen wir nicht wirklich. Das hat übrigens einen hohen Preis, kein Scheiß."

Obwohl mich Coyotes Aussagen nachdenklich stimmten, musste ich lachen.

„Weißt du, Noah, wir haben für alles, für jeden Schiss Profis und ausgewiesene Experten. Profis für das Atmen, für das Scheißen, für das Furzen …" - er ließ wieder einen fahren - „Profis, wenn wir Abschied nehmen, wenn wir Kirschkerne spucken; Profis, die uns lehren, wie wir Bäume umarmen, Geburtstage feiern, einander küssen.

Überall Spezialisten, Experten und Ratgeber. Wir trauen uns nichts mehr zu. Ein Risiko wollen wir auch nicht eingehen. Und es wird noch schlimmer. Die Kinder werden nach der Schule nicht mehr einfach spielen dürfen, denn der netten Nachbarin oder Oma fehlt ein Zertifikat für Kinderbetreuung. Sie hat nicht den defizitären Blick auf das Kind, diese naive Frau."

Er nahm meinen Besen, verwendete ihn als Gehstock und humpelte durch die Wohnung. „Wo sind die Kinder? Wo sind die Kinder? Habt ihr die Kinder gesehen? Ich sehe sie nicht auf der Straße. Sie sind auch nicht in den Geschäften und auch nicht im Wald. Sind sie ausgestorben, wo sind sie hin? Ach ja, sie werden rundum gefördert in diesen professionellen Einrichtungen. Dort sind sie sicher."

Mir drehte es den Magen um, als Coyote die Szene spielte. In welcher Welt waren wir gelandet?

„Coyote, bitte sag mal etwas anderes!"

„Nicht alle Omas sind warmherzig!"

„Wie? Was?"

„Nein, ich will nicht, dass du in Stereotypen denkst. Du sollst verstehen, dass menschliche Wärme in einer Welt verloren geht, die nur mehr die Professionalisierung, Optimierung und Digitalisierung im Kopf hat."

„Fällt dir nichts anderes ein?"

„Oh ja. Geh doch wieder mit deinen Freunden aus. Dich sieht man derzeit kaum mehr."

„Stimmt, gute Idee."

„Und denk dran. Am besten kein Alkohol, kein Fleisch, kein Zucker und kein Verschleudern deiner Energie."

„Stimmt, schlechte Idee."

9 Meine Freunde und John

Ich rief sofort meine besten Freunde, Jakob und Florian, an. Wir wollten uns um acht Uhr im *Shannon Inn* treffen. Wie so oft war ich zu spät dran. Wahrscheinlich war ich das letzte Mal bei meiner Geburt pünktlich gewesen. Der Arzt hatte den Tag berechnet und ich checkte pünktlich am 24. Dezember vor fast achtundzwanzig Sonnenumrundungen auf unserem Heimatplaneten ein. Nun kam ich zehn Minuten zu spät.

„Sorry, Jungs."

Wir umarmten uns, was ich zwar mochte, mir aber auch immer ein wenig peinlich war. Florian und Jakob hatten sich ein Bier bestellt. Ich wollte mir gerade auch eins kommen lassen, als mir Coyotes Worte einfielen. So entschied ich mich für alkoholfreies Bier.

„Hey, Noah, bist du krank?"

„Ach, ich probiere es mal ohne Alkohol, Zucker und Fleisch und … Ich glaube, das war's."

„Fehlt nur noch der Sex." Jakob schüttelte ungläubig den Kopf.

„Im alkoholfreien Bier ist aber sehr wohl Zucker."

„Wirklich? Was bleibt mir denn dann noch übrig? Tee, Kaffee, Mineralwasser und Mineralwasser mit Zitronengeschmack?"

„Selbstmord, Noah."

„Was macht das Studium, Florian?"

Florian studierte technische Physik. Er war ein echtes Multitalent. In seiner Freizeit spielte in seiner Band die Posaune, die er oft liebevoll Saubohne nannte.

„Es läuft super. Nächstes Jahr darf ich an einem Forschungsprojekt in den USA teilnehmen."

„So was gibt es bei uns nicht. Ich würde mich gerne in den USA weiterbilden", jammerte Jakob, der sich seine Trompetenschüler an drei Musikschulen einsammeln musste, damit er davon leben konnte. Georg Gershwins Zitat *Live is a lot like jazz. It´s best when you improvise* liebte und lebte er. Nebenbei trainierte er regelmäßig das israelische Selbstverteidigungssystem *Krav Maga*.

Ich liebte zwar die USA als Reiseland, aber beim Gefühl, den nächsten Freund im Ausland zu wissen, war mir nicht wohl zumute.

Clemens, der vierte Freund im Bunde, segelte seit Jahren mit seiner Frau und den beiden Kindern auf den Weltmeeren. Dank der Technik hatten wir mit ihm immer noch ein wenig Kontakt. Die Lücke, die Clemens hinterlassen hatte, wurde aber vermehrt von Michael geschlossen. Michael war ehrgeizig, etwas raubeinig, aber für jeden Spaß zu haben. Seine wenige Freizeit nutzte er fast ausschließlich für Sport.

„Und wie läuft es bei dir mit den kleinen Hosenscheißern?" Florian leckte den Bierschaum von der Lippe.

„Ich hab Stress mit einem Kollegen", erwiderte ich und tischte den beiden die Geschichte mit allen Details auf. Kurz vor Mitternacht trudelte Martin, mein Kollege, ein.

„Hey, du kommst aber auch gerne spät." Ich stieß ihn zur Begrüßung freundschaftlich an.

„Ja, besonders bei Frauen."

Ich stellte Martin meinen Freunden vor, und er setzte sich zu uns. Er kam gerade von einem Kung Fu-Training. Martin war bekennender Buddhist, Vegetarier und Barfußläufer. Manche an der Schule hielten ihn deswegen auch für etwas verrückt. Susi, die oft schüchtern wirkte, kam zu uns an den Tisch und nahm die weiteren Bestellungen auf.

„Als Gott die Schönheit verteilte, hat Susi das Aufzeigen vergessen!", tönte es plötzlich vom Nebentisch.

Ich beobachtete Susi. Hatte sie die verletzenden Worte gehört? Das anschließende Lachen der Burschen?

„Susi ist eine Frau zum Heiraten", sagte Martin laut.

„Du hast wohl Geschmacksverwirrung!"

Marcel, der Junge vom Nebentisch, suchte offensichtlich Streit. Ich kannte ihn. Seine Clique machte immer wieder Ärger.

„Nein, wieso? So eine Frau verdienst du sowieso nicht", gab Martin zur Antwort. „Außerdem steht Susi nicht auf Glatzköpfe."

Worte flogen hin und her, bis einer der Jungs aufsprang und im Passgang auf uns zukam. Er bewegte Arme und Beine derselben Körperseite synchron. Ich musste fast lachen, erinnerte es mich an einen halbstarken Bären. Das Lachen verging mir aber schnell. Der Kerl packte Martin am Kragen und schlug ihm unvermittelt ins Gesicht. Ein Riesentumult entstand. Martin wehrte den nächsten

Angriff geschickt ab und Jakob warf einen der Burschen mit einer Drehbewegung zu Boden.

Leute an den Nebentischen sprangen auf, ein Mädchen schrie: „Hört doch auf, ihr Idioten!"

Ich hatte Angst vor den Schlägern mit den Springerstiefeln, überlegte aber, wie ich meinen Freunden helfen könnte. In diesem Augenblick zerschellte ein Bierglas an der Wand. Mein Herz schlug wild. Eine Pranke fasste mich, ich stolperte und lag am Boden.

„Schlag ihm den Schädel ein!", brüllte der größte von Marcels Freunden. Etwas blitzte in seiner Hand.

„Stopp! Sofort!" Die herrische Stimme schnitt durch das Kampfgetümmel. Alle schauten, woher die Stimme kam, auch ich und ich traute meinen Augen kaum. Coyote!

„Wenn ihr euch nicht sofort an eure Tische setzt und euch friedlich verhaltet, dann zerlege ich euch in alle Einzelteile."

Die ersten stellten ihre Stühle wieder an die Tische und setzten sich.

„Na, was ist los, ihr Scheißer?" Marcels Clique bewegte sich langsam wieder Richtung Tisch. Dort setzten sie sich.

„Du", er zeigte mit dem Finger auf Marcel, „hast wohl vergessen aufzuzeigen, als Gott das Mitgefühl verteilte. Wenn du dich nicht sofort bei Susi entschuldigst, hast du hier Lokalverbot. Ist das klar?"

Jedes seiner Worte saß. Der Junge stand tatsächlich auf, ging zu Susi und reichte ihr die Hand. „Tut mir leid, war nicht so gemeint", murmelte er zerknirscht.

„Eine Frau zum Heiraten!", rief Martin laut und Beifall brandete durch das Pub. Susi, etwas verlegen, genoss die ungewohnte Aufmerksamkeit.

„Das ist meine Tochter und wenn nur einer ihr ein Haar krümmen sollte, ihr wisst schon, was dann los ist", hörte ich noch Coyote. Er kam zu uns, zwinkerte mir zu und stieß mich in die Rippen. Dann ging er zum Nebentisch und flüsterte Marcel etwas ins Ohr. Marcel war kreidebleich.

Als Coyote wieder zu uns zurückkehrte, rief er laut: „Was schaut ihr so? Guten Morgen, Jungs! Buongiorno! Alles in Butter? Gerade munter geworden?"

„Alles Porno – lieber Co.... – ah John Porno!", stotterte ich. Er zog die Augenbrauen hoch und runzelte die Stirn.
„Eine Runde Bier für beide Tische und du kneif nicht, Noah!"
„Oh, ich dachte, ich sollte ..."
Er unterbrach mich. „Susi, bitte eine Runde Bier."
„Mach ich!", meinte sie und verarztete noch kurz Martin. Der Schlag war nicht spurlos an seiner linken Wange vorübergegangen. Als Susi hinter der Theke verschwunden war, um das Bier zu zapfen, blickten mich alle fragend an.
„Hat euch Noah noch nie von mir erzählt?"
„Nein."
„Okay, dann erklär deinen Freunden, woher wir uns kennen."
„Also, das ist ... John."
„Servus, John Porno", witzelte Jakob.
„Nein, das ist John ... äh Fox", erklärte ich kurz.
„Danke für den Nachnamen, Noah Breitenarsch", flüsterte mir Coyote ins Ohr. Coyote alias John Fox erzählte, dass er Amerikaner war und wegen eines Austauschprogramms für Lehrer nach Österreich gekommen wäre.
„Läuft das über das Unterrichtsministerium?", fragte Florian.
„Nein, nein, das ist eine Privatinitiative", gab Coyote zur Antwort.
„Warum sagst du dann, dass Susi deine Tochter ist?"
„Sind nicht alle Frauen unsere Töchter und Schwestern? Und sind nicht alle Männer Söhne und Brüder?" Coyote zündete sich eine Zigarette an.
„Ja, stimmt!" Jakob nickte und nahm einen kräftigen Zug Bier.
„Und, Bruder am Nebentisch, beim nächsten Mal breche ich dir alle Knochen einzeln, falls du noch einmal so respektlos über meine Tochter sprichst!"

Marcel nickte gehorsam und hielt sich an seinem Bierglas fest. Trotz seines wilden Blickes und seiner Tätowierung am Oberarm wirkte er wie ein verwirrter Junge. Ich beobachtete meine Freunde und Coyote. Wie froh war ich über meine Freunde und darüber, dass Coyote in mein Leben geplatzt war, ohne dass ich darum gebeten hatte.

Als Marcel sich erhob, um sich noch ein Bier zu holen, stand Coyote auf und ging zu ihm an die Bar. Die beiden setzten sich auf die Hocker an der Theke und unterhielten sich. Susi zapfte nochmals am Bierhahn und die zwei tranken ein weiteres Glas. Ich merkte, wie Marcel weicher wurde und neben Coyote beinahe zerrann wie Butter. Es dauerte nicht lange und Marcel weinte. Coyote umarmte ihn und drückte ihn an sich. Marcels Freunde hatten das Lokal längst verlassen, als er sich mit einem Lächeln auf den Lippen verabschiedete.

„Danke", hörte ich ihn murmeln, dann zog er sich seine Bomberjacke an und verschwand in der Finsternis der Nacht.

„Auf die Heilung des inneren Jungen!", prostete Coyote laut. „Und natürlich auf die Heilung des inneren Mädchens!" Dann grinste er über beide Ohren und steppte die Theke entlang. „Ich verabschiede mich für heute Abend. Sollten wir uns nochmals treffen, würde mich das sehr freuen. Naja, so manchen werde ich bald wieder sehen. Genießt einstweilen die Gegenwart. Ich liebe es, in ihr zu verschwinden."

In diesem Moment ging das Licht aus. Als Susi endlich den Schalter fand, war Coyote verschwunden.

„Mann, der Kerl ist ein Hammer! Warum hast du uns noch nie von ihm erzählt?", fragte Florian. Martin und Jakob blickten mich erwartungsvoll an.

„Ich hatte noch keine Zeit, hab ihn bei einer Fortbildung kennengelernt. Er ist Pädagoge und zuständig für – äh – so – äh – Persönlichkeitsentwicklung."

„Wow, das kann ich mir vorstellen! Warum hat er überhaupt keinen Akzent?"

„Wahrscheinlich ist er ein Sprachgenie und schon länger hier."

„Nimm ihn mal wieder mit ins Pub, wenn er Zeit hat. Nur schade, dass Michael ihn nicht kennen lernen konnte." Jakob nahm einen kräftigen Schluck Bier.

Nach kurzer Zeit verabschiedete ich mich von den Jungs und hatte das Gefühl, kraftvoller und mutiger als früher zu sein – und gleichzeitig auch weicher. Martin schloss sich mir an.

„Noah", sagte er, „du bist cool, anders als die meisten hier an der Schule. Ich freue mich, dich besser kennengelernt zu haben. Danke auch für deine Hilfe vorhin."

„Oh, gerne. Mit meinem schwarzen Gürtel in Mikado konnte ich dich leicht von den anderen Körpern am Boden trennen."

„Ja, deine Kampfkünste waren wirklich unverzichtbar, Noah."

„Danke, Martin. Hast du Lust, im Jänner eine längere Skitour mit uns zu gehen? Du kennst ja nun die Jungs. Die fänden es garantiert gut, wenn du dabei wärst."

Martin freute sich, dass er mit uns in den Salzburger Bergen einen Gipfel erklimmen und auf einer Hütte die Nacht zum Tag verwandeln würde. Wir verabschiedeten uns an einer Weggabelung. Ich lief die Straße hinauf zu meiner Wohnung und Martin schlenderte weiter zur Schule, wo er übernachtete.

Während ich in Gedanken versunken war, trottete unvermittelt ein Fuchs über die Straße. Er blieb stehen, blickte auf und schaute mir direkt in die Augen. War es derselbe Fuchs, der mir schon öfter begegnet war?

Wieder fühlte ich mich verbunden und eins mit der ganzen Welt, ein längst vergessenes Gefühl meiner Kindheit. Ich war glücklich und obwohl ich alleine war, spürte ich keine Einsamkeit. Unendlich dankbar spazierte ich den letzten Rest des Weges und fiel todmüde ins Bett.

10 Fischottereffekt, Krishna und Burnout

„Kevin, bringst du mir bitte meine Gitarre? Christina, möchtest du als Erste die Kerze am Adventkranz anzünden?"

Ich stimmte noch kurz mein Instrument und dann schallte *Wir sagen euch an den lieben Advent* durch den Klassenraum. Tobias schrie aus Leibeskräften anstatt zu singen, so dass einige Mitschüler lauthals lachten, andere leise kicherten.

„Tobias, kannst du bitte ganz normal singen? Ich weiß, dass du eine schöne Stimme hast. So störst du aber nur."

Obwohl Tobias nicht völlig auf mich hören wollte, lag ein Zauber im Raum. Die Gesichter der Kinder leuchteten wie die Kerzen am Adventkranz und ich war glücklich. Wärme durchströmte mich. Ich liebte diese Klasse, jeden einzelnen Schüler.

Nach dem Lied schrieben die Kinder Gedichte zum Advent. Einige versuchten sich mit *Stufengedichten*, andere nahmen *Rondells*, eine dritte Gruppe wagte sich an *Haikus*, *Elfchen* und *Schneeballgedichte*.

Später kopierten sie Rilkes Gedicht *Advent* in ihrer schönsten Schrift in ihr Schulübungsheft, gestalteten den Text mit kleinen Schneeflocken, Schneemännern und Glocken und lernten ihn auswendig.

Advent

Es treibt der Wind im Winterwalde
die Flockenherde wie ein Hirt,
und manche Tanne ahnt, wie balde
sie fromm und lichterheilig wird;
und lauscht hinaus. Den weißen Wegen
streckt sie die Zweige hin - bereit,
und wehrt dem Wind und wächst entgegen
der einen Nacht der Herrlichkeit.

Dann schellte es zur Pause. Hatten wir tatsächlich zwei Einheiten adventlich gearbeitet? Ich schlenderte zum Kaffeeautomaten und dachte an letzte Nacht im *Shannon Inn*. Am liebsten wollte ich sofort mit Coyote darüber reden.

Franziska sah ich nur im Vorübergehen. Am Nachmittag stand eine Lehrerfortbildung auf dem Programm, bei der Franziska nicht anwesend sein würde. Dietmar ging gerade durch die Hintertür, als ich ihn erwischte.

„Dietmar, hast du es schon vergessen? Heute Nachmittag ist noch schulinterne Lehrerfortbildung!"

„Echt? Oh, da hatte ich wohl ein selektives Gedächtnis. Gut, dann komm ich halt am Nachmittag wieder vorbei." Er eilte zur Türe raus, weiter zu seinem Fahrrad.

„Wohl ein freudscher Vergeher, Dietmar", scherzte ich.

„Mir ist gerade alles vergangen", war seine Antwort. „Meine Frau wartet schon auf mich."

Unvermittelt blieb er stehen, während ich mir eine Zigarette anzündete.

„Hörst du es, Noah?"

„Nein? Was ist denn?"

„Das Ticken, Noah."

„Was soll ticken, Dietmar?"

„Die biologische Uhr meiner Frau", flüsterte er gestresst. „Die hört man kilometerweit."

Dann hastete er weiter, blieb wieder stehen und drehte sich noch mal zu mir um. „Überlege dir das in Zukunft ... mit dem Versprechen, die Treue zu halten, bis die Scheide uns tötet."

„Was? Ach, Dietmar ... Du solltest mit deiner Frau eventuell ein ernstes Wort reden."

„Lieber nicht. Sie fasst alles als Kritik auf. Das könnte sich zu einem innereuropäischen Flächenbrand ausweiten."

„An unserer Schule bräuchten wir hingegen einen positiven Flächenbrand. Findest du nicht? Hier läuft alles viel zu zäh ab. An der Privatschule in Bayern war die Stimmung positiver."

„Eine Privatschule, das kannst du doch nicht mit unserer Schule vergleichen. Außerdem: Die Lage in Deutschland ist ernst, aber nicht hoffnungslos. Bei uns ist sie hoffnungslos, aber nicht ernst."

Ich lachte. „Ist das nicht von Karl Kraus?"

„Keine Ahnung. Hab ich irgendwo gelesen." Dietmar schwang sich auf seinen Drahtesel.

„Pass auf, dass du nicht unter die Räder kommst!", rief ich ihm hinterher.

„Ich fahr zu Hause schon lange unter dem Teppich Fahrrad."

Weg war er. So viel Bitternis war mir auch noch selten untergekommen. Ich rauchte meine Zigarette zu Ende. Vielleicht hatte Shakespeares Narr doch recht, als er meinte: *„Gut gehängt ist besser als schlecht verheiratet!"*

In meiner Wohnung roch es verführerisch würzig. Coyote hatte für uns gekocht. Mexikanisch! Wow – wie das duftete! Meine Stimmung setzte schnell zu einem Höhenflug an.

„Junge, du brauchst eine wärmende Mahlzeit, am besten ganz ohne Fleisch."

„Danke, Coyotchen. Freue mich auf die Bohnen, besonders auf die gemahlenen."

Coyote blickte verblüfft und bat mich dann, Platz zu nehmen.

„Hier: Sitz! Platz!", kommandierte er.

Ich ließ die Zunge raushängen und hechelte. Dann setzte ich mich auf meinen Platz. „Danke, ich bin kein Hund, Scherzbold!"

Coyote holte die mit Cheddar überbackenen Nachos aus dem Ofen. Danach gab es Tortillas, mexikanische Fladenbrote, in die ich Bohnen, Salate, Mais und Soßen füllte. Dazu trank ich Leitungswasser mit frisch gepresstem Zitronensaft.

„Danke, Coyote. Das schmeckt großartig. Seit wann kannst du kochen?"

„Tja, Gott steckt auch zwischen den Kochtöpfen und Pfannen, mein Junge. Wir werden auch dich noch kochen und backen."

„Was?" Mein Körper fing an, leicht zu vibrieren, und obwohl es sich außerordentlich gut anfühlte, bekam ich Angst. „Kochst du mich etwa schon?"

„Auf kleiner Stufe schon länger. Langsam wirkt es."

„Na, danke, Herr Fünf-Haubenkoch. Hoffentlich schmecke ich dann auch vorzüglich."

„Süß und herzhaft. Da bin ich mir sicher."

Ich atmete tief durch und entspannte mich.

„Du hast die Leute gestern beeindruckt. Meine Freunde waren begeistert, auch wenn du ziemlich streng warst."

„Ein wenig Strenge kann nicht schaden, Noah. Auch an der Schule nicht." Er kaute an seinem Fladenbrot.

„Bald steht die Kompetenzüberprüfung der Schüler an. Ich hab jetzt schon Bauchschmerzen. Habe ich wertvolle Zeit im Unterricht vergeudet? Aber die Schüler werden in der achten Schulstufe sowieso noch einmal überprüft."

„Noah, das wurde doch für dich entschieden. So kurz wie du damals an der Schule warst, hattest du doch keine Chance, dich dagegen zu entscheiden. Das war keine verlorene Zeit. Überleg mal: Auf welche Hochkultur ist Europa heute noch stolz?"

„Auf die griechische?"

„Richtig. Weißt du, was *Schola* im Griechischen bedeutet? Nichtstun, Müßiggang, freie Zeit. Das hast du heute mit deinen Schülern gemacht, in der dunkelsten Zeit des Jahres, wo alle Lebewesen ein wenig leiser treten. Nur die Menschen geben wieder Vollgas. Gönn dir Zeit für dich selbst, Zeit abseits des Trubels. Du brauchst noch einen Kaffee, Noah. Du wirkst müde."

„Kaffee steht bei einigen Ernährungsexperten durchaus in der Kritik."

„Ach, der Erzengel Gabriel verabreichte Mohammed das schwarze Gebräu. Es sollte ihm wieder Leben und Kraft einhauchen."

„Woher weißt du das?"

„Hast du das noch nicht gehört? Gott und der Kaffee werden dich aufrichten."

„Nein, aber ich bin übrigens auch kein Prophet!"

„Wer weiß? Ein Prophet des Herzens inmitten der Schulwüste?"

„Dann bist du Gabriel, der Überbringer froher Botschaften, der Weltenwandler!"

„Nein, nein, ich spiele nicht Trompete!"

Ich war verwirrt, Coyote lächelte dümmlich entschuldigend, aber mir brannten noch einige Fragen unter den Nägeln.

„Coyote, wie kommt man aus der Tretmühle heraus? Ich kenn

die Sprüche: *Geduld zeitigt die schnellsten Ergebnisse* oder *Wenn du es eilig hast, dann gehe langsam.* Aber das ist leichter gesagt, als getan."

Coyote stand auf, ging zum Bücherschrank und nahm die vergilbte Ausgabe der Bhagavad-Gita, die er mir vor ein paar Tagen mitgebracht hatte, heraus und warf sie mir zu.

„Hier steht alles drin. Dieses Buch ist eine der besten Prophylaxen, die ich kenn, um kein Burnout zu bekommen."

Ich blätterte kurz, las einige Sätze; aber die Sprache erschloss sich mir nicht sofort.

„Du musst die Essenz herausdestillieren. Die Sprache ist natürlich nicht alltäglich."

„Das verwirrt mich trotzdem. Den einen Tag schwärmst du von Jesus, den nächsten von Buddha und heute halte ich ein Buch über Krishna in den Händen."

„Keiner von den Jungs hat eine organisierte Religion gegründet. Sie waren geistige Riesen, die als Geschenk auf diese Erde kamen. Du kannst nicht Jesus ehren und Krishna zurückweisen. Genauso wenig, wie du nicht die Erhabenheit des Löwen ehren und gleichzeitig die Stärke des Tigers verkennen kannst. Du kannst nicht die Größe der Alpen begreifen, aber die des Himalayas ablehnen. Denn dann hast du dich in der Anbetung bestimmter Formen und Gestalten verloren. So schrammst du am Inhalt vorbei und schaffst den Boden für einen fanatischen Geist.

Krishna und Christus haben übrigens gemeinsame Wortwurzeln. Beide Menschheitslehrer sind einander ähnlicher, als du denkst. Sie werden auch als Kinder verehrt. Das göttliche Kind zu ehren, welch wunderschöne Art zu lieben!"

Coyotes Augen glänzten. „Widme dich deinem inneren Kind, Noah und du wirst lebendig werden."

Ich begann, in der Bhagavad-Gita zu lesen. Coyote räumte den Tisch ab, machte sauber und verstaute die Teller im Geschirrspüler. Währenddessen summte er ein Lied und schupfte Teller nach oben, um sie wieder zu fangen. Mein Gott, war der verspielt. *Fischotter-Effekt* nannte er das.

„Wo ist dein innerer Fischotter, du ernsthafter Esel?", rief er mir zu. „Sieh sie dir an, diese perfekten Jäger, effektiv und verspielt zugleich. Ihre Arbeit macht ihnen Spaß, denn es besteht kein Unterschied zwischen Arbeit und Spiel. Das innere Kind darf immer dabei sein, auch bei der Arbeit. Keine Trennung. Kein Burnout."

Ich schmunzelte bei der Vorstellung eines Fischotters mit Burnout, der völlig erledigt an einer Sandbank oder auf einem Felsen lag, um seine Kräfte wieder zu sammeln.

„Was hast du immer gegen Perfektion und Professionalisierung? Die haben doch auch gute Seiten."

„Oh ja, aber zuerst kommt das Herz und danach die Disziplin."

„Das scheint fundamental zu sein, oder?"

„Ja, zuerst fun – dann mental. Nicht umgekehrt."

„Verdreht wäre es ein Mentalfund."

„Genau. Und dieser war die Vertreibung aus dem Paradies. Wenn der Mensch die mentale Ebene wieder hinter das Herz einreiht, dann ist das eine Befreiung. Bei einer Meisterleistung brauchst du natürlich enorme Disziplin, aber garantiert noch viel mehr Herz. Auf die vollkommene Unvollkommenheit! Auf das Leben!"

„Das klingt gut."

„Noah, heute fragen die meisten nach einer Fabriksperfektion. Du bist als Individuum mit deinen Träumen, die wachsen und sich entwickeln, nicht mehr gefragt. Junge, man will an deine Ressourcen!", rief er und sprang auf die Couch. Er schleuderte seinen Hut erneut auf meinen Kühlschrank. Sein schlohweißer Zopf kam zum Vorschein.

„Nicht ihr entfaltet euer Potential. Eure geistigen und materiellen Ressourcen werden geplündert. Ihr seid nur der Rohstoff und die Mitarbeiter in einer überwachten Perfektionsmaschinerie, die reibungslos für ein paar Wenige funktionieren soll."

„Aber wir entwickeln uns als Menschheit spirituell weiter, hast du das nicht gemeint, erhabener Prophet?"

Er lachte. *„Was ihr nicht tut mit Lust, gedeiht euch nicht."*

„Wie meinst du das, Herr Prophet?"

„Meine Damen und Herren. Herzlich willkommen auf dem Flug ins Ungewisse."

Coyote hielt sich die Nase zu und imitierte einen Piloten mit typisch nasalem Klang und dazu passender Sprachmelodie. Ich hatte das Gefühl, von einem Lufthansapiloten auf einem Langstreckenflug empfangen worden zu sein.

„Es begrüßt sie Captain John. Wir sind inzwischen auf mittlerer Flughöhe. Der Flug ist ruhig und so bleibt mir ein wenig Zeit, Fragen des Lebens zu beantworten.

Also, was ist die Lösung? Hören Sie die Musik in Ihnen, tanzen Sie? Kennen Sie die Musikbox in Ihrem Herzen? Schalten Sie diese doch ein und lauschen Sie.

Der Beginn des Zuhörens ist auch das Ende des Krieges. Tanzen und Singen ist der Anfang des neuen Lebens. Oh, wir haben Turbulenzen. So verabschiede ich mich bei Ihnen, meine werten Fluggäste, mit einem Zitat, bevor ich den Schleuderknopf drücke. Ihnen weiterhin einen guten Flug.

> *Der Mann, der nicht Musik hat in ihm selbst, den nicht die Eintracht süßer Töne rührt, taugt zu Verrat, zu Räuberei und Tücken; die Regung seines Sinns ist dumpf wie Nacht, sein Trachten düster wie der Erebus. Trau keinem solchen!"*

„Klingt wieder nach Shakespeare, Herr Pilot."

„Yes, shaky Shakespeare!" Er nahm seine Hand von der Nase und seine Stimme klang wieder wie üblich. „Deine Entscheidungen werden klarer, wenn du zur Musik des Lebens tanzt, Noah. Man wird dich immer weniger manipulieren können, denn du lässt dich nicht mehr takten, weil der Rhythmus deiner Musik um vieles cooler und belebender ist!"

„Gib mir ein Beispiel aus der Gesellschaft!"

„Wie haben die Bauern reagiert, als sie in ein immer engmaschigeres System eingegliedert und dadurch abhängiger wurden?"

„Viele haben sich dem System angepasst und sind dafür oft mit Wachstum belohnt worden. Andere haben aufgegeben. Daneben gibt es die Biobauern und all die Leute, die ausgestiegen sind."

„Genau. Und die Reformschulen und andere alternative Lernorte sind mehr oder weniger die Biobauern unter den Schulen. Da fanden viele neue Wege. Aber Vorsicht, auch hier! Etwas Neues, Lebendiges, Lockeres kann schnell zu einer lebensverneinenden, starren Religion werden, die wieder im Gleichschritt in eine bestimmte Richtung marschiert."

Ich musste an einen indischen Spruch denken, den ich von meinem ehemaligen Philosophielehrer in Erinnerung hatte. *„Gott kam öfter auf die Erde, um eine Religion zu gründen, der Teufel kam immer gleich hinterher, um sie zu organisieren."*

„Yes, Baby." Coyotes Hut flog abermals wie eine Frisbee durch die Luft. Schön, wie der Hut tänzelte. Kurz meinte ich, er würde im Raum schweben. Aber dann landete er perfekt auf der verstaubten Kühlschrankoberfläche. Coyote machte am Tisch einen Kopfstand.

„Viele beten den Kopf an. Der Körper dient nur dem Tragen des Kopfes, und so sind sie zu Kopfträgern mutiert, ohne Gefühl für das Leben. Sie gehen jener Energie auf den Leim, die William Blake *Urizen* nannte. Die Wissenschaft ist zum Baum des Todes geworden!"

„Da protestiere ich. Es gibt großartige, zutiefst menschliche Wissenschaftler. Das ist mir nun wirklich zu einseitig. Einstein meinte doch auch ... Warte, ich find´s gleich auf dem Handy: *Die Intuition ist ein göttliches Geschenk, der denkende Verstand ein treuer Diener. Es ist paradox, dass wir heutzutage angefangen haben, den Diener zu verehren und die göttliche Gabe zu entweihen.*"

„Ja, Einstein war ein wunderbarer Mann."

„Wer oder was ist übrigens *Urizen*, von dem du gesprochen hast?"

„Ich brauch eine Pause, Noah, mein Kopf schmerzt schon. Unglaublich, wie hart der Tisch ist."

Mit einem Satz sprang er von diesem und stand vor mir. „So, zu deiner Frage. Der geniale Blake gab der kontrollierenden Vernunft diesen Namen. *Urizen* hält sich in Blakes Schriften für einen Richter, einen Heiligen, der letztendlich aber die Vorstellungskraft, die schöpferische Kreativität des Menschen zerstört und ihn knechtet, indem er ihn an Gesetze fesselt. Er liebt es, das Leben zu regeln, zu bändigen und ihm das Lebendige zu entziehen."

„Ah, okay! Päpstlicher als der Papst sozusagen."

„Genau, Noah. Es geht um die Demut und die Verbindung zu anderen. Blake meinte einmal: *Der Fuchs sorgt für sich selbst, doch Gott sorgt für den Löwen.*"

Dann fuhr er fort: „Seid demütig, die ihr aus dem Staub der Erde seid, und seid erhaben, denn ihr seid aus Sternenstaub gemacht."

„Ist das wieder ein Spruch von Papst Leo dem Großen?"
Coyote schüttelte den Kopf.
„Und du meinst, dass so Entwicklung möglich ist?"
„Ja, ihr ent-wickelt, was ver-wickelt war."
„Und wir ent-decken, was ver-deckt war."
„Punktgenau, Noah." Coyote zwinkerte mir zu. „Vielleicht schaffst du wirklich die Prüfung, Noah. Du verlässt langsam die Kontroll- und Angstgesellschaft. Diese ist ja ein abgesperrter Raum für Wahnsinnige. Weißt du übrigens noch, wie schön ist es, wenn man am Lagerfeuer sitzt und zu den Sternen aufblickt? Dann wird man demütig, so groß ist dieses Sternenzelt. Nicht wahr?"

Mir schwirrte mein Kopf. Das Gespräch war wieder starker Tobak für mich. Waren wir wirklich in einem lebensfeindlichen System gefangen? Warum schien es vielen dann normal? Die Gewöhnung war trügerisch, fast wie ein langsames und stark wirkendes Gift.

Und was war mit uns Lehrern? Würden wir uns in eine ähnliche Richtung bewegen? Einheitliches Lernfutter zu bestimmten Zeiten für unsere Kinder? Einzug der Technik überall? Ich war kein Gegner der Technik, aber die Möglichkeiten, die wie alle nutzten, schienen eine Dynamik anzunehmen, die nichts Gutes verhieß.

„Coyote, bin ich nun ein Biobauer in einem Industriebetrieb? Sollte ich an eine Reformschule gehen? Was ist mit den anderen Lehrern, die so denken wie ich? Gibt es irgendwann so viele Privatschulen, dass das öffentliche Schulsystem kollabiert? Diese Schulen kosten um einiges mehr als die herkömmlichen. Es ist so wie bei den Bioprodukten."

Coyote sprang wieder auf. Oh du meine Güte, was kam nun?
„Liebe Zuseher von *Fox News*. Willkommen zu meiner Sendung *Der Reality-Faktor*", begann er und schnappte sich einen Löffel als Mikrofon. Heute machen wir weiter mit unserer Vortragsreihe:

Wo ist der wahre Feind? Unser Thema ist diesmal *Die Zukunft unseres Bildungssystems*. Wir haben zwei Experten eingeladen. Ich gebe das Wort an den noch unbekannten, aber selbsternannten Bildungsexperten Old Man John. John, was meinen Sie? Wie sieht Bildung zukünftig aus?"

Coyote setzte sich wieder auf die Couch neben mich. Oh, du lieber Schwan: Er interviewte sich zuerst einmal gleich selbst ...

„Danke für die Einladung, Bill. Tja, wir haben die Wahl. Entweder produzieren wir gleichgeschaltete Massenware in unseren staatlichen Bildungsfabriken oder wir gewähren Autonomie an den Schulen vor Ort.

In den Bildungsfabriken können Schüler, Eltern und Lehrer wenig bestimmen. Didaktische und pädagogische Freiheit ist dort nur ein inhaltsleeres Schlagwort. Und nun will man auch die Lehrer-Schüler-Beziehung kappen. Lehrer werden zu Gehilfen eines Prüfungssystems, bei dem alles vorgegeben ist, wie bei den Tieren in den Maststallen. Heute schießen Privatschulen wie Pilze aus dem Boden; jede hat ihre eigenen Schwerpunkte, die sich manchmal überschneiden und auch widersprüchlich erscheinen. Es wird unübersichtlich."

Er stand auf. „Meine Damen und Herren, ich übergebe das Wort nun an den erfahrenen Pädagogen Noah Breitenbach, unseren Mann vor Ort. Er gehört zu einer Eliteeinheit, die in eine feindliche Schulwelt abgesprungen ist, um Kinder zu retten. Der Auftrag ist schwer. Manche müssen sich alleine durchkämpfen, bis sie wieder auf ihre wahren Freunde, mit denen sie aus dem Himmel abgeworfen wurden, treffen. Woran erkennen wir diese Leute? Ihr Geist funktioniert herausragend, weil er offen ist wie ihre Fallschirme beim Landeanflug. Und dann erst das Herz dieser Leute ..."

Ich signalisierte Coyote, dass er endlich aufhören sollte. „Tja, ich verstehe, die jugendliche Ungeduld. Also, Herr Breitenbach: Können Sie sich diesen Gedanken von Old Man John anschließen?"

„Ja, absolut. Danke für diese Einladung bei *Fox News*. Es hätte mich ja gewundert, wenn keine militärischen Anspielungen in der Sendung vorgekommen wären. Ich spinne Ihre Ausführungen gleich weiter. Statt uns andauernd Selbstbestimmung vorzugaukeln, könnte man den Schulen weitgehende Autonomie zugestehen. Nur muss dies gelebte Demokratie sein. Wenn die Selbstbestimmung nur dem Schulleiter zugestanden wird, ist das eine Freikarte für Diktatur und kein Zeugnis für Demokratie."

„Dieser Freifahrtschein wird in Wahrheit von jenen ausgestellt, die auch die Schienen legen. Da werden Sie mir wahrscheinlich zustimmen, Herr Breitenbach. Mit dem Ticket ist die Route festgelegt. Das ist falsche Demokratie, Missbrauch der Autonomie. Um das Potential einer Schule zu entfalten, müssen Schüler, Eltern, Lehrer und Schulleiter zusammenarbeiten."

Coyote sprang auf. „Jetzt kommt die Werbung, die uns abertausende Dollars einbringen wird ... Oh, war ich noch auf Sendung?"

Coyote stieß mich in die Küche rüber, legte seinen Hut ab und meinte, ich sollte mir eine Werbesendung einfallen lassen. Ich schnappte mir meine mexikanische Espressokanne, schenkte mir kalten Kaffee ein, lehnte mich lasziv an die Kochplatte und meinte: „Wenn ich hierherkomme, dann fühle ich mich immer als Star. Sie auch?"

„Mehr oder weniger, schöne Frau", antwortete Coyote, der plötzlich neben mir stand.

„Hier, Ihr Hut. Sie haben ihn vergessen. Sind Sie wirklich *Old Man Coyote*?"

„Ja!"

„Na, sehen Sie, was ein Fair Trade Kaffee alles aus einem machen kann."

„Madame, trinken Sie diesen herrlichen Kaffee nicht auch noch kalt, Ihre Schönheit wird sonst überirdisch."

„Das steht doch gar nicht im Text, Coyote!"

„Was für ein Text?", stellte er sich dumm. „Press mich nicht in einen Espresso-Text. Ich bin ja keine Kapsel!"

Dann setzte er sich seinen Hut auf, tänzelte zur Couch und meinte: „Hier sind wir wieder mit unserem spannenden Thema rund um die Zukunft unseres Bildungssystems. Herr Old Man John, haben Sie noch eine Botschaft an die Zuseher?"

„Natürlich. Lassen Sie die Schule einfach in Ruhe wachsen und gedeihen. Es hat Bedeutung, ob die Schule vor Ort oder die Schulbehörde eine Reform wollen. Bei letzterem will man wieder nur an die Ressourcen ran. Seht ihr Einäugigen nicht, dass man von eurer Energie gut lebt?"

Er blickte mich an und schmiss mir den Löffel zu.

„Oh doch. Aber was ich noch sagen wollte: Schule spiegelt auch die Gesellschaft wider. Sie ist keine unabhängige Oase."

Bill stand auf. „Werden wir Schule jemals vermessen können?"

Coyote setzte sich wieder und antwortete als John: „Die Frage ist doch: Werden die Kinder jemals an den Schulen geliebt werden? Die Sendung sollte eigentlich heißen *Die Zukunft unserer Kinder.*"

Bill sprang abermals auf. „Wird man dann wenigstens diese Liebe messen können? Ich hoffe schon."

Old Man John landete auf der Couch. „Bill, oh really? Hm, der Mann will auch das nun messen. Aber die Liebe ist bettelarm, die messbar ist. Wahre Liebe ist unermesslich."

Bill, etwas gerührt, verabschiedete sich von den Zuschauern: „Ich danke den beiden Herren für dieses inspirierende Interview. Geschätztes Publikum. Vielen Dank für Ihr Interesse! Bis nächste Woche, wenn es auf *Fox* wieder heißt: *Wo ist der wahre Feind?* Als Gäste erwarten wir unseren amerikanischen und auch den russischen Verteidigungsminister – zum Thema *Die Zukunft des Reviergesangs.*"

Coyote setzte sich, wir schlugen ein und lachten.

„Ich liebe dich! Unermesslich! Du wirst die Abschlussprüfung schaffen, da bin ich mir ziemlich sicher."

„Ich liebe dich auch, verrückter, alter Kauz. Zwei Fragen hast du mir aber immer noch nicht beantwortet, Coyote. Erstens: Von welcher Prüfung sprichst du immer? Und zweitens: Soll ich im System bleiben? Es von innen heraus verändern? Oder soll ich aussteigen? Ist das nicht eine Grundsatzfrage? Was denkst du darüber?"

„Tanze mal darüber!"

„Apropos tanzen, Coyote, ich muss los. Die zwei Stunden sind wie im Flug vergangen. Ich tanze jetzt rüber in die Schule zum

Kompetenzmesstraining, wo wir Lehrer mehr über notwendige Kompetenzen hören werden. Shit, nervt mich das! Ich hab keinen Bock, den Nachmittag sinnlos in der Schule rumzuhängen. Aber bitte. Was man nicht alles muss."

„Na, dann viel Spaß. Wir sehen uns. Und tanz noch vorher."

Coyote huschte durch meine Tür hinaus. Ich hörte ihn die Treppen nach unten steppen, danach wurde es leise. Eilig kippte ich meinen kalten Kaffee hinunter. Vielleicht würde er mich ja wirklich für Franziska verschönern. Während ich meine WhatsApp-Nachrichten las, rauchte ich eine Zigarette. Nichts von Franziska. Ein wenig enttäuscht schnappte ich mir die Schlüssel und rannte die Stiege nach unten.

Als Katja damals das Infoblatt mit dem Termin an der Pinnwand im Konferenzzimmer ausgehängt hatte, hatten die meisten Lehrer ein Gesicht gemacht, als wäre ihnen gerade der Bescheid über eine Steuernachzahlung in die Hand gedrückt worden. Jetzt war es so weit: Die Zeitdiebe konnten an ihr Werk gehen und uns im Schilf am Ende der Arbeitswoche verfangen. Ich hatte wenigstens die Hoffnung, mich in diesem verstecken und die Zeit durchtauchen zu können. Wie gerne hätte ich heute stattdessen meine Fenster geputzt, Staub gesaugt, die Arbeitnehmerveranlagung in Angriff genommen und meine nicht vorhandene Briefmarkensammlung geordnet.

11 Wa(h)re Kompetenz

„Und – wie war der kurze Aufenthalt zu Hause?", fragte ich Dietmar, als ich ihn beim Eingang zur Schule traf.

„Sehr wertvoll", entgegnete er mir. „Ich habe dort wieder sehr viel Sauerstoff in Kohlenstoffdioxyd verwandelt. Das wäre mein Beitrag gewesen, meinte meine Frau."

„Zumindest bist du ein wichtiger Teil im Sauerstoffkreislauf. Das ist doch was, oder?"

„Ja, ja ... ", murrte er und verschwand in der Aula.

In diesem Moment kam Franziska. „Noah, vielleicht stoße ich später noch zu eurer Weiterbildung. Leider hab ich jetzt Aufsicht."

„Du Glückliche, dass du nicht daran teilnehmen musst. Falls wir uns nicht mehr sehen, dann telefonieren wir. Okay?"

„Ja, du musst mir unbedingt erzählen, was gestern Abend los war. Martin war total aufgeregt! Und eine Wunde hatte er auch im Gesicht."

„Mach ich."

Wie sollte ich Franziska erklären, wer John in Wahrheit war? Sie würde mich für verrückt erklären. Ich wollte nicht noch eine Partnerin verlieren, nur weil sie mich für übergeschnappt hielt.

Angelika hatte ich verloren, weil sie Haus bauen, Kinder kriegen und sich in der Ortskirche engagieren wollte. Der ganze Nestbaukram. Ich war damals noch nicht bereit gewesen, hatte andere Erwartungen gehabt, wollte raus in die Welt und meine Träume leben. In ihren Augen war ich nur ein durchgeknallter Träumer gewesen.

Martin hatte einen Platz für mich reserviert und so saß ich mit Patrizia und Martin in einer Reihe. Hinter mir hatte Gertrude Platz genommen. Wir warteten auf den Superexperten in Sachen Langeweile, der noch dazu gut bezahlt wurde. So ging zumindest immer das Gerücht um. Einen Lidschlag später kam Katja mit dem

Fachmann für Kompetenzmessung zur Tür rein. Mir klappte die Kinnlade runter. Vor uns stand: Coyote!

„Das ist ja dein Freund, der amerikanische Pädagoge, Noah. Ist er gut?", fragte mich Gertrude von hinten. „Letztens war ich jedenfalls beeindruckt."

„Ja, absolut, er ist unglaublich!", entfuhr es Martin, dessen Wunde auf der Wange noch erkennbar war.

„Du kennst ihn auch? Na, da bin ich gespannt", bemerkte Gertrude.

„Ja, er ist öfter im *Shannon Inn*." Martin flüsterte mir zu: „Die Vorstellung gestern war grandios! Warum hast du nicht erzählt, dass er heute zu uns kommt, Noah?"

„Das wusste ich nicht, Martin. Wahrscheinlich habe ich das überhört."

Katja stellte Coyote als internationalen Kapazunda im Bereich der Kompetenzmessung vor.

„Zum ersten Mal in der Geschichte unserer Schule", sagte Katja mit Stolz in der Stimme, „arbeiten wir mit einem Profi aus dem Ausland zusammen. Bitte um einen Applaus für den eloquenten und hervorragend Deutsch sprechenden …"

Coyote unterbrach sie: „John Fox. Danke!"

„Oh, da habe ich wohl eine falsche Info bekommen." Katja runzelte die Stirn und blätterte in ihren Papieren. Johannes brummte hinter mir.

„Kann passieren", beruhigte Coyote sie. „Wir sind mehrere, die pädagogisch tätig sind."

„John Fox, nicht wahr?"

Katja blickte wegen des Namens nochmals unsicher zu ihm und Coyote nickte. „Also John Fox kommt aus den USA, einem Land, in dem die Messung der Kompetenzen eine längere Tradition hat als hier in Österreich. Seit Jahren läuft ein erfolgreiches Programm der amerikanischen Regierung unter der Bezeichnung *No child left behind*. Im Rahmen dieser Initiative gibt es flächendeckende Schulleistungstests, die gewährleisten, dass keine Schule und kein Kind zurückbleibt."

Coyote hörte sich die Worte von Katja genau an. Ich konnte es immer noch nicht glauben. Wie hatte er es geschafft, hier als ausgewiesene Koryphäe auftreten zu dürfen? Als er dann auch dem Kollegium zu verstehen gab, dass er mich und Martin kenne, war es mir fast peinlich. Noch dazu hörte ich, dass Johannes hinter meinem Rücken Manfred etwas zuflüsterte.

„Einen wunderschönen Nachmittag. Ja, es ist richtig", begann Coyote seinen Vortrag. „In den Vereinigten Staaten gibt es das Programm *No test left behind*."

Ich musste mir bei Coyotes Anspielung das Lachen verkneifen, meine Kollegen und Katja wirkten dagegen etwas verwirrt.

„Was ist Ihrer Meinung nach der Unterschied zwischen kompetent und gebildet? Und wer definiert, welche Kompetenzen derzeit gefragt sind?"

Verlegenes Lächeln. Ich blickte mich um. Ungefähr dreißig Augenpaare schauten ins Nirgendwo. Dann war jene Stille zu spüren, bei der man instinktiv nach Fluchtwegen sucht, um der Peinlichkeit zu entrinnen.

„Was interessiert Sie heute hier? Was löst das Wort *Kompetenz* bei Ihnen aus?"

„Nach *Portfolio* ist es das nächste pädagogische Modewort, das die Schulwelt retten soll", erklärte Dietmar. „Wissen Sie, je schwieriger die Situation, umso blumiger und pathetischer sind die Lösungsansätze, die vom Ministerium kommen. Angeblich soll die Schule besser werden. Wir haben es in Wahrheit aber mit einer Verschlimmbesserung zu tun. Alles dreht sich nur mehr um tolle Bezeichnungen. Was hat das eigentlich mit echter Qualität und Autonomie zu tun?"

Coyote grinste. „Tja, ein wenig Autonomie schadet nie."

Ein paar Lehrer lachten. Dann wurde es still. Minuten vergingen. Gertrude räusperte sich hinter mir. Martin kramte in seiner Schultasche. Das Desinteresse an Kompetenz an einem Freitagnachmittag war greifbar. Ich war mir sicher, dass Dietmar die biologische Uhr seiner Frau wieder ticken hörte.

„Haben Sie eventuell den Eindruck, dass Sie heute Wichtigeres zu tun hätten?", hakte Coyote nach. Begeisterte Zustimmung der Kollegen. Ich drehte mich um und sah, dass viele nickten. Katja wirkte verblüfft. Johannes murrte.

„Trotzdem zeige ich Ihnen kurz, was es mit Kompetenzmessung auf sich hat."

Coyote stellte sich vor die Gruppe und begann zu steppen. Er war außerirdisch. Ich blickte wieder in die Gesichter der anwesenden Lehrer und konnte eine Mischung aus Erstaunen, Bewunderung und Verwirrung entdecken. Coyote beendete seine Vorführung mit einem grandiosen *Moonwalk*, verbeugte sich und die Anwesenden applaudierten.

„Wie viele Schritte habe ich getanzt? Wer hat mitgezählt?" Er war auffallend ernst.

„Zählen kann man die Schritte unmöglich!", meinte Patrizia. „Das ging alles viel zu schnell!"

„Aber es ist extrem wichtig. Zumindest diese Messdaten müssen wir haben!", entgegnete Coyote.

„Wieso? Warum soll man die Schritte zählen? Der Tanz war grandios."

„Und noch dazu so sexy!", flüsterte Gertrude.

„Wir brauchen Messdaten!" Coyote blickte in die Runde.

„Wie kann man die Qualität eines Tanzes überhaupt objektiv messen?", fragte Gertrude.

„Ist das Leben nicht ein Tanz? Wie wertvoll sind hier genaue Messungen? Haben Sie sich diese Frage schon einmal gestellt? Glauben Sie wirklich an den absoluten Wert von Messungen, Multiple-Choice-Tests, Vergleichbarkeit, Normierung und an die pädagogischen Fähigkeiten der amerikanischen Regierung?"

Die meisten schüttelten den Kopf.

„Was machen Sie gerne?", fragte er plötzlich Gertrude.

„Ich bin leidenschaftliche Hobbygärtnerin. Mit den Fingern in der Erde, dort bin ich glücklich."

„Sind Sie gut darin?"

„Ja, ich denke schon. Es ist meine Leidenschaft und der Garten ist ein Meer von Farben."

„Und Sie?" Er zeigte auf Dietmar.

„Ich arbeite für mein Leben gerne mit Holz. Es ist herrlich, wenn ein Projekt fertig ist. Da kann ich sehen, was ich geschaffen habe!"

„Klingt gut!"

„Ich plane gerade ein Baumhaus für meine Neffen!"

„Wenn ich in Ihre Augen schaue, dann sehe ich den Himmel auf Erden. Aber ich kann das nicht messen. Ich kann es jedoch sehen, spüren und beinahe riechen. Der Himmel lässt sich nicht messen.

Er kann mit keinem noch so engmaschigen Netz eingefangen werden. Oder? Finden Sie nicht auch?

Was können wir denn schon messen? Doch nur die unverdauten Reste vom reich gedeckten Tisch des Lebens. Wir messen Nebensächlichkeiten. Mehr doch nicht, oder? Eine Weiterbildung über Kompetenzmessung interessiert Sie ohnehin nicht sonderlich. Folgen Sie also lieber Ihren ureigenen Interessen. Machen Sie, was Sie am liebsten tun, egal wie verrückt und unermesslich das ist. Seien wir nicht vermessen, denn wir können die wirklich wichtigen Dinge nicht messen."

„Er spricht mir aus der Seele", hörte ich Martin flüstern.

„Die etymologische Bedeutung des Wortes *lernen* meint letztendlich *Fährte, einer Spur folgen*. Das wissen Sie schon. Ich erzähle Ihnen nichts Neues. Das zugrunde liegende germanische Wort *laisti* hat übrigens auch die Bedeutung *List*. Sie sehen, ich habe mich durchaus vorbereitet."

Er blickte mich an. Ich sah, wie ihm der Schalk im Nacken saß.

„Also, folgen Sie Ihrer eigenen Spur, Ihren Interessen und Träumen, und begleiten Sie die Kinder bei ihrer Entwicklung. Bleiben Sie selbst Schüler des Lebens und vergessen Sie nicht Ihre Gabe der Improvisation. Das messbare Ergebnis interessiert doch nur jene, die nicht mehr tanzen. Tanzen Sie wieder! Leben Sie!"

„Warum schon wieder tanzen?", warf Johannes ein.

„Oh, hören Sie nicht die Musik? Hören Sie einmal genau hin!"

Es war leise im Raum und Coyote tanzte lässig.

„Die Tanzenden wurden für verrückt gehalten von denjenigen, die die Musik nicht hören konnten."

Er hielt inne und schaute in die Runde, fast als ob er jedem Einzelnen in die Augen blickte. „Vielleicht hörten sie die Musik, weil sie tanzten", warf Martin ein.

Coyote nickte. „Herrliche Abwandlung des Zitats."

Während Martin ein wenig zu shaken begann, hörte ich mich noch sagen: „Von wem ist wohl dieses Zitat, Herr Coy...llege!?"

Oh Gott, ich hatte mich gerade noch herausgewunden!

„Von Nietzsche, einem Hörenden."

Mir wurde warm ums Herz. Doch dann klinkte sich Johannes wieder ein.

„Das ist alles viel zu subjektiv", meinte er. „Ich persönlich denke lieber, anstatt zu tanzen. Wir Europäer haben die Aufklärung schon hinter uns. Sie erwähnten Nietzsche. Was halten Sie von Descartes, einem Wegbereiter der Aufklärung? Für uns Pädagogen sollte dies ein Leitspruch sein: *Ich denke, also bin ich.*"

Kurz war es still, bis Coyote antwortete: „Komisch, bei mir ist es genau umgekehrt."

Ich war baff, Martin lachte, Johannes war sprachlos. Patrizia flüsterte leise: „*Ich bin, also denke ich.* Genial!"

Coyote verabschiedete sich mit den Worten: „Vergessen Sie das Messen. Lassen Sie Ihr Leben, Ihren Alltag lieber eine Messe sein. Ich wünsche Ihnen noch einen wunderschönen Nachmittag. Danke für Ihre Aufmerksamkeit."

Dann tanzte Coyote über beide Ohren grinsend Richtung Tür und verschwand mit seinem grandiosen *Moonwalk*. Johannes, der für die Bildaufnahmen der Schule verantwortlich war, schoss ein paar Fotos. Katja zuckte mit den Schultern und folgte Coyote mit einem entschuldigenden Blick nach draußen.

„Darf er das?", hörte ich Manfred fragen.

„Verrückt!", kommentierte Johannes lapidar.

„Aber wenigstens ein unerwartet frühes Wochenende. Ich will mir nur nicht den Stundenlohn ausrechnen", erklärte Manfred und Johannes stimmte zu.

Katja kam etwas verwirrt, aber durchaus fröhlich wieder zu uns zurück. „Ich hatte mit John Fox noch ein kurzes Gespräch in meinem Zimmer und soll euch einen schönen, restlichen Tag wünschen. Er hat kein Geld verlangt und sagte: ‚Mein Vortrag hat keinen Preis, aber hoffentlich einen Wert.'"

Stimmen schwirrten durcheinander. Einige lächelten, andere hatten das Gefühl, von Anfang an im falschen Kinosaal gelandet zu sein, in dem nun die Vorstellung unterbrochen worden war. Und einige überlegten wohl, welchen Spaß sie sich heute noch gönnen könnten. Katja rang um Fassung.

„Diese Veranstaltung war zwar unterhaltsam und John Fox sehr sympathisch. Aber sie ist in Punkto Inhalt und Länge nicht nach meiner Vorstellung abgelaufen. Ich werde das der Schulbehörde melden."

„Finde ich überhaupt nicht", murmelte Gertrude, die selig lächelte. „Ich werde jetzt sofort in meinen Wintergarten sausen. Dieser John Fox hat mich auf etwas sehr Wichtiges aufmerksam gemacht."

„Mich auch", meinte Martin.

Wir erhoben uns und verließen den Raum. Ich suchte Franziska mit ihren Schülern. Sie war nicht im Gebäude. War sie mit den Kindern im Wald? Dietmar lief mir über den Weg.

„Sehr beeindruckend, dieser John. Mann, hat der mich angerührt. Nur mein Kopf kann das nicht so recht fassen. Aber Manfred hat recht, wenn er meint, einiges wäre zu subjektiv."

„Was glaubst du, Dietmar: Im Wald fällt ein Baum um und niemand hört es. Hat es dann ein Geräusch gegeben? Du willst doch auf diese Subjektivität hinaus, oder?"

„Genau: Wenn ich einen Fehler mache und meine Frau ihn nicht sieht, habe ich dann trotzdem Schuld? Diese Frage bewegt mich."

„Und wenn du in der Schule einen Witz erzählst und niemand ist da, der den Zynismus hören kann ... Ist dann dein Witz trotzdem lustig? Das frage ich mich."

„Jetzt werde aber nicht persönlich."

„Ach, das war doch nur ironisch gemeint, Dietmar."

12 Die Segel sind gesetzt

„Ich warte schon eine Weile auf dich." Coyote paffte lässig eine Zigarette auf meiner Couch.

„War das eine Vorstellung! Katja ist ganz aus dem Rhythmus gekommen. Sie wird deinen Auftritt ziemlich sicher rückmelden. Du bekommst hoffentlich keine Probleme? Oder wir als Schule?"

„Keine Angst, Noah. Lass das meine Sorge sein."

„Du hast einige inspiriert, über ihr Leben nachzudenken."

„Findest du? Die meisten befahren sichere Wasserkanäle. Nur wenige sind im weiten Meer zu finden. Ich finde es herrlich, wenn die, die mit Kindern arbeiten, innerlich aufbrechen, um auf offener See zu segeln. Der Wind der Lebendigkeit wird die Segel der Seele erfassen. Noah, komm mit mir. Besteig das Schiff ins gelobte Land. Löse die Fahrkarten und tanze an Deck."

Er stand auf und schwang seinen Hut. „Kommen Sie, junger Mann! Besteigen Sie dieses Schiff! Wir freuen uns auf Sie, Sir. Es ist das Schiff der Ekstase. Haben Sie den Pass der Absurdität bei sich? Dann steigen Sie ein. Nehmen Sie Ihre alten, jetzigen und zukünftigen Freunde mit. Manche meinen, es wäre ein Narrenschiff. Ja und nein, trunken vor Liebe werden Sie auf die Toten wie ein besoffener Tölpel wirken. Aber was macht das schon?

Ja, Sie sind ganz richtig! Wir legen gleich ab. Die Segel sind gesetzt. Kommen Sie mit ins gelobte Land. Hier gibt es Platz für alle. Singen Sie Ihr persönliches Lied, um den Fahrschein zu lösen, tanzen Sie an Deck und erfreuen Sie sich an der Fahrt. Eine illustre Gästeschar erwartet Sie. Genießen Sie die Musik der Bordkapelle. Gute Heimreise. Gott erwartet Sie. Ich höre schon sein Lachen."

Es kribbelte in meinem Körper. Er begann leicht zu zucken. Schauer liefen sanft über meinen Rücken.

„Danke Sir."

Ich tanzte zu meiner Espressokanne.

„Oh, Sie tanzen mit Ihrem Schatten. Das liebe ich und überrascht mich ein wenig!"

„Danke. Darf ich den Gästen an Bord warmen Kaffee anbieten?"

„Nur zu. Wenn Sie den Mut haben, mitzufahren. Gerne. Auf welchem Schiff waren Sie denn früher, mein Junge?"

Ich überlegte kurz. „Ach, es war ein altes, verrostetes Schiff in einem verschmutzten Hafen mit schlechten Kneipen. Dort lag es eine nicht enden wollende Zeit. Ständig wurde es kontrolliert, damit es den Hafen nicht verließ. Doch eines Tages, Sir, sehnte ich mich nach dem weiten Meer. Sie wissen ja: Schiffe sind nicht für Häfen gebaut. Nun stehe ich vor Ihnen."

„Dann steigen Sie ein, mein Junge. Wir laufen bald aus. Ich muss nur kurz auf ein anderes Deck, bevor ich wieder bei Ihnen vorbeikomme. Es wäre mir eine Ehre, wenn wir miteinander reisen würden. Teilen wir die gemeinsame Zeit, indem wir im Augenblick verschwinden."

Wieder einmal staunte ich über Coyotes Schauspiel- und Verwandlungskunst.

„Coyote, magst du ein Toastbrot?"
„Nein, danke. Hab keinen Hunger."
„Lebst du etwa von Luft und Liebe?"
„Ja, kann man so sagen."

Während ich zwei Brote in meinen Toaster legte, hörte ich eine Nachricht auf WhatsApp eingehen.

„Noah", fragte mich Coyote, „wenn etwas dich den ganzen Tag begleiten würde und auch noch schön aussieht, würdest du es nehmen? Etwas, das dich in Kontakt zu den Menschen bringt, dich mit dem Leben verbindet und mit dem du spielen kannst ... Würdest du es nehmen? Dann sprich ein klares und deutliches Ja!"

„Ja, ich nehme dich als Partner, wer immer du auch bist!"

„Dieses Etwas scheint vom Himmel gefallen zu sein wie Manna. Es singt und spielt sogar und immer mehr Menschen tanzen darum wie um das Goldene Kalb, während es in wunderbaren Farben leuchtet."

„Oh, du meinst das Smartphone, alter Mann! Ja, habe ich schon, wie du siehst."

„Kennst du den Film *Die Götter müssen verrückt sein*?"

„Hey, Coyote, in dem spiel ich gerade die Hauptrolle. Sicher!"

Er zeigte wieder die Spalte zwischen seinen Schneidezähnen. Seine Augen blitzten vor Vergnügen. „Hast du das Original mit den Buschmännern gesehen, die eine Coca-Cola-Flasche fanden? Die war aus einem Flugzeug geworfen worden. Diese wunderbaren Menschen glaubten, die Flasche sei ein Zeichen der Götter."
„Nein, den Film kenne ich nicht."
„Egal, die Coca-Cola-Flasche erinnert mich an ein Smartphone, das vom Technikhimmel gefallen ist. Ihr tanzt darum, als wäre das ein Zeichen der Götter und behandelt es wie einen endlich wieder gefundenen Geschwisterteil. Ist das bei allem Nutzen nicht grotesk?"
„Hier hast du mein Smartphone, alter Mann. Ich weiß, du willst spielen." Ich warf ihm mein Handy zu. Coyote fing es nicht nur blitzschnell, sondern schaute sich ein Video auf YouTube an. Ich ging in die Küche und hörte ihn lachen. Als der Kaffee wie heißes Motoröl zäh in die Tassen strömte, stellte ich fest, dass ich zu viel Kaffeepulver verwendet hatte.
„Gut, aber etwas bitter", meinte Coyote.
„Oh, da denk ich sofort an Dietmar! Er ist ein guter Lehrer, aber leider so bitter und zynisch, dass ich es körperlich spüren kann."
„Zynismus surft meist auf einem gebrochenen Herzen, Noah. Du wirst lebendiger und spürst nun mehr. Etwas belastet Dietmar wirklich. Warte mal, Noah!"
Old Man Coyote stand auf, nahm ein Glas aus dem Schrank und füllte Wasser ein. Danach holte er einen kleinen Löffel aus der Lade und griff nach dem Meeressalz, das auf der Küchenarbeitsplatte stand. Er bat mich, einen Löffel Salz in das Glas zu geben.
„Nun koste das Wasser, Dietmar! Lieber Meersalz als mehr Salz."
„Ich bin Noah, du seniler, alter Knacker."
„Du bist Dietmar. Und jetzt koste."
Also kostete ich das Wasser. Coyote verzog seinen Mund spöttisch, als ich eine Grimasse schnitt. Dann ging er ins Bad und ließ Wasser in die Badewanne. Während das Wasser lief, plauderten wir munter weiter.
„So können uns die Geheimdienste nicht so leicht abhören."
„Was?" Angst kroch in mir hoch.
„Scherz beiseite, Noah. Die Frage ist doch: Wollen wir im Hafen

der Angst unser Dasein fristen? Oder brechen wir zusammen auf? Heikle Phase! Technisch können wir mehr kontrollieren, als du dir überhaupt vorstellen kannst. Hat die Technik die charakterliche Evolution des Menschen überholt? Leben wir nicht in einer Zeit vollkommener Mittel und verworrener Ziele?"

„Aber was ist mit den Visionären unter den Technikern? Die, die unsere Welt weiterbringen? Ich denke an ..." Mir wollte keiner einfallen, bis ich mein Smartphone bei Coyote erblickte. „Steve Jobs ... ach ja oder Tesla."

Coyote drehte den Wasserhahn zu. „Und jetzt wirfst du genauso viel Salz in das Wasser wie vorher in das Glas."

Ich tat wie befohlen.

„Nun trink aus der Badewanne, Noah."

„Coyote, aus der Badewanne habe ich zuletzt als Kind getrunken."

„Dann sei wieder ein Kind, Noah."

Ich trank und Coyote fragte sofort: „Und wie schmeckt das Wasser?"

„Viel besser, Coyotchen. Ich schmecke das Salz gar nicht."

„Genau so ist es mit der Bitternis des Lebens. Jeder macht bittere Erfahrungen. Das ist normal. Aber warum verbittert der eine daran und verkapselt sich, während der andere von einem Löffel Salz kaum beeinflusst wird? Noah, bist du ein Glas Wasser? Oder eine Wanne? Ein See? Oder gar der weite Ozean? Begrenzt du dich oder sprengst du die Grenzen? Öffnest du dich der unendlichen Weite des Lebens?"

„Oh, jetzt kapier ich, warum ich Dietmar war."

„Richtig, liebe Wanne. Und nun zurück zu Stevie. Ja, er war ein Visionär und hat die Welt weitergebracht. Fragt sich nur, in welche Richtung. Seine Intuition war stark ausgeprägt und egal, was andere sagten, er folgte ihr meist. "

„Hatte er nicht einen spirituellen Lehrer? Bei Steves Beerdigung bekamen alle ein Buch geschenkt, von ... wie hieß er noch mal?"

„Steve Jobs war fasziniert von Yogananda. Du meinst die *Autobiografie eines Yogi*. Fantastisches Buch. Solltest du mal lesen."

Coyote räusperte sich und sprach dann weiter. „Aber du weißt auch, wie diese Handys und Smartphones produziert werden?

Hinter der Hochglanzoberfläche verbirgt sich das Blut der Hände, die für die Herstellung dieser Wunderdinger notwendig waren. Wunde Finger für Wunderdinger! Und seltene Erden für dumpfe Herden."

„Findest du Handys etwa schlecht, Coyote?"

„Nein Noah, gut verwendet nicht. Aber sie sind auch ein Dreh- und Angelpunkt der Abhängigkeit geworden. Ohne sie scheint nichts mehr zu gehen."

Er schwang sich in Pose und sprach imaginäre Menschen an. „Oh, Sie wollen mit allen vernetzt sein und gleichzeitig von der Umgebung nichts mehr mitbekommen? Wir haben die Lösung für Sie. Sie wollen den Tunnelblick erlernen und ständig erreichbar sein? Sie wollen immer mit der globalen Herde laufen? Wir bieten Ihnen den Schlüssel, damit Sie sich ja nicht ausgeschlossen fühlen. Sie wollen abgelenkt werden? Eine oberflächliche, raumlose Welt, die Raum bloß vorgaukelt? Sie wollen Ihre wahren Gefühle nicht mehr spüren, sondern bei jeder schmerzvollen Emotion ein Ding in Händen halten, das Sie ablenkt? Sie wollen immer ortbar und überwachbar sein?

Sie wünschen sich zu jedem Problem dieser Welt eine App? Sie haben Angst, dass etwas passieren könnte, wenn Sie oder der andere nicht erreichbar sind?

Ich hab da etwas für Sie. Ein Wunderding, das bald alles bietet. Telefonieren, Nachrichten verschicken, Bilder senden, fotografieren, filmen, spielen, Musik hören, ins Internet einsteigen, navigieren, Fenster putzen, Staub saugen, grillen, duschen, lesen, scheißen, kochen, furzen, beamen und die ganze Welt in diesen modernen Faustkeil bündeln. Ist das nicht der Wahnsinn? Es heißt – Trommelwirbel! Du bist dran, Noah. Sag es."

„Also ... Kompetenz-Portfolio?"

„Was? Wie? Ach, Noah, du hast mir meine ganze Marktschreierei vermurkst! Wie kommst du denn auf so etwas? Du verwendest einfach das falsche Wort."

Coyote raufte sich die Haare. „Na gut, dann also umgekehrt. Meine Damen und Herren, wir bieten eine wunderbare Entzugstherapie an! Wollen Sie wieder zur Ruhe kommen? Wollen Sie sich endlich auf etwas konzentrieren können? Nicht ewig erreichbar sein? Möchten Sie sich entspannen? Sind Sie genervt und abgelenkt von den Informationen, die andauernd hereinprasseln? Sie wollen lernen, dass Sie trotzdem noch geliebt werden, auch wenn Sie auf die Nachrichten Ihrer Freunde nicht sofort reagieren? Haben Sie Angst vor dem Stress nach einer Offline-Phase, weil mit jeder Minute das Monster der unbeantworteten Nachrichten wächst?

Wir helfen Ihnen. Sie lassen das Telefon klingeln, auch wenn der Anrufer explodieren könnte? Sie möchten lernen, dass nicht hinter jedem Anruf eine schlimme Nachricht steckt? Sie suchen echte Freunde aus Fleisch und Blut?

Möchten Sie online sein mit dem echten Leben? Wollen Sie erfahren, dass Sie schon längst mit dem Leben vernetzt sind, einem Netz, dessen zweiter Name Freiheit ist?

Brauchen Sie die Nummer der Hotline? Ich sag's Ihnen, die Nummer ist die Liebe zu dem, was manche Gott nennen. Wer ist am anderen Ende? Gott? Nicht ein anonymer Psychopath? Nein, Gott, das Leben selbst?

Na, wäre das was? Legen Sie Ihr Smartphone für eine Minute weg. Morgen für zwei Minuten. Was, Sie finden das zu schnell? Sie sind am Durchdrehen?

Dann bieten wir Smartphoneentwöhnungskurse an. Sie sind teurer, als das Wort lang ist.

Was, Sie sind von harten Drogen losgekommen, aber hier sehen Sie keine Chance mehr? Wir haben die ultimative Lösung. Kommen Sie zu uns, aber pronto. Höchste Erfolgsgarantie für mein Konto."

Coyote war wieder in seinem Element. Aber bei all dem Spaß stimmte er mich nachdenklich. Kindern werden innerhalb weniger Jahre mehr Infos über Augen und Ohren reingespielt, als unsere Großeltern das ganze Leben lang verarbeiten mussten. Und sehr vieles davon ist wahrscheinlich Müll. Mozart hörte weniger Musik als ein durchschnittliches Kind in der heutigen westlichen Welt. In Michelangelos Augen flatterten lebenslang weniger bewegte Bilder als in heutige Kinderaugen.

„Coyote, wie sieht es mit den anderen Sinnen aus?"

„Interessant, dass du es so formulierst: Wie sieht es aus? Tja, die werden auch manipuliert. Künstliche Gerüche und Geschmacksstoffe. Gerade die Zunge wird auf eine geschmacklose Art und Weise betrogen, so gut es nur geht. Der Tastsinn verkümmert, er ist ein Schatten seiner selbst. Dabei ist Berührung ungemein heilsam."

Der alte Trickser bat mich um eine Zigarette und wir trollten uns auf meinen Balkon, um ein Rauchopfer darzubringen.

„Verlieren wir bei all der Ablenkung nicht den Kontakt zu unserem Körper?"

Er öffnete lässig sein Hemd und lehnte sich an das Geländer. „Ja", begann er, während er an der Zigarette zog. „Und Schule ist in der Regel auch extrem körperlos. Der typische Lehrer, über den man lächelt, wirkt deshalb eigenartig und deplatziert, weil man ihm seine Körperlosigkeit ansieht. Er ist zu einem Kopfträger mutiert. Umgekehrt haben es Lehrer mit einem sehr guten Bezug zu ihrem Körper schwer im System Schule. Sie fühlen sich eingeengt und wissen oftmals nicht wieso."

Coyote atmete tief ein, füllte vor dem nächsten Zug seine Lunge mit frischer Luft. Kurz darauf gingen wir zurück in die warme Stube.

„Coyote, manchmal wird mir die Negativität in dieser Welt zu viel. Wir beuten die Natur aus, zetteln Kriege an und die Menschen fliehen. Dann der wirtschaftliche Abstieg vieler, der Terrorismus ... Die Überwachung und Entrechtung der Bürger und die vielen, vielen Lügen. Mir wird schwummrig. Kann man dagegen ankämpfen?"

„Was glaubst du selbst?"

„Einfach nur positiv denken ist doch auch naiv. Wenn man das Gute und Schöne in der Welt nicht mehr sehen kann, dann verliert man garantiert die Freude. Aber wenn man das Böse nicht sieht, dann wird man dumm. Oder?"

„Dann rette alle Lebewesen, indem du etwas Gutes für dich tust."
„Das gefällt mir, Coyote! Ist das nicht von Buddha?"
„Kann sein. Super Typ, um mal zu untertreiben."
„Finde ich auch. Hast du noch jemand anderen auf Lager?"

Er eilte in mein Bad. Als er zurückkam, hatte er sich aus einem Handtuch einen Turban auf den Kopf gebunden. „Ich, dein Prophet, sage dir: Wer nicht glücklich ist, der verhindert auch das Glück seiner Mitmenschen."

„Stimmt!"

Coyote nahm das Handtuch ab, breitete es am Boden unter meiner Glückskastanie aus und begab sich in den Lotussitz.

„Wenn dich nichts glücklich machen kann, dann kann dich das Nichts glücklich machen. Und wenn dich Nichts glücklich machen kann, dann kann dich nichts unglücklich machen."

Ich musste nachdenken. Dann fiel der Groschen in meinem Hirn.

„Schön, dass in dieser lächelnden Gesellschaft noch jemand lacht."

Coyote sprang plötzlich auf und kam wenig später mit einer *Blues Brothers-CD* aus Papas Sammlung wieder.

Mein Vater hatte sie geliebt, genauso wie ich. Und immer, wenn ich die Musik hörte, spürte ich fast, wie wir zusammen tanzten - genauso wie damals, als ich noch ein kleiner Junge gewesen war. Papsch konnte wie ein Verrückter tanzen.

Coyote schien ebenfalls die Musik der *Blues Brothers* zu gefallen. Bei *Shake a tail feather* drehte er seinen Kojotenschweif wie wild im Kreis, wedelte und klatschte damit hin und her.

„Komm, tanz auch!"

„Du bist mir ein Vogel", entgegnete ich ihm.

„Woher wisst ihr, ob nicht jeder Vogel, der auf seinem Flug die Luft durchschneidet, eine unendliche Welt der Freude ist, die euch durch die fünf Sinne verschlossen bleibt. Also, komm und fliege!", war seine Antwort.

Mir war es peinlich, so ausgelassen zu tanzen. Aber neben Coyote fielen meine Hemmungen von mir ab wie zu enge Kleider.

„Alter Mann, für mich ist das alles neu ... zu tanzen und einfach glücklich zu sein ..."

„Ja, du brauchst etwas Neues und Verrücktes. Die Straße der Normalität ist mit zu vielen Leichen gepflastert. Apropos neue Wege. Der einzige Sohn einer jüdischen Frau konvertierte zum Christentum. Verzweifelt betete sie zu Gott. ‚Mein Gott, was soll ich tun? Mein einziger Sohn ist zum Christentum übergetreten.'

Sie wartete auf die Antwort Gottes. In die Stille hinein hörte sie plötzlich seine Stimme. ‚Liebe Frau, mach dir nicht so viel daraus. Mir ist das auch passiert.'

Daraufhin betete die Frau weiter. ‚Lieber Gott, und wie hast du dann das Problem gelöst?'

Es war still, bis Gott wieder sprach. ‚Liebe Tochter, ich habe einfach das Testament neu geschrieben.'"

„Coyote, manchmal hab ich ein schlechtes Gewissen, wenn über heilige Dinge Witze gerissen werden."

„Ach, du Schmerzenscheißer, es geht um das Herz. Wenn das Herz fehlt, dann sind die schönsten Worte nur Irrlichter. Und wenn es dabei ist, dann ist sogar die Scheiße heilig. Alles ist dann heilig. Keine Trennung mehr. Darum konnte Ramakrishna auch beim Anblick von Taubenkot in Verzückung geraten. Du brauchst nicht päpstlicher als der Papst zu werden. Geh, wirf die Heiligkeit von dir, und hülle dich in den Geist!"

Coyote schnorrte eine *Indian Spirit* von mir. Während er rauchte, füllte ich einen Lottoschein aus. Coyote sah mich erstaunt an.

„Warum machst du das?"

„Weil ich gewinnen will."

„Du kennst die Chancen, oder?"

„Ja, aber ich denke positiv: Jeder kann gewinnen, also auch ich."

„Jeder kann gewinnen, aber nicht alle. Das ist der feine Unterschied. So läuft's auch in den Castingshows und in eurem kapitalistischen System, dieser mega Castingshow!"

„Und was ist mit dem Kommunismus? Bist du etwa Kommunist? Verliert da jeder, nur nicht alle?"

Coyote sang eine Weile: „Jeder, nicht alle, jeder, nicht alle."

„Hör auf damit, das nervt. Soll eigentlich jeder Lehrer werden können, der möchte? Was ist deine Meinung?"

„Im Ernst? Du fragst mich? Hm, ich denke, dass nicht jeder Lehrer werden sollte."

„Du willst Zugangsbeschränkungen?"

„Eine lebendige Schule braucht lebendige Lehrer. Die sind

sozusagen Humus für heranwachsende Pflänzchen. Deshalb würde ich erst mal eine Lachprobe bei zukünftigen Lehrern nehmen. Und dann würde ich diejenigen, die lachen können, sieben. Erst mit dem Sieb, ob sie Kinder lieben. Dann mit dem Sieb, warum sie unbedingt Lehrer werden wollen und dann noch andere Siebe: das Sieb der menschlichen Wärme und Wertschätzung, das Sieb des Interesses am Leben, das Sieb der fachlichen Fähigkeiten, das Sieb des Engagements, das Sieb der Lebensfreude und dann den Filter für den Kaffee ..."

Coyote stapfte zu meiner Kanne und schenkte sich frischen Kaffee ein. „Lehrer sind wie gut geröstete und gemahlene Bohnen. Du erkennst sie am erlesenen Duft, den sie verbreiten. Diejenigen, die ihren Beruf bloß als Job verstehen, hinterlassen einen bitteren Beigeschmack."

Er schlürfte laut seinen Kaffee. Kurz darauf sprang er auf meine Couch und winkte imaginäre Lehramtsstudentinnen und -studenten in die Küche.

„Hereinspaziert! Wir prüfen, ob Sie geeignet sind. Nein, nicht alle dürfen hier weiter. Tut mir leid. Wo ist Ihr Humor, junger Mann? Den haben Sie zu Hause gelassen? Passen Sie auf, dass nicht Spatzen auf Ihren Mundwinkeln landen. Und Sie! Ja, Sie, können Sie den Kindern einen Kuchen der Liebe backen? Ja? Wunderbar. Sie sind eingeladen, mit den Kindern an der Schule zu arbeiten.

Junge Frau, was kochen Sie? Nichts? Sie mögen Fertigprodukte? Sorry! Und Sie, pfeifen Sie mir ein Lied vor. Sie kennen keines? Was? Sie können nicht pfeifen? Dann arbeiten Sie lieber mit Robotern. Und Sie, meine Schöne, singen Sie Ihr Lied. Herrlich, wunderbar! Junger Mann, tanzen Sie. Großartig. Tanzen Sie rein zu uns. Sie werden hervorragende Lehrerinnen und Lehrer sein.

Ach, da kommt schon der nächste, der Lehrer werden möchte. Und Sie kommen mit dem Lösungsheft von gestern für die Probleme von heute? Sie sind zu spät dran. Danke, dass Sie vorbeigekommen sind, aber da gehen wir schon wieder. Und Sie? Geben Sie Ihre Lachprobe ab. Oh, Sie nehmen alles sehr persönlich. Tut mir leid, aber Sie stolpern nicht über mich, sondern über Ihr Ego.

Was der Klaps am Hinterkopf nun soll? ... Ich gab ihn zum Spaß ... Was? Ich bin ein Arsch? Glauben Sie wirklich, ich werfe Bohnen vor die Säue?

Ach ja, ich hab vergessen, mich vorzustellen. Ich bin Hermes. Ich bin hier, um Humus mitzunehmen. *Hermes sucht Humus.* Das ist das Motto. Sie wollen lieber Saturn, den alten Satansbraten, als Prüfer? Ja, das kann ich mir gut vorstellen, Sie abgestorbenes und ausgetrocknetes Einheitsmodell. Wissen Sie was? Seien Sie froh, dass er noch nicht an der Reihe ist. Er hätte nur die angepassten Einheitsfertigproduktpädagogen durchgelassen, die griesgrämigen Marschierer, die grauen Männchen ohne Fehler.

Nein, wir machen Schule und keine Fabriken. Dafür brauchen wir Narren und Trickser. Wir haben neue, lebendige Siebe. Die Zeit der gehorsamen Maschinen ist für Menschen vorbei, obwohl es manche Mächtige hinter vorgehaltener Hand gar nicht wahrhaben wollen.

Oh, Sie kommen mit Ihrem Zeugnis! Wunderbar! Tanzen Sie die Noten! Ob ich durchgeknallt bin? Und ob! Mich interessieren die Noten in Ihrem Herzen, die Musik, die diese hinterlassen. Mich interessieren nicht die Noten, die Ihnen irgendjemand auf dieses Blatt Papier gekritzelt hat. Sie gieren auch um meine Bewertung, um meine Unterschrift und um die Erledigung weiterer Stationen? Sie Geizkragen. Sie geizen mit Ihrem Leben, Sie geizen mit Ihrem Atem. Sie leben nicht! Ja, was sollen wir mit Ihnen tun? Haben Sie schon einmal an die Pathologie als Arbeitsplatz gedacht?

Ich danke allen, die durch das Nadelöhr getanzt sind. Ich war und bin nicht streng. Ich schaue nur, ob Sie am Leben sind. Ich danke aber auch allen, die noch nicht tanzen und singen. Öffnen Sie sich dem Leben. Verlernen Sie, was man Ihnen beigebracht hat, damit Sie in Zukunft Lehrer werden können. Atmen Sie auf, damit der Atem des Lebens Sie wiederbelebt.

Oh, hier kommt schon Urizen, pardon, Saturn! Na, dass dir halt kein Lächeln auskommt, du alter Klugscheißer. Du willst die lebendigen Lehrer noch auf grundlegende Fachkompetenzen überprüfen? Okay, aber Gnade vor Gesetz. *Hermes findet Humus* ist hier das Motto und nicht *Saturn: Geiz ist geil!*"

Coyote verbeugte sich.

Ich applaudierte und johlte. „Bravo, Hermes!"

„Danke Humus!", war die Antwort.

„Was hältst du hiervon, Coyote? *Wenn Du ein Schiff bauen willst, dann trommle nicht Männer zusammen, um Holz zu beschaffen, Aufgaben zu vergeben und die Arbeit einzuteilen, sondern lehre die Männer die Sehnsucht nach dem weiten, endlosen Meer.*"

„Ja, genauso ist es." Coyote klatschte in die Hände.

„Dieser Ausspruch ist von Antoine de Saint-Exupery."

„Großartig. Du musst nicht tausende didaktische Tricks auspacken. Es geht um Sehnsucht, Freiheit und Begeisterung. Das wirkt Wunder, in der Begeisterung steckt der Geist. Sie führt zu echter Kompetenz, wenn ich dieses Wort, in das ihr euch seit geraumer Zeit verliebt habt, verwenden darf. Nicht wahr?"

Er grinste über beide Ohren. „Ein Lehrer sollte sich überflüssig machen. Du bist für deine Schüler nur eine Brücke an das andere Ufer. Einmal überquert stürzt die Brücke, die zur größeren Freiheit führt, für den jeweiligen Schüler ein. Die Brücke ist verdammt wichtig, aber umso weniger sie aus sich selbst macht, umso kräftiger wird sie sein. Wie sagte schon der alte Konfuzius: *Gib einem Mann einen Fisch und du ernährst ihn für einen Tag. Lehre einen Mann zu fischen und du ernährst ihn für sein Leben.* Genau das ist deine Aufgabe."

„Du erinnerst mich daran, dass ich montags wieder unterrichten werde. Ich sollte mir langsam Gedanken machen."

„Unser Gespräch war schon eine Vorbereitung im weiteren Sinne. Und lern noch mal von den Fischern: *Der Köder muss dem Fisch schmecken und nicht dem Angler.*"

„Aber warum habe ich immer diese Angst, nicht genug zu leisten? Oder einen großen Fehler zu machen?"

„Ach, Noah, wer nie vom Weg abkommt, der bleibt auf der Strecke! Irren ist doch menschlich."

„Früher hab ich mir die Unterlagen meiner Kollegen angesehen, aber da habe ich gespürt, dass ich meinen eigenen Weg gehen muss."

„Absolut, Noah. Wer für alles und jedes offen ist, kann ja auch nicht ganz dicht sein."

„Alter Schwede, pardon – alter Kojote, bist du blöd."

„Ja, ich bin ein Narr Gottes. Man weiß nie, wohin es mich weht. Weißt du, es kommt immer erst darauf an, wer du bist und nicht was du machst und organisierst. Das gilt auch ganz besonders für Lehrer."

„Aber gerade wurde uns wieder verkündet, das BIST eine extrem positive Wirkung auf den Unterricht hätte."

„Welches Biest?"

„Entschuldigung, BIST ist eine Abkürzung für Bildungsstandards."

„Mein Gott, Noah. Das, was du BIST, wirkt zuallererst. Ganz lange danach, irgendwann an der Peripherie, soll doch dieses Biest auftauchen. Dann wünschen wir ihm viel Glück. Aber es soll sich nur nicht zu wichtig nehmen, dieses Kind von *Urizen.* Das ist alles nur ein Spiel, Noah. Es ist das Theater der Wahrnehmung, der Formen. Keine Form ist mehr wert als eine andere. Falls du das glaubst, bist du verloren und das Mitgefühl geht den Bach hinunter."

Coyote öffnete die Arme und schaute mich an. „Wo sind übrigens die Kinder?"

Ich sprang auf: „Hier, Sir!"

Coyote nahm seinen Hut in die Hand und verbeugte sich vor mir. „Oh, Schüler mit ihrem Lehrer! Herzlich willkommen! Kommt mit. An Deck gibt es Zuckerwatte für euch, damit es lustig wird auf der Fahrt ins Gelobte Land. Hockt bloß nicht stundenlang herum und blast Trübsal. Hier gibt es nur lustige Erwachsene. Und deshalb brauchen wir auch vergnügte Kinder. Macht euch selbst ein Bild. Kommt! Die besten Plätze sind für euch reserviert. Wer von euch möchte das Schiff steuern? Gott freut sich auf euch. Ihn langweilen die ernsten Menschen schon lange. Er möchte spielen. Wer mag tanzen? Kinder, kommt, nehmt eure Eltern und Lehrer mit. Ich höre Gott schon lachen."

„Danke, Sir. Oh, Kinder – nicht so schnell! Wartet noch!"

Coyote lachte und genehmigte sich den nächsten Kaffee.

„Noah, lach mit den Kindern. Verbieg die Schulglocke, damit sie keinen oder einen schrägen Ton von sich gibt. Singt eurer Direktorin ein Lied der Wertschätzung. Lass die Kinder unterrichten.

Ladet Eltern, die spannende Fähigkeiten mitbringen, in die Schule ein. Schreibt, zeichnet eure kühnsten Träume auf Zettel und lasst diese mit Gasluftballons in den Himmel steigen. Schreibt das Wort *unmöglich* und vergrabt es gemeinsam draußen vor der Schule.

Pflanzt euren Klassenbaum. Räumt die Tische an die Wand und erzählt euch die herrlichsten Geschichten im Kreis. Schweigt einen Tag lang. Tut heimlich Gutes in der Schule. Zählt alle Lebewesen, die ihr vom Fenster aus beobachten könnt und gebt ihnen Namen. Säubert den Schulhof vom Müll und hängt die Müllsäcke in der Aula auf. Bildet Helferteams für alles Mögliche.

Geht zur Bürgermeisterin und erzählt ihr, wie schön Schule sein kann. Schreibt gemeinsam ein Buch. Seid einen Tag leise, den nächsten Tag laut. Eine Stunde arbeiten die stilleren Kinder mit und die aufgeweckten Kinder halten sich zurück, eine Stunde später ist es umgekehrt. Hockt eine Einheit am Tisch und die nächste am Boden. Wie war der Wechsel der Perspektive? Hebt die Stunden auf, so gut es geht.

Lernt über ein Thema, auf das ihr euch geeinigt habt, so konzentriert und effektiv wie noch nie. Dann sucht sich jeder ein Thema, in dem er Experte werden möchte, besonders auch für unsinnige Dinge. Macht Wettbewerbe für Kirschkernweitspucken, Schneeballzielwerfen, Papierfliegerweitwerfen.

Seid eine Woche extrem freundlich zu den Lehrern und Schülern, die ihr nicht mögt. Bringt Kuchen mit in die Schule, den die Schüler selbst gebacken haben. Lass die Burschen die Mädchen beschenken und die Mädchen ein Geschenk für die Jungs machen. Lacht auf Befehl zwanzig Sekunden, bevor der Unterricht beginnt. Atmet vor dem Lachen noch eure kühnsten Träume ein. Füllt sie in ein imaginäres Glas und trinkt davon. Dann lacht und gebt euch dem Lernen hin.

Lernt rückwärts, vorwärts, seitwärts. Experimentiert damit, wie ihr am besten lernt. Kauft Blumen und Pflanzen, die die Klasse bunt machen und mit Sauerstoff bereichern. Komponiert eine Klassenhymne in einer neuen, unbekannten Sprache. Kommt den einen Tag als fleißiger, den nächsten als ängstlicher, den übernächsten als cooler Schüler in die Klasse. Spürt die Energie an der Schule. Urteilt nicht, aber verwandelt sie.

Lasst eure Handys zu Hause. Belohnt euch für dieses Fasten. Stellt euch vor, es gäbe Gott und ihr würdet ihn lieben. Spürt, wie sich das anfühlt. Schaltet die Schulglocke zu Beginn der

Pause ab und singt mehrstimmig *Jingle bells.* Oder das eine Lied, das du vor kurzem gespielt hast."

„Du meinst *Süßer die Glocken nie klingen*?"

„Genau das!" Coyote zündete sich eine Zigarette an, machte plötzlich einen Kopfstand auf meinem Sofa und rauchte.

„Danke für deine Ideen, alter Scheißer."

„Jetzt wünsche ich dir noch einen wunderbaren Abend. Vergiss nicht in der Bhagavad-Gita zu lesen. Die gehört derzeit für dich zur Fachliteratur. Und du weißt schon ...", sprach er etwas gequält im Kopfstand.

„Was?"

Ich machte mir Sorgen um ihn. Im Kopfstand zu reden und zu rauchen war sicherlich anstrengend. Er sprang wieder auf und dämpfte seine Zigarette aus.

„Höre immer auf deine innere Stimme. Auch als Lehrer. Tausend Informationen, hundert Kurse und die Intuition geht flöten. Scheiß auf den bis oben hin vollgestopften Verstand; sei verrückt und packe die Dinge mal völlig anders an. Dann wirst du, kompetent wie du bist, den Test schaffen!"

„Welche Prüfung denn, Coyote?"

„Wirst du schon sehen."

„Danke für die supergenaue Auskunft. Soll ich ein Kompetenzportfolio von mir anlegen?", witzelte ich etwas verunsichert.

„Vergiss das bloß nicht. Du musst beim Verlassen dieser Welt dein Kompetenzportfolio vorlegen. Das weißt du, oder? Deine Kompetenzen werden in ein universell angeglichenes Punktesystem umgerechnet.

Wie sollte man sonst die Spreu vom Weizen und die Schafe von den Böcken trennen? Bei hoher Punkteanzahl erhält man auch universelle Titel. Ist das nicht herrlich? Das Portfolio von Jesus zum Beispiel war sensationell. Er hat bis jetzt die Höchstpunktezahl. Wie soll man sich andernfalls orientieren können, es sei denn durch äußerliches Vergleichen!"

„Darf ich mein Portfolio auch tanzen, Coyote?" Mir war klar, wie der Kojote lief.

„Genau, Noah. Pfeif und scheiß auf Vergleiche, Punktezahlen und Sanktionen."

„Auf was soll ich scheißen?"

„Ah, scheiß doch der Hund aufs Feuerzeug! Lebe!" Er drückte mich, rief: „Ich liebe dich, aber jetzt wirst du ein paar Tage ohne mich auskommen müssen!"

Und weg war er. Ich hörte noch, wie die Eingangstür ins Schloss fiel.

Ich genoss die Stille in meiner Wohnung. Nichts trieb mich aus dem Haus. Nur das Kratzen meines Stiftes war zu hören, der grüne Spuren in den Heften meiner Kinder hinterließ. Ein letzter Blick auf mein Smartphone, das ich seit Coyotes Besuch ganz vergessen hatte. Franziska hatte mir eine Nachricht hinterlassen.

‚Hallo, Noah. Bin schon zu meinen Eltern gefahren. Die brauchen dringend meine Hilfe. Du fehlst mir. Freue mich schon auf Montag. Melde dich. Ich liebe dich.'

Ich tippte schnell meine Antwort. ‚Ich liebe dich auch, Franziska. Verrückte Zeit gerade.'

Kurz darauf traf die Antwort ein. *‚Was wir brauchen sind verrückte Leute, seht euch an, wohin uns die Normalen gebracht haben.* Passt doch gut, was G. B. Shaw gemeint hatte, oder?'

Ich schmunzelte.

‚Perfekt, danke.'

Dann legte ich mein Handy zur Seite und kostete die Ruhe aus. Keine Spiele am Handy und PC, in die ich mich verlor. Keine WhatsApp-Nachrichten, kein Snapchat oder Instagram. Keine Shitstorms, diese negativen Stürme im digitalen Wasserglas.

Jetzt, wo ich wieder das weite Meer für mich entdeckt hatte, interessierten mich Wassergläser nicht mehr. Ich legte mich ins Bett und las in der Bhagavad-Gita. Dann träumte ich von Franziska. Unsere Herzen und Körper waren tief verbunden. Daneben verblasste alle Erinnerung.

Jäh wurde ich aus dem Schlaf gerissen. Draußen schrie der Waldkauz. Wo war ich gewesen, als ich schlief? Warum lieben wir es, unsere Identität für den Schlaf aufzugeben und in ein Nichts einzutauchen?

Teil 2

Zeit der Bewährung

1 Ab in die Heimat

Um sieben Uhr läutete mein Wecker und spülte mich unsanft aus der Traumwelt an Land. Meine Träume trockneten nur langsam im Tageslicht. Ich ging auf den Balkon, begrüßte den Sonnenaufgang und atmete das Licht in mein Herz. So dankte ich dem Großen Geheimnis für den neuen Tag.

„In dieser dunklen Zeit hilft dir die Konzentration auf das Licht besonders. Ab dem Frühjahr wird bei jedem Sonnenaufgang wieder das wundervollste Konzert zu hören sein, das du dir vorstellen kannst. Wenn das Sonnenlicht rund um den Erdball von Ost nach West wandert, wird es von einer Woge des Gesangs der Vögel begleitet.

Diese Musik rollt wie eine Welle über den Globus. Die Vögel können euch mehr über die Natur verraten, als ihr vermutet. Ihre Sprache zu verstehen, bedeutet, in der Gegenwart der Natur angekommen zu sein und in ihr lesen zu können."

Obwohl es Dezember war, hörte ich vereinzelte Vogelrufe, aber einen richtigen Gesang konnte ich noch nicht ausmachen. Schnell kehrte ich vom Balkon in die warme Stube zurück und packte die Sachen für meinen Ausflug in die Heimat.

„Hallo, Schatz!" Meine Mutter umarmte mich. Ihr Parfum, der Duft von frischem Brot und Kaffee. Der Duft meiner Kindheit! Er hüllte mich immer ein, wenn ich bei ihr war. „Wie geht´s dir, Noah?"

„Bei diesem Frühstücksangebot bestens."

„Du siehst blendend aus!"

„Habe ich etwa zugenommen?"

„Ach, du weißt schon, einer Mutter entgeht nichts."

„Fast nichts. Mir geht´s auch richtig gut."

„Füllt dich dein Beruf so aus oder hast du eine Freundin?"

„Jein."

„Also, rück schon raus. Was meinst du mit jein?"

„Also, die berufliche Situation ist kompliziert, aber ich schaffe das schon."

„Du bist verliebt. Nicht wahr?"

„Ja, so ist das wohl."

„Seit wann? Wie heißt sie? Ist sie eine Kollegin? Und ..."

So erzählte ich meiner Mutter alles über Franziska. Natürlich in muttergerechte Happen aufbereitet. Was Coyote anging, hüllte ich mich in Schweigen.

„Und ich hatte schon Angst, du wärst aus einem ähnlichen Holz wie mein Bruder geschnitzt, der weder Kind, Frau und Haus haben wollte. Er wollte sich nicht binden, sondern sein Leben geistig ausrichten, wie er das immer nannte. Du weißt schon: Er kostete Oma und Opa viele Nerven und eine Zeitlang auch viel Geld."

„Ach Mama, hab keine Angst. Dein Bruder war harmlos. Ich bin viel verrückter als er", witzelte ich.

Dann klingelte es. Als Mutter die Tür öffnete, hörte ich schon Tante Julias Stimme im Flur.

„Noah, schön, dich wieder zu sehen. Dir scheint der Abstand vom Ort gut zu tun."

„Ja, es sieht ganz so aus."

„Wartest du auch auf den ersten Schnee? Er will sich heuer einfach nicht einstellen. Die Gäste buchen immer später und meine russischen Gäste fallen wegen der Wirtschaftslage seit Jahren auch aus."

Die geopolitischen und meteorologischen Verwerfungen machten auch vor Tante Julia, die am gegenüberliegenden Hang auf tausend Meter Seehöhe wohnte, nicht halt.

„Hallo allerseits!" Kristina, meine Schwester, huschte mit ihren beiden Kindern, Elisa und Lorenz, zur Tür rein.

„Tante Julia, wo sind meine Lieblingscousins Gerhard und Norbert?"

„Die beiden aufstrebenden Jungalkoholiker werden sich schon noch zeigen", flüsterte mir meine Schwester zu.

„Die beiden studieren so fleißig, dass sie erst heute Nachmittag kommen. Sie lernen, lernen und lernen, während andere einfach nur ihr Leben genießen."

Kristina stieß mich in die Seite und flüsterte: „Norbert hat ihr sogar verklickert, er hätte mit Auszeichnung immatrikuliert. Die hat Tomaten auf den Augen."

„Stolz und Vorurteil", gab ich zurück.

Am späten Nachmittag fuhr ich die Serpentinen zum Haus von Tante Julia und Onkel Werner hoch. Einerseits war ich froh, das Tal verlassen zu haben, denn der Ort war mir zu klein geworden. Andererseits fühlte ich bei jedem Besuch die alten Bande zu diesem Ort. Ein schönes, widersprüchliches Gefühl.

„Hey, alter Kumpel. Was ist los?" Norbert empfing mich an der Tür.

„Nicht viel. Und wie geht´s euch Mädels?"

„Mir blendend, wenn ich mich mit euch vergleiche." Gerhard grinste über beide Ohren.

„Wir sind heute zu einer Geburtstagsparty auf der *Gämsenhütte* eingeladen. Hast du Lust mitzukommen?"

Am späten Abend tuckerte ich mit meinen Cousins zur Almhütte hoch. Die Party war ein Riesenspaß. Ich hatte schon lange nicht mehr so viele Leute meines Alters erlebt. Viele tanzten, andere standen in Gespräche vertieft auf der Veranda. Überall waren Partygäste, die auf den Sofas oder dem Eichenboden saßen, auf den Polstern und Decken lungerten, immer ein Getränk in der Hand. Das Feuer im Schwedenofen knisterte genauso laut wie zwischen einigen Gästen.

„Noah, du bist so anders als früher. Interessanter", flüsterte mir Claudia zu und legte ihre Hand auf meinen Arm.

Kurz darauf lief ich Patrizia, die mit ihren zwei Schwestern auf dem Fest war, über den Weg. Die drei lachten über jeden meiner noch so kleinen Scherze.

Hafteten Patrizias Augen an mir, wenn ich mit anderen redete? Wenn ich zu ihr hinübersah, hatte ich das Gefühl, als würde sie schnell den Blick senken. Verunsicherte ich sie? Ein Rätsel für

Frauen zu sein und sie zum Lachen zu bringen, waren offensichtlich Eintrittskarten zu ihrem Leben.

Aber Franziska tanzte in meinem Kopf und ich bekam sie nicht aus meinem Herzen. Ich wollte es auch nicht.

Im Laufe des Abends traf ich zufällig auf Bert, einen guten Bekannten meiner Cousins, der mich glücklich anstrahlte. Er interessierte sich für mich und beherrschte die seltene Kunst des Zuhörens. Bert arbeitete mit Kindern in der Natur.

„Ich bilde Waldläufer aus, Noah, richtige Waldläufer. Wir arbeiten vor allem mit Kindern. Sie haben viel Spaß, wenn sie lernen, in der Natur zu überleben, zu pirschen, Fährten zu lesen, Unterkünfte zu bauen, Feuer ohne ein Streichholz oder Feuerzeug zu entfachen. Du weißt schon, all diese Dinge. Mit einigen übe ich auch die Kunst der Unsichtbarkeit."

„Wie? Tarnkappen meinst du ja wohl nicht!"

„Nein, aber es ist fast genauso. Wir üben uns darin, unbemerkt durch die Natur zu streifen. Ich mach das über unsere Pfadfindergruppe, die ich leite, aber einige von ihnen begleite ich auch individuell, so es die Zeit erlaubt.

Weißt du, ich gebe, so gut ich es kann, das Wissen von den Leuten hier, die Überlieferungen kennen und bewahrt haben, weiter. Leider ist so vieles verloren gegangen. Aber einiges an Wissen und so manche Fertigkeiten der Naturvölker konnten Gott sei Dank für uns gerettet werden."

Bert war etwas kleiner als ich, aber ein richtiges Energiebündel. Egal, ob er redete oder zuhörte, immer blickte er mich mit seinen dunklen Augen durchdringend an. Wenn er lachte, blitzten seine Zähne auf. Bert erzählte viel, von den Aborigines, dem Volk der Akamba, über die Awás und die Apachen, über die San und die alten Kelten. Und über die Leute, die das alte Naturwissen in die Zivilisation retteten. Für mich war das alles völlig neu.

Ich liebte besonders die Vorstellung, dass in den Bergen wieder junge Waldläufer, freie Menschen, unterwegs waren. Was für eine herrliche Vorstellung!

„Jäger, Sportler und Schwammerlsucher kannst du schon im Wald finden, Noah. Die sind nicht zu übersehen. Sie nutzen den Wald für ihren eigenen Vorteil. Kinder findet man nur noch selten inmitten von Bäumen, so als hätten sie sich in eine verloren geglaubte Welt verlaufen. Ich bewundere die Jäger- und Sammlerkulturen der Welt. Aber für die Jäger hier kann ich mich nicht begeistern."

„Ja, ich empfinde ihre Kleidung, ihre Rituale und ihr Auftreten auch eher als Karikatur."

„Viele meinen, ein Recht über Leben und Tod in ihrem Jagdgebiet zu haben. Tierische Jäger nehmen sie als Konkurrenz wahr und sind besonders stolz, wenn sie diese erlegen, um das natürliche Gleichgewicht, wie sie es nennen, wieder herzustellen. Dieses Recht haben sie sich über Jahrhunderte richtiggehend erschossen. Wo gibt es denn noch Raubtiere? Die Jäger wollen sich ihr Recht auf eine gute Jagdernte nicht mehr nehmen lassen."

„Trotzdem, es gibt auch solche, die die Tiere im Wald hüten."

„Die haben meinen Respekt, die meisten aber schießen gerne, lieben Trophäen und sind richtige Vereinsmeier."

Vielleicht wären Frauen die besseren Jäger, ging es mir durch den Kopf, als eine bekannte Stimme mich unterbrach.

„Planst du eine Skitour mit Bert?" Norbert kam kurz zu uns an die Bar vorbei. „Pass ja auf, mit Bert erreichst du kaum den Gipfel. Er bleibt wegen jeder Kleinigkeit stehen und schaut. Immer auf Fährtensuche. Lass ihn ja nicht vorspuren, denn da kannst du auch gleich einem Schneehuhn folgen."

„Da bringst du mich auf eine gute Idee. Eine Tour mit Bert, das wäre schön."

Norbert, der die Spur eines zweibeinigen Hasen aufgenommen hatte, schob sich weiter durch die Menschenmenge.

„Du bist Lehrer? Warum bietet ihr an den Schulen keine echten Naturerlebnisse an? Und warum habt ihr so selten Freiluftklassen?" Bert stemmte die Arme auf die Theke.

„Tja, ich denke, viele von uns haben sich im System verlaufen. Wir sehen gar nicht mehr die Möglichkeiten. Bevor wir umdenken, wählen wir lieber den einfacheren Weg. Der Schulalltag ist dann zwar ewig grau, aber auch problemlos."

„Grauenhaft, Noah." Bert strich durch seinen Vollbart. „Ich

bekomme eine Gänsehaut, wenn ich nur daran denke. Wahrscheinlich dokumentiert ihr auch alles. Und dann soll alles ökonomisiert werden? Immer schneller, besser, effektiver? Was für ein unmenschliches System. Wann darf man einfach mal Mensch sein?"

„Ja, das ist nicht so leicht, um ehrlich zu sein."

„Weißt du was? Eigentlich ist das alles ganz einfach: Wir müssen unser Leben radikal ändern, ob wir wollen oder nicht. Mit unserem Lebensstil verbrauchen wir mehrere Planeten Erde. Diese gibt es aber nicht. Wir haben den Kontakt zu unserem Heimatplaneten, zur Natur viel zu lange verloren. Wir haben ihr die Tür zugeschlagen. Mittlerweile ist es auch aus rein egoistischen Gründen notwendig, den Kurs zu korrigieren. Die Not sollte uns wenden. Verstehst du? Wir machen sonst unsere Lebensgrundlage kaputt. *Naturvermittlung* muss auf jeden Lehrplan. Wir können nicht einfach so weitermachen, als wäre nichts passiert. Wenn wir noch einige Zeit warten, dann zwingen uns immer größere Naturkatastrophen sowieso zur Umkehr."

„Und wie meinst du, sollen wir das anfangen? Ist es nicht schon längst zu spät?"

„Zu spät ist es nie, um neu anzufangen. Also plädiere ich jetzt für *Naturvermittlung* an den Schulen. Diese sollte praktisch umgesetzt werden.

Als zweitwichtigstes Thema sehe ich die *Friedensbildung* an den Schulen. Man kann es auch *Herzensbildung* nennen. Wenn es uns in einer Gesellschaft gelingt, kraftvolle, naturverbundene und friedvolle Schüler in die Welt zu entlassen, dann haben wir am Ende am meisten gewonnen. Es geht nicht mehr um alle möglichen Kompetenzen. Dafür ist die Zeit zu knapp. Es geht darum, ob wir uns zerstören oder nicht. Der Dreh- und Angelpunkt ist das Überleben auf diesem Planeten.

Wir müssen friedlich werden, unsere Waffen sind zu zerstörerisch. Und wir müssen naturverbunden werden, denn die Zerstörung ist viel zu weit vorangeschritten. Wir haben eigentlich keine Wahl mehr. Wir tun nur so."

„Ich geb dir ja recht, aber ..."

„Frage dich nicht, was dein Planet für dich tun kann. Frag dich, was du für deinen Planeten tun kannst."

„Spannende Abwandlung des Ausspruchs von Kennedy."

„Ja, um das Notwendige erweitert. Wir stehen immerhin vor dem sechsten großen Artensterben auf unserem Planeten. Diesmal ist der Mensch die Ursache."

Bert kam richtig in Fahrt. „Warum lernen die Kinder nicht zuerst das Lesen von Fährten? Davon würden sie sogar im Leseunterricht profitieren. Wie viele Buchstaben gibt es? Sechsundzwanzig, oder? Stell dir vor, ein Kind kennt von sechsundzwanzig Tieren die Trittsiegel und kann die Fährte lesen. Hinter jeder Fährte verbirgt sich eine Geschichte, von einem Tier erzählt. Fährtenlesen, das kann man nicht genug schätzen."

„Ja, das hab ich vor kurzen schon mal von einem weisen Mann gehört. Mich fasziniert die Freiheit, der Gedanke, dass freie Menschen unter freiem Himmel in der freien Natur sich bewegen."

„Tja, noch nie gab es eine Zeit ohne Naturvölker ... Aber bald ist es das erste Mal in der Menschheitsgeschichte soweit. Ist das nicht unendlich traurig? Die Story von *Avatar* spielt sich nicht auf einem anderen Planeten ab, sondern hier auf der Erde. Diese primitiven Menschen, wie manche sagen, können in ihrer natürlich Umgebung überleben. Wer von uns kann das denn noch? Die wenigsten. Die meisten bekommen nicht einmal den Rest ihrer natürlichen Umgebung mit. Ist das nicht eigenartig? Hier sollte auch die Schule Verantwortung übernehmen. Es ist an der Zeit, Kultur und Natur wieder zu vereinen und sich vom *ich* zum *unser* weiterzuentwickeln."

Warum war ich bis jetzt nicht auf die Idee gekommen? Plötzlich sprudelten die Ideen in meinem Kopf wie Champagnerbläschen. Ich strotzte vor Begeisterung.

„Wenn wir der Natur näher kämen, könnten wir auch verhaltensauffälligen Kindern helfen."

„Natürlich. Aber wir sollten eines nicht vergessen: Die Gesellschaft ist verhaltensauffällig und nicht die Kinder. Sie spiegeln nur die Auffälligkeiten unserer Gesellschaft wider."

„Ach, viele Lehrer achten nicht einmal die Kinder. Darunter leiden wir an der Schule, glaube ich, am allermeisten."

„Warum werden solche Leute überhaupt Lehrer? Das geht nicht in meinen Schädel. Wenn jemand eine Mehlallergie hat, wird er ja auch nicht Bäcker. Oder jemand, der Computer hasst, wird wohl kaum programmieren. Erklär es mir: Warum mögen einige Lehrer die Kinder nicht?"

„Keine Ahnung, aber irgendwann wird auch die Schule ein wundervoller Ort sein. Ich kann nicht anderes. Ich muss darauf hoffen und daran glauben."

„Auf eine bessere Welt kannst du nicht warten, Noah, du musst jetzt dein Ding durchziehen. Diese schwierige Zeit der großen Konflikte birgt doch auch Möglichkeiten. Wir sollten die Kinder nicht auf eine Welt vorbereiten, die wir von unserer Kindheit kennen. Die ist vorbei. Aber wir sollten sie auch nicht für die derzeitige Welt rüsten. Die Welt ist zu sehr im Wandel. Wenn es uns ein wenig gelingt, den Kindern Selbstwert und sogar Selbstliebe zu vermitteln, haben wir viel gewonnen. Wir können die Zukunft nicht wirklich voraussehen, aber wir können sie gestalten.

Wir sind von der Weisheit zum Wissen zur Information gewandert. Zuerst hat sich das Wissen freigemacht von der Weisheit, quasi der Kopf vom restlichen Körper. Das Wissen war aber zumindest noch gespeichert. Jetzt verlassen wir sogar den Kopf und setzten auf Information. Körperlose, schwebende Information alleine aber ist extern und kann leicht manipuliert werden. Wir sollten die Information wieder in das Wissen und beide wieder in die Weisheit einbetten. Das sollte der Schule klar sein. Findest du nicht auch?"

Berts Worte gaben mir zu denken. Mein Leben wurde gerade gehörig auf den Kopf gestellt. Manchmal machte mir das Angst, und dann, einen Augenblick später, war die Freude an der Veränderung größer.

Ich genoss den Abend, redete stundenlang mit Bert, scherzte mit den Mädels, lachte mit meinen Cousins, prostete mit alkoholfreiem Bier und tanzte. Gerne erinnerte ich mich an Coyotes Empfehlung, den Humor als eines der besten Kleidungsstücke in Gesellschaft zu tragen. In einem unbeobachteten Moment ging ich vor die Hütte, zündete mir eine Zigarette an und dachte über mein Leben nach.

Ich lebte in einem kleinen Paradies, während sich das Netz der Zerstörung immer enger zu ziehen schien.

Am Sonntag begleitete ich meine Mutter zur Kirche. „Wer spät ins Bett gehen kann, kann auch früh aufstehen", hatte sie immer gemeint. Ich war mir sicher, dass sie sich das auch diesmal dachte. Erst gegen Morgengrauen, nachdem ich meine angeheiterten Cousins nach Hause chauffiert hatte, war ich in meinem alten Kinderzimmer ins Bett gekrochen.

Müde ging ich mit ihr, auch wenn ich in der Kirche kaum meine Sehnsucht nach spirituellem Wissen gestillt bekäme. Aber ich würde wenigstens alte Bekannte treffen.

Aber alles kam anders. Der Kirchenchor sang und eine tiefe Freude durchströmte mich bei Mendelssohns *Richte mich Gott*. Am liebsten wäre ich aufgesprungen und hätte mich sanft zur Musik bewegt, aber ich traute mich nicht. Trotzdem drang der vertonte Psalm direkt in mein Herz. Ich fühlte mich aufgerichtet und nicht gerichtet. Nur der Pfarrer mit seiner unheiligen Dreifaltigkeit von Schuld, Sünde und Angst dämpfte meine Freude und ich dachte an Coyote, der einmal Voltaire zitiert hatte. *„Gott hat den Menschen erschaffen. Der Mensch gab das Kompliment sofort zurück."*

Ich war froh, als der polnische Pfarrer am Ende der Messe mit starkem Akzent sprach: „Der Messe ist aus. Gott sei Dank."

„Ja, Gott sei Dank", dachte ich mir nur.

Danach schlenderte ich mit meiner Mutter zum Friedhof. Für mich lebte mein Vater dort nicht mehr. Er war woanders zu Hause. Im Grab lagen bloß die Überreste seines schönen Körpers, der sich nun in Erde zurückverwandelte und anderen Lebewesen diente. Meine Mutter hakte sich bei mir unter.

„Hab ich dir schon von meinem Traum erzählt?"

„Nein."

„Na ja, das ist mir schon ein wenig peinlich ... also der Pfarrer würde ihn nicht mögen."

„Jetzt bin ich aber neugierig. Was hast du geträumt?"

„Also, Jesus, er tanzte in der Wüste ... im Pyjama." Sie kicherte ein wenig verlegen. „Und dann kam dein Vater dazu und sie haben zusammen getanzt, so lange, bis sie Hand in Hand weitergeschlendert sind. Irgendwann waren da nur noch die Fußspuren, die zum Horizont führten."

„Wahrscheinlich habe ich meine Verrücktheit auch von dir", witzelte ich und drückte sie fest an mich.

Onkel Werner schaute nach dem Mittagessen kurz vorbei.

„Der Dorfpfarrer ist doch ein lebendig gewordenes Verbotsschild. Was soll das? Ist das Christentum eine Heilslehre? Oder ist es eine Morallehre? Diese ewigen Moralisten kümmern sich lieber um irgendwelche Vorschriften als um die Menschen in ihrer Gemeinde. Sie sollten aber Seelsorger sein. Nur, wo gibt es die denn noch?"

„Stimmt, Onkel Werner", fügte ich hinzu.

„Seid ihr Lehrer genauso? Was ist euch wichtig? Sorgt ihr euch um die Kinder oder interessiert euch nur der Stoff?"

Onkel Werner hatte den Nagel auf den Kopf getroffen. Seelsorger, was für ein schönes Wort. Eigentlich waren wir das als Lehrer doch auch.

Am frühen Nachmittag war ich froh, mein Heimattal verlassen zu dürfen. Auf dem Nachhauseweg besuchte ich meine Schwester Kristina. Mit Otto, meinem Schwager, konnte und wollte ich einfach nicht warm werden. Ich parkte meinen in die Jahre gekommenen Toyota hinter Ottos Firmenwagen, einem nagelneuen SUV von Mercedes. Kaum hatte ich die Tür hinter mir geschlossen, zog Otto mich wieder auf.

„Na, jetzt geht der Ferienreigen bald wieder los. Wird dir nicht langweilig, Schwager, wenn du an die Weihnachtsferien denkst?"

Danach rechnete er die Arbeitszeit und Ferienzeit der Lehrer hoch und kam mit seiner nicht ganz ernst gemeinten Kalkulation auf eine Minusarbeitszeit. Er lachte schallend.

„Berufsentscheidung ist eine Intelligenzentscheidung, du hättest auch Lehrer werden können, Otto." Meine Standardantwort musste wiedermal herhalten.

„Weißt du was, Noah? Lehrer sind sich selbst ein Rätsel. Sie sind Leute, die ein Leben lang darüber nachdenken, welchen

Beruf oder Job sie eigentlich verfehlt haben. Zu dieser Sorte gehöre ich nicht."

„Bruderherz, lass dich nicht provozieren." Meine Schwester hatte sich in das Geplänkel eingebracht.

„Es braucht auch die Fähigkeit, zwischen Job und Beruf zu unterscheiden", fügte ich hinzu.

„Wo liegt da bitte der Unterschied, Herr Philosoph?"

„Siehst du."

„Egal. Aber Lehrer wäre wirklich nichts für mich. Ihr dürft ja nichts mehr. Alles ist egal und beliebig an den Schulen. Die Kinder machen, was sie wollen. Am Ende gebt ihr uns sauschlechtes Material, das wir hinbiegen müssen. Kein Wunder, dass so viele im Arbeitsprozess später ausgebrannt sind.

Ihr gaukelt den Kindern und Jugendlichen viele Jahre eine heile Welt ohne Konsequenzen vor. Das Leben ist aber hart und niemand schenkt dir was. Wenn uns die Amerikaner in ihrer Gier nach Schürf- und Bohrrechten – pardon Menschenrechten – mit ihren Kriegen nicht in den Abgrund treiben, überrollen uns beim derzeitigen Arbeitsverhalten eines Tages sowieso die Chinesen. Jeder, der ein Dekagramm Hirn hat, maturiert heutzutage und studiert.

Uns fehlen aber die Facharbeiter. Mit ein wenig Werbung für die Lehrberufe wird sich nichts ändern. Ihr solltet das Niveau an den Schulen wieder anheben, dann hätten wir automatisch mehr Facharbeiter und die Richtigen säßen in den höheren Schulen und Universitäten. Da läuft so viel schief. Ich bin mir ziemlich sicher, dass mich die Schulbehörde schon nach wenigen Tagen entlassen würde."

Ich war mir vergleichsweise auch sicher, fand es aber spannend, wie sehr sich mein Schwager ernsthafte Gedanken über die Schule machte. So hatte ich ihn noch nie reden gehört. Otto war Geschäftsführer einer Firma, die in der Gebäudeautomatisation tätig war.

Während wir sprachen, ging er zweimal an sein Firmenhandy ran und brauste kurz darauf mit dem Mercedes davon. Ich verbrachte noch ein wenig Zeit mit Elisa, Lorenz und meiner Schwester, ehe ich den Toyota ins Tal zu meiner Wohnung lenkte.

Erstaunlich, wie vielen Menschen ich an diesem Wochenende begegnet war. Als die Sonne hinter den Bergen verschwand und die Bergspitzen in purpurrotes Licht tauchte, schickte ich meinen Dank in die Welt, vor allem für die Begegnung mit Bert.

2 Verwandelter Alltag und grosse Sehnsucht

Zum Glück hatte der äthiopische Ziegenhirte die Kaffeebohne angewidert ins Feuer gespuckt. So konnte sich der Duft gerösteten Kaffees in der ganzen Welt ausbreiten. Und glücklicherweise vergaßen die Türken nach der Belagerung Wiens mehrere Säcke voller Kaffeebohnen.

Mit diesen Gedanken im Kopf lief ich am Montagmorgen zur Schule. Als ich am Hintereingang Franziska, Patrizia und Martin traf, hüpfte mein Herz vor Aufregung. War ich in Franziska verliebt? Ja, da war ich mir ziemlich sicher. Elisabeth, die an unserer Schule das Mädchen für alles war, gesellte sich zu uns und zündete sich eine Zigarette an.

„Die nächsten Tage kommt richtig viel Schnee. Ich mag das gar nicht!" Elisabeth klammerte sich an ihre Zigarette, so als ob sie Zuflucht vor der kalten Bedrohung nehmen müsste und flüchtete schnell vor der Kälte wieder in das warme Schulgebäude. Als ich ihr kurz darauf folgte, legte sich ein leichter Grauschleier über meine Wahrnehmung, so, als würde man mir am Eingang eine Hornhautverkrümmung verpassen. Aber ich konnte nun deutlicher wahrnehmen, woher das Grau kam und wie es das Leben an der Schule beeinflusste. Ich war sensibler und auch stärker geworden. Am Ende jeder morgendlichen Meditation schloss ich mein Energiefeld rund um den Körper, um in der Schule gut bei mir bleiben zu können.

„Du wirkst irgendwie so, ich weiß nicht recht, wie ich es ausdrücken soll ... Ja, genau - präsent."

„Danke, Gertrude, mir geht es auch gut."

„Schön für dich. Aber hör mal, ich habe ein sehr schlechtes Gewissen gegenüber Katja. Weißt du, was ich ihr gesagt hab?"

„Wie sollte ich? Hast du gekündigt?"

„Sie sollte über John Fox Worte nachdenken, und die Beschwerde bei der Behörde vergessen. Katja war sauer. Jetzt fällst du mir auch noch in den Rücken, hat sie gesagt."

„Ach, mach dir mal keine Sorgen. John Fox wird's aushalten. Er meint übrigens, dass in Schuldgefühlen nicht viel Wertvolles zu finden sei. Ihre Frequenz sei niedrig. Warum nicht einfach aus den Fehlern lernen und weiterziehen? Ich glaube, das ist mit verzeihen gemeint."

„Junge, Junge, du überraschst mich immer wieder. Woher hast du in deinem zarten Alter diese Weisheit?"

„Da ist John Fox nicht unbeteiligt."

„Na, dann macht ruhig weiter, da kann ich auf meine alten Tage noch profitieren."

Mit einem Lächeln auf den Lippen verließ ich das Lehrerzimmer und ging in meine Klasse.

„Herr Lehrer, dürfen wir jetzt unsere Gedichte vortragen?"

„Ja, sicher, Hannah. Wer will anfangen?"

Unzählige Kinderhände schossen nach oben. Ich wählte Lukas, denn ich war froh, dass er sich gemeldet hatte. Deutsch zählte nicht wirklich zu seinen Stärken.

„Das Gedicht ist dem Lukas sehr gut gelungen", lobte Hannah.

„Lukas, kannst du es nochmals vortragen? Diesmal mit einem traurigen Gefühl?"

Eine Weile experimentierten wir mit der Wirkung von Emotionen, die den Text völlig verändern konnten.

„Und jetzt lustig", bat Hannah, als Philipp aufstand. Er wollte die Aufmerksamkeit der Klasse erhalten. Die Kinder lachten über seine Faxen und als Philipp sich unter dem Gejohle der Kinder verbeugte, klatschten alle.

„An deinem Vortrag kannst du aber noch ein wenig arbeiten, Philipp!"

Seine Darbietung brachte mich auf eine Idee. „Wer traut sich, spontan ein Gedicht vorzutragen? Es muss sich nicht reimen. Und jeder erhält Applaus, versprochen!"

„Fangen Sie an, Herr Lehrer", befand Nicole, mein kleiner Sonnenschein, mit einem breiten Lächeln. Damit hatte ich nicht gerechnet, aber ich nahm die Herausforderung an.

„Ich liebe die kalte Jahreszeit,
denn dann ist Weihnachten nicht mehr weit,
groß ist die Freude auch bei den Kindern,
leider wird im Advent das Tempo immer ... langsamer."

Einige lachten, manche blickten verdutzt. Schlussendlich klatschten alle.

„Sie haben sich zumindest bemüht", tröstete mich Hannah.

„Dass Sie *langsamer* genommen haben, weil *geschwinder* nicht ganz gepasst hätte, ist witzig", sagte Kevin.

Dann trat Hannah nach vorn.

„Ich liebe den Advent, auch wenn keine Kerze brennt. In meinem Herzen, da ist ein Licht, eine Stimme, die in mir spricht. Diese reimt sich jetzt noch obendrein, das wird den Herrn Lehrer sicher freun."

Sie erntete tosenden Applaus und sofort probierten die nächsten Kinder sich als kreative Dichter. Gereimte, nicht gereimte, gute und weniger gute Gedichte schmückten zu Mittag die Klasse.

„Wann kommt denn die Frau Mayr wieder zurück aus dem Krankenstand?" Kevin nagte an der Unterlippe.

„Ach, mit Ihnen alleine ist es viel lustiger", warf Simon ein.

„Wahrscheinlich schon übermorgen, Kevin, die Frau Mayr ist ja nicht ernsthaft krank."

„Und wer springt morgen für Frau Mayr ein?"

„Ich weiß nur, dass Martin Grasböck die Zeichenstunde für Frau Mayr supplieren wird."

Die Kinder johlten und klatschten.

„Gemeinsamer Unterricht erhöht auch nicht automatisch die Unterrichtsqualität", sagte ich später im Lehrerzimmer.

Markus, der neben Leonie Mayr neu an der Schule war, pflichtete mir bei. „Ich will alleine mit den Kindern sein. Da kann ich tun, was ich will. Ich würde gerne zu Hause abschalten können. Manchmal wünsch ich mir, am Fließband zu arbeiten, so wie in der Zeit, als ich auf meine Anstellung als Lehrer gewartet habe. Da verdiente ich genauso viel. Aber Freizeit war Freizeit."

Dietmar blickte vom Computer auf. „Ich wollte auch schon ein paar Mal aussteigen. LKW-Fahrer war mein Traum – unabhängig sein und ungestört durch herrliche Landschaft brummen. Das hat was. Aber die Zeiten der Straßencowboys sind leider vorbei. Ich würde trotzdem gerne etwas anderes ausprobieren. Nicht ständig gestört werden und am Ende ein fertiges Produkt in Händen halten.

Versteht ihr? Bei uns ist nie etwas fertig und man wird dauernd unterbrochen. Und was wir machen, das schätzt kaum jemand. Aber einmal Lehrer, immer Lehrer. Man kann nicht mehr aussteigen. Das ist fast wie bei einer Sekte."

Dietmar wirkte geknickt, als er wieder auf den Bildschirm starrte. In diesem Moment eilte Martin in das Lehrerzimmer.

„Gibt es schon Ideen für den Präsentationsabend? Was haltet ihr davon, dass die Kinder den Eltern unsere Schule vorstellen?"

Martin blickte sich um. Super Idee, dachte ich mir, aber Dietmar war schneller.

„Vergiss es. Wir fahren seit Jahren ganz gut mit unserem Programm."

Warum war ich immer wieder zu langsam in meinen Reaktionen? Martin war ungemein beliebt, denn er hatte Spaß an seiner Arbeit. Er war ein richtiges Zugpferd für unsere Schule. Denn seit Schüler und Eltern die Schulen frei wählen konnten, lagen wir in einem Konkurrenzkampf mit der Nachbarschule, auch mit den Gymnasien und Privatschulen im weiteren Umkreis. Martin war Gold wert, wenn er am Tag der offenen Tür, an Präsentationsabenden und ähnlichen Veranstaltungen, Eltern und Schüler davon überzeugte, dass unsere Schule die beste Wahl wäre.

„Ich rede trotzdem mit Katja", sagte er und verschwand in Richtung Direktionszimmer.

„Hast du meinen hübschen Hasen irgendwo gesehen?", fragte ich Martin nach der großen Pause.

„Franziska? Was läuft denn da zwischen euch beiden? Du weißt schon: Am Anfang einer Beziehung ist Anziehung, dann folgt Ausziehung. Danach erhält die Geliebte die Namen kleiner Tiere wie Hase, Maus, Kätzchen. Irgendwann bekommt sie aber Namen von größeren Tieren zu hören. Bei euch hoffentlich nicht."

„Und wie nennst du derzeit Susi?"

„Wir sind noch bei der Anziehung, denke ich."

„Okay, wir schon bei den kleinen Tieren."

Martin lachte, blickte nach links und rechts und vergewisserte sich, dass niemand in der Nähe war. „Hast du von Johannes und seinen Fotos gehört? Nur ein einziges Foto von unserer Weiterbildung vom vergangenen Freitag findet sich auf der Speicherkarte. Und jetzt kommt´s: John Fox ist darauf nicht zu finden."

„Was? Echt?"

„Ja, wahrscheinlich ging Johannes alles zu schnell. Irgendwie ist das schon verrückt. Aber bitte: Was will man von Johannes denn schon erwarten."

Ach Gott, Coyote. Du kannst es wohl nicht lassen, dachte ich bei mir, als Franziska am Ende des Flurs auftauchte.

„Macht jemand von euch bei einem Rauchopfer mit?"

„Ich muss hier bleiben". Martin zuckte die Schultern. „Die Arbeit ruft."

„Na gut, ich opfere mich für das Opfer", witzelte ich und schlenderte mit Franziska zu unserem Platz beim Hintereingang der Schule. „Magst du heute auf ein Abendessen kommen, Franziska?"

„Hm, wart mal ..."

Hoffentlich sagte sie ja. Meine Hand zitterte leicht.

„Ja, müsste passen. Wann soll ich kommen?"

„So, gegen sechs Uhr. Ist das okay?"

Sie nickte und drückte auf das Feuerzeug. Die Flamme schoss hoch.

Auf dem Nachhauseweg sauste ich bei meiner Lieblingsbäckerei vorbei und entdeckte Vanessa, eine Kollegin von der Volksschule, die in den Müllcontainern wühlte. Als sie mich bemerkte, hob sie den Kopf und lachte.

„Bitte nicht wundern. Ich finde hier immer wieder etwas, was ich im Unterricht verwenden kann. Zumindest finde ich neue Ideen. Ich geh gleich noch zum Altpapiercontainer, ich brauche Unmengen von Papier für Pappmaché. Diese Dosen, die hab ich gerade gefunden. Ich mache eine Dosenschieß-Station."

„Aha, was hat es mit dem Dosenschießen in der Adventzeit auf sich?"

„Das ist für den Buchstabentag. D wie Dose."

„Ach ja, wie konnte ich das bloß vergessen!"

Sie lachte und wünschte mir noch einen schönen Tag.

Interessant, durch welche Brillen wir das Leben wahrnehmen, sinnierte ich und lief mit meinen Einkäufen weiter.

Vanessa erblickt überall potentielle Anregungen und Gegenstände für den Unterricht, ein Fotograf entdeckt ständig Motive, ein Krimineller sucht die Gegend nach möglichen Opfern ab, ein Autoverkäufer sieht vor lauter Autos den Verkehr nicht mehr – und Verliebte suchen gar nichts. Sie sehen und ersehnen überall nur ihren Partner, während ein belebendes Lied der Liebe ihr Leben verzaubert.

Vielleicht sollten wir nicht nur gezielt auf eine gefilterte Welt blicken, sondern einfach mehr hören und lauschen. Weniger wie Geier nach dem nächsten Stückchen Futter äugen, sondern wie Wale den Liedern des Meeres lauschen und selber neue Songs zum Besten geben. Wer weiß, womöglich findet sich in jedem Herzen auch ein Lied der Liebe.

3 Ein richtig gutes Erdäpfelgulasch

Ich kochte Erdäpfelgulasch, so wie ich es mir von meinem Vater abgeschaut hatte. Sein Erdäpfelgulasch war legendär gewesen. Papa hätte, wenn es nach ihm gegangen wäre, mindestens fünf Hauben dafür verdient. Meine Mutter wäre froh gewesen, wenn er im Gerichtesortiment auch etwas mehr in die Breite gegangen wäre, anstatt eine Speise zu perfektionieren.

Ich schnitt die Zwiebeln, spürte das leichte Brennen in den Augen, schälte die Erdäpfel und schnupperte an den Gewürzen, bevor ich meine kleine Götterspeise damit geschmacklich in neue Dimensionen hob. Ein Fest der Sinne war es immer wieder. Franziska würde das sexy finden, weil die meisten Frauen kochende Männer sexy fanden. *„Warum soll ich die Welt bezwingen, wenn ich sie verzaubern kann"*, hatte Mesut Özil einmal gemeint.

Als alles auf dem Herd köchelte, klemmte ich mich hinter meinen Computer. Im Ort konnte man nun biologische Lebensmittel über das Internet bestellen. Ich fand die Homepage sofort, bestellte Kartoffeln, Zwiebeln und Tee. Am Freitag würde ich die Waren abholen. Dann fuhr ich den Computer herunter, holte meine Gitarre aus der Ecke und zupfte die Saiten. Ich hatte mir Coyotes Worte zu Herzen genommen und verbrachte viel Zeit mit Dingen, die ich liebte. Nachdem ich mich geduscht und noch ein wenig in der Bhagavad-Gita gelesen hatte, klingelte es.

„Hallo, Noah. Danke für die Einladung." Franziska küsste mich und überreichte mir einen Adventkranz, den sie selbst gebunden hatte. Ich tischte mein Erdäpfelgulasch auf.

„Mmh, Noah, ich wusste gar nicht, dass du so ein Spitzenkoch bist. Erzähl doch mal vom Donnerstagabend und von der Freitagsfortbildung. Was ich bisher gehört habe, war spannend, wenn ich mal untertreiben darf."

Ich berichtete ihr möglichst ausführlich, während wir beide noch einen Teller aßen.

„Das ist also wirklich dieser Typ, den ich ein paar Mal auf der Straße getroffen habe? Er war ja auch in die Richtung deiner Wohnung unterwegs."

„Genau, Franziska."

„Warum hast du mir verschwiegen, dass er John Fox heißt? Und Amerikaner ist? Und Pädagoge? Du hast mir nur von seinem Nebenjob im *Shannon* erzählt."

„A ... also", stotterte ich, „das ist so ... John Fox kenne ich von einer Fortbildung."

„Genau, das hat Martin auch gemeint", unterbrach mich Franziska.

„Und irgendwann habe ich gemerkt, dass er im *Shannon Inn* aushilft. Er war zuvor auch schon mal in der Schule, weil ich was vergessen habe."

„Aber warum hast du mir davon noch nichts erzählt?"

„Ich wollte dich mit John nicht belasten, da du dich vor ihm gefürchtet hast."

„Klar, die kurze Begegnung war mir unheimlich, Noah. Vielleicht gar nicht so sehr dieser John. Wahrscheinlich viel mehr das, was er in mir auslöste. Ich bekam es mit der Angst zu tun, als er mich anblickte. Der feste Grund unter meinen Füßen bewegte sich plötzlich. Ich weiß nicht, wie ich es beschreiben soll. Ehrlich gesagt, glaube ich, dass er ein sehr spiritueller Mensch sein muss. Es ist unglaublich faszinierend, was er bei der Fortbildung gemacht hat. Er hat die Schule ein wenig wachgerüttelt. Hast du ein Foto von ihm? Johannes hat ja an John vorbei fotografiert."

„Leider nicht, aber sicher lernst du John noch kennen." Sie lächelte verträumt. Meine Erklärungen schienen sie vorerst zufrieden zu stellen, aber es war nicht einfach, mit Coyote den Alltag zu teilen. Er wirbelte mein Leben mittlerweile gehörig durcheinander und ich konnte Franziska noch nicht die ganze Wahrheit erzählen.

„Weißt du was? Jetzt soll ich auch Testleiterin für diese besch ... eidenen Standardtests werden. Hat Katja denn gar nichts gelernt am Freitag? Ich halte überhaupt nichts von diesen Tests und hab ihr das auch mitgeteilt. Die wollen doch damit Rückschlüsse auf uns Lehrer ziehen. Aber kann man die Qualität auf solch eine Art und Weise messen?" Sie legte den Löffel in den Teller. „Noah, warum bekommen wir immer mehr Vorgaben? Und warum wehrt sich niemand? Kompetenzmessung und Outputorientierung ... das ist doch zum Kotzen ... das soll die Qualität erhöhen? Und Schule weiterentwickeln? Katja hat heute zu mir gesagt: ‚Da kann dieser

John Fox, so sympathisch er auch ist, sagen, was er will.' Maria war auch dabei."

„Und wie hat Maria reagiert?"

„Vier Jahre noch bis zum Ruhestand, hat sie gesagt."

„Und Katja?"

„Sie hat sich weggedreht, ist direkt zu Dietmar marschiert und hat gemeint, er müsse dieses Jahr endlich einen qualitativ hochwertigen Kompetenzraster erstellen."

„Das hat Dietmar genervt, oder?"

„Wart, ich spiel ihn dir nach." Franziska imitierte ihn mit tiefer Stimme. „Du danke, Katja. Ich bastle schon seit Schulanfang im Rahmen meines persönlichen Kompetenzportfolios an einem 4-dimensionalen, frei schwebenden, in sich spiralförmig rechtsdrehenden Kompetenzraster. Nichts ist mir wichtiger. Toll angelegte Zeit. Der persönliche Kontakt zum Schüler wurde bisher völlig überbewertet."

Ich lachte. „Dietmar kann echt witzig sein. Warum sollten wir auch alle Energie mit dem persönlichen Kontakt zu den Schülern verpulvern? Diese Dokumentation der gemessenen Kompetenzen, die Darstellung, das Layout und Design und so weiter werden den Unterricht garantiert verbessern."

„Das ist nicht dein Ernst, du Quatschkopf. Du weißt doch, was auf dem Spiel steht."

„Ich weiß, dass Dietmar jede Neuerung als schlecht empfindet. Aber diesmal muss ich ihm recht geben. Wenn die Dokumentation, das Spiegeln des Unterrichts, immer mehr Energie von der eigentlichen Arbeit abzieht, dann kann das nicht gut sein."

„Aber jetzt hör mir mal zu, ich hab dir die Geschichte noch nicht ganz zu Ende erzählt. Dietmar will seinen Kompetenzraster in einer Cloud parken, damit die Kinder jederzeit Zugang dazu hätten. Vielleicht gelinge ihm auch noch ein Hologramm, das bei Kinder-Eltern-Lehrergesprächen frei im Klassenraum schwebe, hoffentlich eben rechtsdrehend. Katja wurde rot im Gesicht und sagte, dass sie sich selbst auch verschaukeln könne. Dazu brauche sie ihn ganz sicher nicht. Und er solle gefälligst mit der neuen Zeit gehen."

„Und was ist dann passiert?"

„Katja ist weggestiefelt und Dietmar hat mir zugeflüstert: ‚Komisch, ich habe plötzlich wieder so einen eigenartigen Drang,

LKW-Fahrer zu werden.' Franziska räusperte sich. „Weißt du, ich habe mit meinen älteren Schülern *Momo* als Klassenlektüre durchgearbeitet. Die Zeitdiebe, die grauen Herren, die Stundenblumen, die Herzen der Menschen, Momo und ihre Freunde. Alles ist eine wunderbare Metapher für das, was gerade an unserer Schule und gesellschaftlich passiert. Findest du nicht auch?"

Franziska fischte sich noch eine Kartoffel aus dem Topf. „Schule macht mir immer weniger Spaß. Was ist da los? Ich möchte leben, singen, tanzen, vögeln, unterrichten, weinen, lachen, ausgehen, ins Kino gehen, schwimmen, in der Natur übernachten, reisen. Alles Mögliche. Und ich möchte meine Lebendigkeit weitergeben an die Kinder."

„Habe ich da schwimmen gehört?", unterbrach ich sie und zwinkerte ihr zu.

„Scherzkeks. Ja, ich möchte großartigen Sex haben. Klar." Sie strich mir durch die Haare. „Viele Kollegen trennen Schule und Alltag. Wenn man mit ihnen während des Schikurses zusammen ist, dann können sie durchaus witzig sein. Aber kaum ist man wieder an der Schule, geht die alte Leier weiter. Und täglich grüßt das Murmeltier, Noah."

Sie schüttelte resigniert den Kopf. „Ich weiß. Die meisten tragen eine Maske. Das ist schade, denn wahrscheinlich ziehen sie damit genau das an, was sie vermeiden wollen: Probleme mit Kindern."

„Warum gründen wir nicht eine Privatschule? Was hältst du davon? Und du wirst Direktor, mein kleiner Tantrameister."

„Vor der Gründung einer Privatschule habe ich großen Respekt. Das ist eine riesige Herausforderung."

„Genauso wie Tantra. Ich lese übrigens gerade ein Buch darüber."

„Über Schulgründung oder Tantra?"

„Warte, ich zeig's dir."

Sie verschwand für einen kurzen Moment. Als ich mich umdrehte, stand sie splitterfasernackt vor mir und einen Augenblick später fielen wir übereinander her wie zwei dürstende Liebende, die zu lange schon durch eine Wüste geirrt waren.

Die ganze Nacht hatte es geschneit. In der Früh weckte uns der Schneepflug, der die Straßen räumte. Ich mochte es, wenn die Schneesaison mit dem Geräusch der am Asphalt rumpelnden Schneeschaufel begann. Vor mir sah ich den Straßenkehrer Beppo, wie er fröhlich mit dem Räumpflug die Straße von der weißen Pracht befreite. Ein paar schöne Träume lagen noch neben mir. Solange ich mich nicht bewegte, konnte ich sie ungestört betrachten.

„John Porno, Franziska!", begrüßte ich meine Liebste, nachdem ich mich aus dem Polster gewühlt hatte.

„Buongiorno, mein lieber Noah. Diese Begrüßung hat auch schon einen langen Bart."

„Ich finde sie trotzdem immer noch witzig", gab ich zur Antwort.

Wir standen auf und machten gemeinsam das Frühstück. Ich begrüßte die Morgensonne in aller Stille draußen auf dem Balkon. Meine Füße waren eiskalt vom Schnee, aber ich genoss es, in der klirrenden Kälte zu stehen. Die Landschaft schien unschuldig und klar. Wie eine sanfte Botschaft des Himmels empfand ich den Neuschnee, wie der Zauber einer anderen Welt, der nun über unserer profanen, geschäftigen Erde lag. Dank Frau Holle dämpfte die weiße Decke den Tageslärm.

Franziska und ich packten unsere Schulsachen und stapften los. Der Schnee knirschte unter unseren Schuhen.

„Interessant, dass du John Fox schon vorher kanntest. Du kannst einen echt überraschen. Deine Freunde darfst du mir auch vorstellen. Martin sagt, sie sind sehr sympathisch."

„Magst du heute Abend, so um acht, mit mir ins *Shannon Inn* gehen? Vielleicht kommt einer meiner Freunde."

„Passt!"

Ich freute mich auf den Abend mit Franziska und hoffte, dass ich Coyote nachmittags bei mir zuhause antraf. Oder ansonsten wenigstens im Pub.

In der ersten Stunde sang ich mit den Kindern *Wir sagen euch an den lieben Advent* und zündete eine weitere Kerze am Adventkranz an. Ein Kind öffnete ein Türchen des Klassenadventkalenders und nahm eine Süßigkeit heraus. Und obwohl es gemütlich sein sollte, waren die Kinder gespannt und hatten wahrscheinlich mehr Lust im Schnee herum zu tollen, als in der Klasse zu sitzen. Einen Teil des Unterrichts hielt ich im Sitzkreis ab. Danach öffnete ich die Klassentür und die Schüler konnten ihre Aufgaben an unterschiedlichsten Plätzen im Schulgebäude erledigen.

„Stell dir mal vor, das macht jeder", knurrte mich Manfred an, nachdem er wütend seine Klassentür geöffnet hatte. „Bei dem Lärm können sich meine Schüler im Unterricht nicht mehr konzentrieren. Geht in eure Klasse!" Er fauchte meine Kinder an.

„Nein, arbeitet weiter, aber seid leise", gab ich zur Antwort. Manfreds Nasenflügel weiteten sich. Er ging direkt auf mich zu.

„Weißt du was, Noah? Du nervst. Ehrlich. Was um Himmels willen soll das bringen, wenn deine Schüler durch das Schulgebäude laufen?"

„Ich will, dass sie beim Lernen Freude haben, dass sie sich bewegen können, wenn sie den Vormittag in der Klasse gehockt sind!"

„Du willst eine Spaßgesellschaft!"

„Nein", unterbrach ich ihn. „Mit diesem Killerargument brauchst du mir nicht zu kommen. Sie sollen Freude haben und ihre Talente, so gut das geht, entfalten."

Neugierige Kinder aus seiner Klasse starrten zu uns herüber.

„Rein mit euch", zischte Manfred. „Setzt euch auf eure Plätze. Wir sind ja kein Wanderzirkus."

Er wandte sich noch einmal mir zu. „Talente? Du wirst aus einer Schnecke nie ein Rennpferd machen können. Auch nicht der Herr Noah."

„Aber willst du aus einem Rennpferd eine Schnecke machen? Kümmere du dich um deine Kinder. Ich komme mit meinen schon klar."

In der zweiten Stunde diskutierte ich mit Katja. Ich wollte mich nicht an den Tests beteiligen.

„Wir sollten die Energie, die wir für das Standardisieren verschwenden, in die individuelle Entfaltung der Kinder stecken. Dieser Spuk ist hoffentlich bald vorbei. Mich nervt diese Evaluationshysterie. Ich mache da nicht mit!"

Katja furchte die Stirn und kaute auf der Lippe. „Vielleicht hast du Recht. Aber wie sollen wir uns denn orientieren? So haben wir ein Korrektiv in der Hand.

Jede Dorfmusikkapelle lässt sich bei Wertungsspielen beurteilen und mit anderen vergleichen. Nur bei uns wird ein Riesentheater gemacht. An der Gewerkschaft kannst du jede Neuerung sowieso nur vorbeischaffen, wenn du sie vorher alt einfärbst. Und diese ist dann noch das einzige Sprachrohr in der Öffentlichkeit für uns. Da muss man sich auch nicht wundern, warum wir als leistungsfeindliche Betonierer dastehen."

„Katja, kannst du nicht sehen, dass der Zug in die falsche Richtung fährt? Glaubst du wirklich, dass das erste Gebot an der Schule das Messen sein muss? Gebote gehören, wenn schon, in eine Messe!"

„Noah, jetzt wird es aber absurd!"

„Absurd ist die Situation, die wir haben. Wir reden von Autonomie und Entfaltung und pressen die Kinder in eine Gesellschaft, die krank ist. Ich möchte nicht Teil dieser fragwürdigen Normierung sein.

Ich glaube sogar, dass es eine Normierung nach unten ist. Katja, ich wünsche mir eine Welt ohne Angst und Konkurrenz. Natürlich bin ich ein Träumer. Aber wir werden die anstehenden Menschheitsfragen nicht mit Vergleich und Konkurrenz beantworten können.

Ja, jeder hat unterschiedliche Fähigkeiten. Müssen wir das dauernd ausloten?

Was messen wir eigentlich? Wer misst, welche Beziehung der Lehrer zu den Schülern hat? Wer beurteilt, wie glücklich unsere Kinder sind? Wer misst das Interesse der Kinder? Wer fragt diese eigentlich?

Ich habe einfach zu große Bedenken gegenüber den zentralisierten Messsystemen. Diese bleiben nicht im Hintergrund und sind in Wahrheit ein Instrument, um Restressourcen herauszuquetschen.

Und übrigens, Katja: Der Kompass ist für mich die Freude – und nicht der Messvergleich. Wenn Kinder von klein auf ihrer Freude folgen dürften, würden sie ihre eigenen Wege gehen. Ansonsten verlieren sie das Gefühl für sich selbst und müssen sich zwangsweise im Außen orientieren."

„Du hast zu viel Zeit mit diesem John Fox verbracht. Lass uns einen Deal machen. Ich denke noch einmal darüber nach und du machst im Krisenteam mit. Gertrude hat dich vorgeschlagen. Wir haben in zwanzig Minuten eine Kurzbesprechung. Du kannst sofort dabei sein, wenn du möchtest."

Erschöpft verließ ich nach der Sitzung des Krisenteams die Schule. Draußen tobte eine Schneeballschlacht. Wie runde Sternschnuppen schossen Schneebälle über mich hinweg. Hinter mir hörte ich Katja schimpfen: „Jetzt hört ihr aber schnell auf! Was da alles passieren kann!"

Ich beschleunigte meinen Schritt. Auf der Kuppe, genau dort, wo ich dem Fuchs schon ein paar Mal begegnet war, entdeckte ich eine Spur. Ich beugte mich vor und betrachtete die Abdrücke. Immer eine Pfote nach der anderen war wie auf einer imaginären Linie aufgereiht, ähnlich wie Perlen an einer Schnur. Eigenartig. Jeder Abdruck bestand aus vier Zehen.

Ich kniff die Augen zusammen und glaubte, Krallen zu erkennen. Neugierig folgte ich der Fährte in den Wald hinein. Der Schnee rutschte mir in die Schuhe. Meine Socken waren nass und die Zehen gefühllos. Ich beschloss, die Spur nicht weiter zu verfolgen und umzudrehen.

Coyote war nicht da. Enttäuscht klemmte ich mich hinter den Computer und suchte nach dem Abdruck im Internet. Tatsächlich, es war die Fährte eines Fuchses, denn Füchse schnürten. Genauso wie Katzen konnten sie mit den Hinterpfoten in die Vorderpfoten steigen und das so, dass die Abdrücke hintereinander und nicht versetzt waren.

Ich machte mir Kaffee, spielte Gitarre und ging dann auf den Balkon, um ein paar Zigaretten zu rauchen. Später brachte ich den Müll hinunter und traf auf der Stiege meinen älteren Nachbarn.

„Na, wie geht´s dem Herrn Lehrer?", fragte er mit seiner unverkennbar heiseren Stimme. Seine Augen leuchteten, er war gut gelaunt und überraschend freundlich.

„Danke, gut! Und Ihnen, Herr Ebner?"

„Ich kann nicht klagen. Mir fehlen nur die Kinder!"

„Wohnen Ihre Kinder weit weg? "

„Nein, nein, ich meine die Schulkinder. Ich war mein Leben lang gerne Lehrer. Jetzt, pensioniert und nach dem Tod meiner Frau, fühle ich mich oft einsam." Er strich mit den Fingern durch seinen Vollbart.

„Ich wusste gar nicht, dass Sie Lehrer waren! Wie lange sind Sie denn schon pensioniert?"

„Fünf Jahre. Das einzig Gute daran ist, dass ich jetzt mehr Zeit für meine Enkelkinder habe. Am Wochenende besuche ich meine Tochter mit ihren beiden Kleinen. Da werden wir ein richtiges Iglu bauen."

„Sie können ein Iglu bauen? Möchten Sie mit mir und der Klasse am Sportplatz eines bauen?"

„Gerne!"

„Wie sieht es am Donnerstagvormittag aus?"

„Sehr gut. Wann soll ich da sein?"

„Nach der großen Pause, um zehn Uhr am Sportfeld."

Ich verabschiedete mich und freute mich sehr: Der Iglu-Bau passte wunderbar zur Polarzone, über die die Schüler gerade im Geografieunterricht lernten.

Gegen Abend legte ich mich auf das Sofa und las in der Bhagavad-Gita. Beim Lesen tauchte ich ein in eine fremde und doch so vertraute Welt. Die Gespräche zwischen Krishna und Arjuna waren von einer spirituellen Dimension, die mich tief berührte.

Meine Fachbücher über Erziehung und Unterricht standen ungebraucht und fein säuberlich eingeordnet im Buchregal. Die Botschaft der Bhagavad-Gita ist vielleicht alt, hatte Coyote geäußert, aber sie ist auch brandaktuell. Das mag paradox klingen. Doch was zeitlos ist, ist zugleich auch immer neu und altehrwürdig.

Coyote hatte mir bei seinem letzten Besuch das Kapitel über richtiges Handeln ans Herz gelegt. In diesem ging es darum, bei jeder Handlung innerlich frei zu sein und sich nicht an diese zu binden. Die Handlungen und deren Früchte sollten Krishna übergeben werden. So würde ich also nicht verstrickt werden in die Welt des Tuns.

Obwohl ich diesem Gedanken folgen konnte, spürte ich auch Widerstand in mir. Es war schwer, alle Erwartungen, Erfolge, Hoffnungen und Ängste abzugeben an das Größere, Ewige, an das Leben selbst – egal wie immer man das Namenlose nannte.

Das erfordert den größten Mut, den man haben kann, Noah - die Demut. Es war, als ob Coyote mir das zuflüsterte.

William Blakes Worte *Der Fuchs sorgt für sich selbst, doch Gott sorgt für den Löwen,* kamen mir in den Sinn.

„Tja, Scheißerchen. Wenn du alles auf das Schwarzkonto des Egos buchen möchtest, dann wird das Leben etwas unruhig", hatte mir Coyote mal erklärt.

In mir hallten seine Worte wider und ich bekam Sehnsucht nach diesem verrückten Kerl, der zwischen mir bekannten und unbekannten Welten zu wandeln schien. Aber nichts, auch gar nichts schien auch nur irgendwie auf einen neuerlichen Besuch von ihm hinzuweisen.

Franziska. Wie konnte ich sie nur vergessen? Unser Treffen! In Windeseile zog ich mir meine Winterjacke an und setzte mir die Mütze, die meine Mutter mir gestrickt hatte, auf. Danach schlüpfte ich in meine Winterschuhe. Diesmal wollte ich pünktlich im Irish-Pub erscheinen, das hatte ich mir fest vorgenommen.

4 Der Verlust des Wilden und der schiefe Turm von Pizza

Aus den Boxen im *Shannon Inn* wummerte irische Musik. Ich setzte mich an die Theke und schrieb noch schnell eine Nachricht an Martin. In diesem Moment öffnete sich die Tür und mit einem Schwall kalter Luft trat Franziska in das Pub. Auf der Matte klopfte sie sich den Schnee von den Schuhen. Die letzten Takte von *Love rescue me* von U2 waren zu hören.

„Oh, so pünktlich kenne ich dich ja gar nicht, Noah."

Mein Herz hüpfte, als ich Franziska bei der Begrüßung umarmte. Wir unterhielten uns prächtig, nur von Küssen unterbrochen. Ihr Lachen war herzerfrischend und ansteckend. Sie konnte auf unnachahmliche Weise Leute parodieren und blieb dabei immer wertschätzend. Nur bei Johannes wollte es ihr nicht recht gelingen.

„Na, ihr zwei Turteltauben. Ihr lebt wohl von Luft und Liebe. Wollt ihr heute gar nichts essen?", erkundigte sich Susi. „Bis vor kurzem hat Noah keine Stunde ohne Essen ausgehalten."

„Hey, Noah. Horch. *Becoming a Jackal* von Conor J. O Brien läuft gerade. Kennst du den geilen Song?"

„Nein, Franziska." *Becoming a coyote* wäre wohl mein Song. Ich nahm mir vor, ihn zu schreiben.

„Du, hier bei uns gibt es wieder Schakale … Fiel mir gerade ein, als ich den Song hörte." Franziska zupfte an ihren Locken.

„Unglaublich, wer sich bei uns mittlerweile herumtreibt und Spuren hinterlässt."

„Wie meinst du das, Noah?"

„Ich mein, es ist spannend, dass Schakale, Wölfe, Luchse, Fischotter, Bären, Marderhunde und so weiter wieder ansässig werden. Das Leben wird um so vieles reicher, wenn diese Tiere, die einmal hier zu Hause waren, bei uns wieder leben dürfen."

„Nur bei Bären und Wölfen bin ich mir nicht sicher, ob das gut geht. Die Welt hat sich verändert, Noah."

„Mit gutem Willen könnte das in einigen Regionen klappen. Der Verlust an Wildtieren ist doch ein Verlust an Wildheit und Freiheit."

„Ja, aber besonders Bären sind nun mal gefährlich."

„Trotzdem, es wäre schön, wenn sie wieder durch unser Land streifen würden."

„Ach, komm, Noah, das ist doch utopisch!"

„Bin ich jetzt für dich auch schon ein Utopist?"

„Nur in punkto Bären. Aber ich schätze deine Liebe für das Leben."

„Danke. Mir fehlt hier oft die Wildnis, die Weite. Vielleicht fehlen diese auch für Wölfe und Bären und sicher auch in unseren Köpfen und Herzen."

„Dafür verhätscheln wir unsere Haustiere."

„Und quälen die Nutztiere."

„Lieben aber Dokus über Wildtiere in fernen Ländern."

„Ist das nicht alles sehr widersprüchlich, Franziska?"

„Ja, das ist sehr befremdlich."

„Ich glaube, langfristig werden wir uns pflanzlich ernähren. Für uns und die Tiere ist das besser. Derzeit essen wir ja mehr Fleisch als jemals in der Geschichte der Menschheit."

„Ohne mich, Noah, ich esse gerne Fleisch, aber dann von artgerecht gehaltenen Tieren."

„Lust auf Fleisch, das habe ich auch." Ich zwinkerte Franziska zu, die mit einem wissenden Lächeln antwortete.

„Diese Menge an eingesperrten Tieren, von deren Ressourcen wir zerren – ist das nicht ein Sinnbild für unsere Art zu leben? Martin meinte einmal, dass jährlich mehr als sechzig Milliarden Nutztiere ihr Leben lassen müssen, damit der Fleischkonsum funktioniert. Das wären pro Sekunde an die zweitausend Tiere, die sterben, um gegessen zu werden."

„Noah, lass uns das Thema wechseln. Das ist schwer verdaulich." Franziska winkte. „Susi, darf ich bitte bestellen? Also, für mich ein Bier und einen Bären-Burger."

„Wie bitte?" Susi wirkte ratlos.

„Nein, sorry. Ich habe einen Bärenhunger und möchte den Veggie-Burger." Franziska grinste.

„Für mich auch einen Veggie-Burger und ein alkoholfreies Bier. Danke, Susi."

„Noah! Bitte nimm das Leben nicht so ernst! Das steht dir nicht!"

„Echt, findest du, meine Liebste?"

„Ja, im Katastrophenmodus ist die Verzweiflung so groß, dass sich das Ego gerne überhöht."

Das saß. Mein Selbstvertrauen knickte ein.

„Hier, eure Biere. Lasst es euch schmecken. Der Burger kommt gleich. Habt ihr einen Musikwunsch?"

„*Let it snow* von Michael Bublé, bitte." Franziskas Augen leuchteten.

„Ich freue mich schon riesig auf Weihnachten, Noah. Hoffentlich findest du mich nicht allzu kindisch."

„Nein, eher kitschig. Also, kitschig schön."

„Aus dieser Nummer kommst du jetzt aber nicht mehr raus, Noah."

In diesem Moment trat Martin ein. Sein Haar war voll Schnee. Nach einem kurzen Rundblick entdeckte er uns.

„Pfuh, draußen versinkt alles im Schnee."

Wir wechselten den Platz und setzen uns an den kleinen Tisch in der hinteren Ecke des Raumes. Es dauerte nicht lange, da kam Susi und nahm die Bestellung bei Martin auf.

„Wo hast du denn deinen Dad heute gelassen?" Martin lächelte sie an.

„John? Er hat vorgestern bei mir ausgeholfen. Da war verdammt viel los. Wenn John da ist, scheint alles leichter zu gehen. Keine Ahnung, wo er heute ist."

„Dann werde ich dich wohl beschützen müssen", meinte Martin zu Susi.

„Darauf komme ich bestimmt zurück."

Mir gab es einen weiteren Stich in der Brust. Coyote? Er half im *Shannon Inn* aus. Aber wo war er jetzt? Wir hatten uns nicht einmal richtig verabschiedet.

„Der Veggie-Burger und der Bärenburger. Voilà!" Susi stellte die Teller mit den frischen Burgern auf unseren Tisch.

„Bärenburger?" Martin war verwirrt.

„Franziska hat Bären zum Fressen gern. Sie begegnet ihnen lieber im *Shannon* als in freier Natur."

„Lass dir keinen Bären aufbinden, Martin. Wir hatten nur eine angeregte Diskussion über Wild- und Nutztiere. Und außerdem habe ich nicht nur Bären zum Fressen gern."

„Da hab ich gleich ein Rätsel für ein interessiertes Junglehrer-Bärchen: Wer hat den größten Anteil an der Biomasse bei den Landwirbeltieren: Wildtiere, Nutztiere oder Menschen?"

„Mittlerweile könnten die Nutztiere knapp vor den Wildtieren liegen. Und die Menschen ... ich weiß nicht. Echt nicht." Franziska kaute an ihrem Burger.

„Mit geschätzten fünfundsechzig Prozent haben mittlerweile unsere Nutztiere den größten Anteil an der Biomasse. Verschwindende drei Prozent sind Wildtiere. Wir Menschen machen somit die restlichen zweiunddreißig Prozent Biomasse aus. Die Zeit, wo die Wildtiere in der Überzahl waren, ist vorbei. Und heute manipulieren wir das Klima, die Atmosphäre und verändern die Naturräume."

Während ich Martin zuhörte, nahm ich den Salzstreuer, um meine Pommes nachzusalzen. „Okay, wir sollten das Salz der Erde sein. Jetzt haben wir die Suppe leider versalzen und müssen sie selber auslöffeln."

„Danke für die Anspielung, Franziska. Diese Aussage habe ich schon mal gehört."

„Noah, mehr sind wir nicht auf diesem kleinen Planeten mitten im unendlichen Universum. Ameisen und Bienen sind biologisch gesehen weit wichtiger als wir.

Eine weitere Kränkung für unser riesiges Ego, oder? Ich mach, was ich kann, spende Geld für die Rettung der Tiger, Schneeleoparden und Orang-Utans und ernähre mich bewusst, denn so kann ich am meisten bewirken. Ich knall mir aber auch mal die Birne voll, wenn es sein muss. Trübsal ist der Feind der Veränderung."

„Von wem ist diese Aussage? Kommt mir bekannt vor", meinte Martin.

„Von Franziska, der Poetin des Frohsinns. Ich glaube, dass es mittlerweile auch zu spät ist, um uns depressiv zu machen!" Sie nahm einen Schluck von ihrem Bier und leckte den Schaum von den Lippen.

„Wenn ich an unsere Schule denke, muss ich aber trotzdem aufpassen, keinen Anflug einer Depression zu bekommen. Katja will mit Standardisierungen den Schulbetrieb verbessern. Du kannst Scheiße tausendmal vermessen, es bleibt Scheiße."

Während ich meinem Ärger Luft machte, brachte Susi Martins Pizza an unseren Tisch.

„Danke Susi. Ich hab schon einen Riesenhunger", meinte er und knabberte sogleich genussvoll am ersten Pizzastück. „Ja, besonders dieser schiefe Turm von Pizza soll Wunder vollbringen. Ich weiß überhaupt nicht, wie man daran nur glauben kann. Ich halte den Nutzen von PISA für relativ gering, den möglichen Schaden aber für relativ hoch. Aber so viele scheinen an den Wert zu glauben."

„Nur weil Milliarden Fliegen Scheiße fressen, ist es für mich trotzdem nicht das wahre Essen."

„Kannst du mit diesen sprachlichen Analfixierungen aufhören?", flehte Franziska. „Inhaltlich gebe ich dir recht, Noah. Mir ist der Schulbetrieb auch zu eintönig. Aber deshalb müssen wir uns doch fragen: Wie kann man diesen Nebel an der Schule in Leben verwandeln?"

„Vielleicht die Dinge auf den Kopf stellen, so wie die Buchstaben des Wortes *Nebel*."

„Originelle Idee, Noah. Nur der Trend zur Normierung wird die Schule noch monotoner machen."

„Das stimmt!"

„PISA und ähnliche Testungen ... das sind doch alles schiefe Tests. Wie konnte eine OECD die Deutungshoheit für Bildung bekommen? Ihre Brille ist auf Ökonomie eingefärbt. Bildung ist doch weit mehr. Meiner Ansicht nach hat die OECD eigentlich kein Mandat, um in das internationale Bildungswesen so massiv einzugreifen. Die weltweite Vielfalt an Bildungstraditionen und -kulturen wird völlig einseitig vermessen. Oder habt ihr das Gefühl, dass der momentane Messwahn zu einer konkreten Verbesserung an unserer Schule geführt hat?" Martin war in Fahrt und merkte nicht, wie seine Pizza langsam kalt wurde.

Franziska schüttelte den Kopf. „Verbesserungen? Eher rührt man in der stehenden Brühe herum und stresst die ermatteten Fische, die unter zu wenig Sauerstoff leiden."

„Mir würde es so gut tun, wenn wir alle mehr an einem Strang ziehen würden. Ich meine, wir sind Lehrer. Wir müssten es doch schaffen, gemeinsam für eine bessere Zukunft der Kinder zu kämpfen. Aber wir sind immer noch Einzelkämpfer", warf ich ein.

„Vielleicht sollten wir Jüngeren uns stärker zusammenschließen", gab Martin zu bedenken.

„Aber es gibt auch ältere Kollegen, die offener sind als so manche, die ich von der Hochschule noch in Erinnerung habe. Das Alter alleine macht´s auch nicht aus."

„Ja, Noah, es ist der gewisse Spirit, der an einer Schule vorhanden ist oder eben nicht. Woher der auch immer kommt." Franziska fixierte mich mit ihren grünen Augen.

„Organisatorische Änderungen alleine reichen nicht aus. Es geht um den Geist, der zu den Projekten führt, auf den diese aufbauen und unter dessen Schirmherrschaft sie stehen. Es ist der *Spirit*. Genau!"

„Nicht einmal neue Lernformen machen einen Schulsommer. Man kann keine Schwalben importieren und hoffen, es werde automatisch Sommer. Die kommen einfach bei passendem Klima. Und das hat viel mit Beziehung zu tun."

„Martin, Noah – genau. Es ist die Beziehung zwischen Schüler und Lehrer und auch die Beziehung aller in einer Schule, die das Klima gestalten. Hier lässt sich der Spirit finden, der Neues und Kreatives schafft."

„Wisst ihr was? Wir werden die Undercover Kreativzone an der Schule. Wir brauchen in dieser Welt der Ingenieure und Geschäftsleute etwas Größeres: Spirit, Kreativität, Poesie und so weiter", posaunte ich in unsere Runde. „Das macht uns tatsächlich zu echten Menschen. Werden wir doch eine Freihandelszone der Kreativität!"

Wir prosteten darauf und unterhielten uns noch eine Weile. Erst gegen Mitternacht verabschiedete ich mich mit Franziska von Martin, der sich an die Theke zu Susi setzte. Ich wünschte ihm noch viel Erfolg, zog mir die Winterjacke an und schlenderte mit Franziska nach draußen. Wir stapften durch den Schnee nach Hause und bewarfen uns mit Schneebällen. Durchgefroren kamen wir bei mir in der Wohnung an. Franziska las noch ein wenig in einem weiteren Buch über Tantra.

„Und, bei welcher Stellung bist du gerade angelangt?", erkundigte ich mich nach einiger Zeit.

„Ach, Noah. Auch hier geht es nicht um die Technik, sondern vielmehr um den Spirit dahinter. Mein Spirit sagt übrigens gerade, dass er Lust auf einen jungen Lehrer hätte."

Es dauerte eine gefühlte Zehntelsekunde und wir badeten im Meer der Liebe und Zeitlosigkeit.

Irgendwann in der Nacht wachte ich auf, löste mich sanft von Franziska. Ich war durstig. Auf dem Weg in die Küche bemerkte ich ein Buch ein, das meine Mutter mir geschenkt hatte. Schlaftrunken ging ich zum Regal, schlug es auf und stolperte sogleich über ein Zitat: *Eine Weltkarte, in der das Land Utopia nicht verzeichnet ist, verdient keine Beachtung, denn sie lässt die Küste aus, wo die Menschheit ewig landen wird.* Oscar Wilde, der irische Dichter!

Tja, Irland verfolgte mich vom Irish Pub bis in meine Wohnung ... Die Worte passten zu unserem Gespräch über Schule und Spirit. Dann legte ich mich wieder zu Franziska ins Bett und schlief friedlich weiter.

5 Die Vagina und das seltsame Verschwinden

Ein älterer Herr in weißer Hose und blauem Hemd stand mir gegenüber. Sein Pullover war lässig über die Schultern gelegt. Er schaute sich suchend um.

„Kann ich Ihnen helfen?"

„Ja, gerne. Ich bin Dr. Huber und suche Gertrude Mittlerlehner. Ist sie noch im Unterricht? Ihre Kollegin hat mich wieder eingeladen. So wie jedes Jahr."

„Ach ja, ich weiß. Sie erwartet Sie in der großen Pause. Es kann sich nur mehr um Stunden handeln." Gertrude war bekannt dafür, ihren Unterricht in die Pausen hinein zu verlängern.

„Darf ich mit dem Aufbau für den Vortrag schon beginnen? Könnten Sie mir den Koffer von draußen reintragen?"

So half ich Frauenarzt Dr. Huber bei der Vorbereitung für den jährlichen Aufklärungsunterricht. Bald fand der letzte Stecker seine Dose und Dr. Huber die Gertrude. Herr Huber, nicht mehr allzu weit vom Ruhestand entfernt, hatte nun auch die PowerPoint-Präsentation für sich entdeckt. Die Bilder wurden über einen Beamer an die Wand beim Stiegenaufgang geworfen. Ich hatte Freistunde und stolperte beim Gang zum Kaffeeautomaten über die gebannt schauende und gespannt zuhörende Schülerschar. Solch riesige Nahaufnahmen von Geschlechtsorganen hatte auch ich noch nie gesehen.

„Imax-Kino zum Thema Riesenhöhlen?", fragte ich Dietmar und blieb stehen.

„Ja, spannende Doku über Nasshöhlen. Nächstes Jahr angeblich sogar mit 3-D-Brillen."

„Pfui!", hörte ich einen Jungen rufen. Özcan, der türkische Junge, verließ kreidebleich die Aula.

In diesem Moment öffnete sich die Tür des Direktorinnenzimmers. Katja bewegte sich in Gedanken versunken heraus. Sie grüßte geistesabwesend einige Kinder, schritt durch die Aula und ging die Stiegen hoch, gerade als Dr. Huber eine überlebensgroße Vagina an die Wand projizierte. Katja bewegte sich auf diese zu. Ein Raunen ging durch die Menge. Ich blickte zum Schuleingang und hoffte, dass weder der Briefträger noch ein Elternteil es sehen würden. Dann drehte ich mich wieder zur Vagina. Aber wo war Katja?

„Wo ist Katja, Dietmar?"
„Im Bild."
„Ach komm. Wo ist sie plötzlich?"
„In der Riesenhöhle."

Katja war wie von der Bildfläche verschwunden. War es die Ablenkung durch das Bild oder ein unerklärliches Phänomen? Als Gertrude Katja im ganzen Schulhaus erfolglos suchte, stieg die Besorgnis.

„Warte, ich frage Dr. Huber, ob er das Bild nochmals zeigen möchte. Katja kann dann wieder raus. Sie ist gefangen."

„In der Drachenhöhle", ergänzte Dietmar.

„Vielleicht ist sie nun in einer anderen Dimension. Bermuda-Dreieck. Zeitloch", erklärte ich.

„Wir werden altern und Katja wird irgendwann die Höhle jung verlassen."

„Übertreib mal nicht bei Katja." Dietmar wischte sich die Tränen aus den Augen. Gertrude fand das alles nicht mehr witzig. Als Dietmar dann noch meinte, er hole eine Stirnlampe, wir würden sie schon finden, stiefelte Gertrude wütend ins Lehrerzimmer.

„Männer", fauchte sie noch.

„Die Kinder bekommen heutzutage doch nur negative Bilder zur Sexualität präsentiert", echauffierte sich Maria im Lehrerzimmer.

„Wieso?" Gertrude wirkte verunsichert.

„Soll ich aufzählen? Berichte über sexuelle Gewalt in den Medien, die kinderleicht verfügbaren Pornofilme im Internet und dann noch die Bilder und Infos zu Geschlechtskrankheiten in der Schule."

„Das bekommen die Kinder sowieso schon vorher mit, Maria. Da können wir nichts machen", entgegnete Gertrude.

„Aber warum nicht einmal was Positives?"

Franziska winkte mir rüber. Ich schickte ihr einen Kuss quer durch das Lehrerzimmer. Sie schnappte ihn mit ihrem Mund und fing ihn so aus der Luft.

6 Iglus und Hasenohren

Wieder einmal war Coyote nicht in meinem Wohnzimmer, als ich von der Schule nach Hause kam. Keine Spur. Hatte er sich etwa schon auf leisen Sohlen verabschiedet? Er hatte doch von einer Prüfung gesprochen. Hatte ich vielleicht versagt? Was, wenn Coyote mich verlassen hatte und Franziska mich nicht genug liebte? War sie nicht manchmal genervt von meinen Einstellungen dem Leben gegenüber?

Ich kramte nach meinem Päckchen *Indian Spirit*, ging auf den Balkon und rauchte nervös. Das Smartphone klingelte in meinem Wohnzimmer. Der Klingelton war gedämpft. Wahrscheinlich war das Handy unter einen Polster gerutscht. Ich lief rein. Stille. Dann doch ein Ton. Ich hob ab. Wieder mal eine zehntel Sekunde zu spät dran. Shit. Franziska.

„Hallo, Franziska. Was ist los? Ich hab´s nicht mehr geschafft."

„Na endlich! Ich probiere es schon das dritte Mal. Vor kurzem hast du mir von unkontaktierten Völkern im Regenwald erzählt. Du bist bald schwieriger zu kontaktieren als diese."

„An der Schule war viel los. Was steht an?"

„Hast du von Katja gehört? Die war heute außer sich wegen diesem Vortrag."

„Echt? War ihr der Einstieg in die Vagina doch zu viel?"

„Ja, Dietmar hat mir alles erzählt. Sie ist beim Anblick der Bilder in den Computerraum im ersten Stock geflüchtet. Gertrude konnte sich danach ein Donnerwetter anhören."

„Ah, vielleicht war sie deswegen so kühl zu Patrizia."

„Echt? Leider ist Patrizia mir gegenüber auch auffallend reserviert. Seit wir ein Paar sind, geht sie mir aus dem Weg."

„Das kommt dir nur so vor."

„Nein, glaub mir. Eine Frau merkt das."

„Ihr versteht euch doch hervorragend. Vielleicht hat sie Stress … Sie versucht eine Fanseite bei Facebook für die Schule zu machen, aber wie immer stößt sie auf Granit. Sicher hat es damit zu tun. Willst du morgen auf eine kleine Skitour mitkommen?"

„Schade, morgen Nachmittag unterrichte ich Informatik. Das wird nichts mit der Tour, leider."

„Dann ziehe ich einsam meine Spur. Lass es uns bald nachholen."

„Ich verspreche es. Hoch und heilig, aber morgen könntest du Martin mitnehmen."

„Nein, entweder mit dir oder alleine. Du kannst nach dem Unterricht meine Wohnung benutzen und brauchst nicht nach Hause zu fahren. Ich gebe dir meinen Schlüssel."

„Danke, mein Schatz. Das Angebot nehme ich gerne an."

„Bitte. Für die schönste Frau der Welt mache ich das selbstverständlich."

„Nur nicht oberflächlich werden."

„Okay, für die intelligenteste Frau der Welt natürlich auch."

„Das ist gelogen."

„Na, dann für die interessanteste Frau mit dem größten Sexappeal."

„Das klingt schon besser. Freue mich auf dich. Bis morgen."

Wir schickten uns noch tausend Küsse. Bevor ich meinen Laptop herunterfuhr, bemerkte ich, dass ich von Patrizia zur neu erstellten Fanseite eingeladen wurde. Ich klickte auf *Gefällt mir* und war nach Patrizia der erste Fan.

„Guten Morgen, Kollege", begrüßte mich mein Nachbar, mit Schaufeln und Sägen bewaffnet. „Schreiten wir zur Tat. Wie viele Kinder haben Sie in der Klasse?"

„Einundzwanzig."

„Sehr gut. Zwei können weitere Schaufeln tragen."

Die Kinder warteten schon ungeduldig vor dem Haupteingang der Schule. Wir stapften gemeinsam durch den Schnee zum Sportplatz.

„Guten Morgen. Wie geht's euch? Frieren einige schon?", begann Herr Ebner. „Okay, gleich wird euch warm werden. Iglu heißt in der Sprache der Inuit übrigens Wohnung. Wer sind die Inuit?"

„Die Eskimos, aber dieses Wort ist eher eine Beleidigung, denn es bedeutet Rohfleischfresser."

„Richtig! Aber wie sollten sie auch im Schnee ein Feuer anzünden?"

Alle lachten und Herr Ebner fuhr fort. „Worauf muss man im Schnee besonders aufpassen? Die Inuit erklären das ihren Kleinen sehr bald."

Verschiedenste Antworten waren zu hören.

„Das Wichtigste – und jetzt horcht ganz genau her." Er flüsterte sehr eindringlich, die Kinder spitzten ihre Ohren. „Never eat the yellow snow."

„Sie sind aber lustig", meinte Nicole, „aber können wir jetzt endlich anfangen?"

„Na, dann. Schießen wir los!" Herr Ebner zog vor den neugierigen Kinderaugen mit dem Bindfaden als Zirkel einen weiten Kreis. „Das ist der Umfang des Iglus. Die Blöcke werden wir an den Rand des Kreises setzen. Zum Glück haben wir sehr viel Schnee. Da können wir die Blöcke gut schneiden."

„Sie schneiden den Schnee?" Lukas war erstaunt.

„Warum glaubst du, hat er eine Säge dabei?" Hannah schüttelte den Kopf.

„Damit du schimpfen kannst!", konterte Lukas.

„Wenn ich mit euch arbeite, dann möchte ich, dass ihr euch konzentriert. Hier Hannah, schaufle bitte einen Graben da entlang."

Herr Ebner zog ein paar Meter vom zukünftigen Iglu entfernt mit der Säge eine Linie in den Schnee. Hannah schnappte sich die Schaufel. Aber es strengte sie an, den Schnee auszuheben. Ihr Gesicht verfärbte sich rot und sie stöhnte. Sogleich sprang ihr Herr Ebner zur Seite und half. Danach übergab er mir seine Schaufel, und wir gruben eine Furche von ungefähr zehn Meter Länge. Herr Ebner stieg in diese und schnitt mit seiner Säge einen trapezförmigen Block von der Seitenwand heraus.

„Wie heißt du? Finn? Hier, nimm den Block und trage ihn vorsichtig rüber zum Kreis. Nicht an den Ecken halten!"

Bald schnitten die Kinder Blöcke raus. Herr Ebner setzte die erste Reihe am Boden.

„Nun, wie wird´s wohl weitergehen?"

„Wir müssen die nächsten Reihen schief draufsetzen."

„Genau, nach innen versetzt. Bei jeder Lage müssen die Blöcke weiter Richtung Mitte wandern. So lange, bis wir die Kuppel mit einem Block schließen können."

Ich sprang über die ersten beiden Reihen und hob Lukas zu mir in den Innenkreis. Wir halfen von dort weiter.

„Wow, ist das schön!" Lukas Augen glänzten, als das Iglu fast fertig war.

Herr Ebner reichte mir den letzten Block. „Hier, der Deckel. Sie müssen ihn noch zuschneiden. Ich grabe nun den Tunnel, damit ihr zwei das Iglu auch wieder verlassen könnt."

Alle staunten, als das fertige Iglu mitten auf dem Sportplatz stand.

„Ich wusste gar nicht, dass man Schnee schneiden kann", erklärte Finn später. „So richtig mit Ecken und Kanten."

„Das werde ich zu Hause gleich mit meinem Papa machen!", freute sich Nicole.

„Dann musst du auch mit deinem Papa drinnen übernachten." Herr Ebner lächelte und strich sich durch seinen Vollbart, in dem man Eiskristalle entdecken konnte.

„Echt, geht das?"

„Ja, sicher. Wo haben die Inuit wohl geschlafen?"

„Wir möchten heute hier übernachten!", bettelten ein paar Jungs.

„Jetzt machen wir ein Foto. Ihr könnt es dann auf der Homepage und der neuen Facebook-Seite der Schule bewundern."

Ich trommelte die Kinder vor dem Iglu zusammen und Herr Ebner machte von uns allen ein Foto.

„Schön haben Sie es hier, Noah. Und sagen wir doch *du* zueinander. Mir ist das *Sie* zu förmlich. Ich komme mir dabei so alt vor. Also, ich bin der Josef."

Ich hatte Herrn Ebner zum Dank auf einen Kaffee in meine Wohnung eingeladen und schon bald verloren wir uns in einer Schuldiskussion. Josef Ebner war ein Anhänger der freiwilligen Ganztagsschule.

„Und was Gesamtschulen betrifft, Noah. Es gibt diejenigen, die ohne Grenzen leben wollen, denen das Wort Mauer verpönt ist. Und dann gibt es die anderen, die am liebsten überall Mauern bauen wollen. Mit Mauern baut man Gefängnisse, aber sie bieten umgekehrt auch Schutz."

„Ohne Mauern entsteht Freiheit, Josef."

„Ja, aber auch Schutzlosigkeit. Deswegen plädiere ich für Mauern mit Türen, Noah. Dann entstehen Räume, Freiräume. Ein einziger Raum bietet keine Freiräume. Dieses Prinzip gilt von der Flüchtlingsthematik bis zur Inklusion aller Schüler. Wir leben aber in einer Zeit von schwarz-weiß und Verurteilung. Nuancen stehen nicht hoch im Kurs, da müsste man ja sein Gehirn einschalten."

Nachdem Josef gegangen war, bereitete ich mich auf meine kurze Skitour vor.

Zuletzt schnallte ich die Tourenski auf die Dachträger meines Toyotas. Die Felle verstaute ich in meinem Rucksack und diesen mit dem restlichen Equipment im Auto. Nach einer kurzen Fahrt kam ich bei meinem Lieblingsberg an.

Ich befestigte die Felle an den Skiern, schnallte mir diese an und legte los. Offensichtlich war ich nicht der Erste, der den Berg hochstieg. Ich ging in der Spur meiner unbekannten Vorderfrauen und –männer, blickte nach oben und kniff die Augen zusammen. Ein strahlend blauer Himmel wölbte sich über mir. Die Sonne blendete mich. Nur das Knirschen des Schnees und das Kolken eines Raben waren zu hören.

Neben einem Nadelwäldchen kramte ich nach meinem Handy, um die traumhafte Kulisse einzufangen. Ein Selfie fand ich besonders witzig und schickte dieses an Franziska.

Ein anderes stellte ich auf mein Facebook-Profil. Schnell stapfte ich in großen Bögen den steilen Hang hinauf, beobachtete Tierspuren, die im Schnee deutlich zu sehen waren. Wie gerne hätte ich gewusst, um welche Tiere es sich handelte. Immer wieder vibrierte das Smartphone in meinem Rucksack. Nach gut eineinhalb Stunden war ich am Gipfel des kleinen Berges angelangt. Der Ausblick war überwältigend. Ich trank Tee. Danach holte ich mein Handy aus dem Rucksack und entdeckte unzählige Bemerkungen zu meinem Selfie. Ein paar Kommentatoren bezeichneten mich auch als lustiger Schneehase, als Lehrer Hase und so weiter. Ich wusste nicht recht, wie ich zu dieser Ehre kam, aber es freute mich.

Hier oben atmete ich alles aus, was mich belastete, den Stress mit Katja und Johannes, die Sehnsucht nach Coyote. Ich stellte mir vor, wie ich Sonnenlicht einatmete. Nach einem kurzen Dankgebet nahm ich das Fell von den Skiern, schnallte diese an … als plötzlich das Handy läutete.

„Noah, was machst du denn für Sachen?", hörte ich Franziska.

„Hallo, Franziska. Wieso? Ich bin gerade vor der Abfahrt ins Tal. Du müsstest die Kulisse sehen. Einfach herrlich."

„Ja, aber du meintest, dass du alleine den Berg raufgehst. Und dann seid ihr zu zweit unterwegs. Du musst mir nicht extra zeigen, wie viel Spaß du mit John hast."

„Wie bitte?"

„Noah, bitte belüge mich nicht. Du brauchst keine Geheimnisse vor mir zu haben. Mich stört einfach, dass du gesagt hast, du würdest nur mit mir auf den Berg gehen und einen Augenblick später hast du bereits John eingeladen. Man bemerkt ihn zwar kaum, weil du gegen das Licht fotografiert hast, aber so weit habe ich ihn noch erkannt. Du weißt ja, er ist mir ein paar Mal vor unserer Schule begegnet."

Meine innere Ruhe war wie weggeblasen. Ich hockte mich nieder. Inmitten der winterlichen Kälte stand mir der Schweiß auf der Stirn und mein Herz pumpte im Akkord.

Was soll ich sagen? Coyote!

„Es tut mir Leid, Franziska." Du Hinterteil von einem Kojoten! „John hat sich aufgedrängt, ich wollte in Wahrheit alleine sein. Aber was hätte ich tun sollen? Er hat einfach nicht locker gelassen und so hab ich ihn mitgenommen."

„Kann er überhaupt Skifahren?"

Wie kannst du mich nur in so eine Situation bringen? Hilf mir wenigstens bei den Antworten!

„Schlecht, und er ist in seinem Übermut schon vorausgefahren. Ich muss ihn bald einholen. Er ist etwas unbeholfen."

Ich hoffe, dein billiger Spaß tut dir mittlerweile schon leid.

„Ja, top ausgerüstet wirkt er am Foto nicht, dafür aber bestens gelaunt. Ist er immer so kindisch?"

„Wieso? Ja, schon."

„Du schielst absichtlich – und er schneidet hinter dir Grimassen und macht Faxen."

„Ja, mit ihm ist es wirklich immer lustig, aber er ist etwas unberechenbar."

„Okay, Noah. Kommt er im Anschluss mit in deine Wohnung? Soll ich etwas vorbereiten?"
„Danke, Franziska. Er muss nach der Tour weg."
„Rufst du mich an, wenn du zurückfährst?"
„Ja, sicher und nochmals sorry. Ich freue mich schon, wenn wir zwei unsere erste Skitour machen."

Wie kannst du das nur tun? Du bringst mich in die Bredouille. Mir war kalt, trotz der Hitzewallung wegen dieses Kojoten. Meine Lippen verloren ihr Gefühl, sie waren beinahe taub. Beim Ausatmen bildete sich Nebel vor meiner Nase. Zeit aufzubrechen.

Während ich durch den pulvrigen Tiefschnee ins Tal wedelte, dachte ich an Coyote. Es war ein Genuss, fast schwebend durch den Schnee zu gleiten. Meine Wut löste sich mehr und mehr und ich hatte Spaß bei der Abfahrt. Ich zog meine Spuren durch den Schnee und sang aus Leibeskräften *Becoming a coyote*! Nur der Fahrtwind rauschte als Hintergrund, so als hätte ich einen schlechten Empfang beim Autoradio. Unten angekommen, schnallte ich meine Skier ab, verstaute alles im Auto und fuhr nach Hause.

Während ich einparkte, sah ich schon Franziska winken. In der Wohnung angekommen, zeigte sie mir das Foto auf ihrem Smartphone. Tatsächlich: Coyote grinste über beide Ohren. Man konnte ihn nicht allzu deutlich sehen, da ich ein paar Meter vor ihm stand und er dahinter seine Faxen machte. Aber sein Grinsen war gut zu erkennen. Dieses Schlitzohr!

Auf den anderen Fotos, die ich auf Facebook gestellt hatte, war er nicht zu sehen. Oder doch? Moment ... Hatte ich nicht auf jedem Foto Hasenohren? Gott, er machte mich zum Affen oder besser gesagt zum Hasen! ... Auf jedem einzelnen Foto hatte ich Hasenohren, die er mit seinen Fingern hinter meinem Kopf formte. Deshalb die Kommentare. Mir war das vorher überhaupt nicht aufgefallen. Dieser Fiesling!

Ich checkte nochmals das Foto, das ich Franziska geschickt hatte, auf meinem Smartphone. Hier war er in seiner ganzen Gestalt zu sehen. Ein betrunkener, verirrter amerikanischer Tourist hätte seriöser gewirkt. Franziska schaltete den Fernseher an, während ich schnell warm duschte.

„Wo ist John eigentlich jetzt?", rief sie rüber ins Badezimmer, während sie eines der ersten Weltcup-Skirennen in Übersee genoss.

„Keine Ahnung, Franziska. Bei ihm weiß man nie!"

„Irgendwann musst du ihn mir wirklich vorstellen. Alle kennen ihn schon, nur ich nicht. Das nehme ich bald persönlich."

7 Heidnische Alpenwelt und das Ende der Zeit

Die Zeit verstrich schnell. Ich war mit Arbeit für die Schule eingedeckt und konnte verstehen, was Coyote einmal gemeint hatte, als er gesagt hatte: „Die Zeit wird immer schneller laufen, Noah. Und gleichzeitig wirst du immer öfter mit der Unendlichkeit der Gegenwart verschmelzen. Klingt paradox, ist aber so. Du kennst sicher den Begriff *Das Ende der Zeit*."

Ich hatte Sehnsucht nach diesem Typen und hoffte, ihn bald wieder zu sehen.

„Ich soll dir liebe Grüße von John Fox ausrichten. Er hat gestern im Pub ausgeholfen."

Martin leistete mir Gesellschaft, während ich vor dem Nachhauseweg noch eine Zigarette rauchte.

„Was, echt?"

„Naja, so ungewöhnlich ist das nicht. Er ist immer eine große Hilfe für Susi. Und er will nie Geld haben, weil er angeblich schon in Fülle lebt. Ja, so in etwa formuliert er das. Ich hab mit ihm geplaudert. Er ist wirklich ein super Typ."

„Ja, das ist er. Freue mich riesig, wenn ich ihn wieder treffe."

Ich war neidisch auf Martin. Warum hatte er plötzlich Kontakt zu Coyote? Hatte ich etwas falsch gemacht?

„Noah, ich soll dir von John das hier geben." Er kramte in seiner Sporttasche und überreichte mir eine Edelstahl-Espressokanne.

„Danke, wieso das?"

„Er faselte irgendetwas von förderlichen Gefäßen."

Zuhause verstaute ich Kartoffeln, Zwiebeln, Tee und Müsli aus dem Bioladen. Ich stellte die Edelstahlkanne neben meine Aluminiumkanne, die ich noch als Souvenir von meiner Mexikoreise behalten wollte.

Dann rief ich Franziska an, damit wir gemeinsam etwas unternehmen könnten.

„Noah, es ist eine Katastrophe. Ich muss nach Hause zu meinen Eltern. Sie haben mich um Hilfe gebeten. Mein kleiner Bruder macht massive Probleme."

„Wie meinst du das?"

„Du weißt ja, Noah: Stefan ist Autist und jetzt pubertiert er und schwankt zwischen depressivem und aggressivem Verhalten. Momentan hat er irrsinnig viel Angst. Ich hatte, als ich zu Hause lebte, die engste Beziehung zu ihm. Ich glaube, ich fehle ihm sehr. Und er fehlt mir auch. Ich liebe ihn. Stefan ist sehr empathisch und spürt viel. Es stimmt meiner Meinung nach überhaupt nicht, dass Autisten gefühllose Roboter wären. Stefan kann nur die Gefühle anderer nicht lesen."

Franziska begann am Telefon zu weinen. „Noah, er fehlt mir. Und noch mehr fehlst mir du. Es ist wie verhext, wir können uns schon das zweite Wochenende nicht treffen."

Auch mir fehlte Franziska. Ich fühlte mich alleine. Irgendwann improvisierte ich mit meiner Gitarre, sang über Franziska und Coyote, aber beide wollten sich nicht herbeisingen lassen.

Frustriert checkte ich meine SMS, WhatsApp und mein Facebook-Profil. Die Fanseite der Schule, die Patrizia eingerichtet hatte, wurde immer öfter geliked. Auf meiner Chronik fand ich wieder mein Hasenohrenfoto und las die weiteren Kommentare.

Ich ging rüber in die Küche und stellte Kaffee mit der neuen Kanne auf. Mit dem herrlich duftenden Getränk setzte ich mich auf die Couch. Bilder von meinen Gesprächen mit Coyote kamen hoch. Mit ihnen stieg auch Angst auf. Was ist, wenn Coyote mich nicht mehr sehen wollte? Hatte ich etwas falsch gemacht? Oder war die gemeinsame Zeit einfach abgelaufen?

Mit einer randvollen Tasse in der einen und mit einer Zigarette in der anderen Hand stapfte ich raus auf den Balkon und blickte zum Sternenhimmel empor.

Ich flüsterte in den nachtschwarzen Himmel: „Also, du hast die Sterne an den Himmel geworfen? Du hast das Feuer geholt? Aber du schaffst es nicht einmal, in meine Wohnung zu kommen, mit mir einen Kaffee zu trinken und Zigaretten zu rauchen."

Ich schwor mir, diesen Abend für uns beide zu trinken und zu rauchen. Ein Gemisch aus Pathos und Trotz lag in der Luft. Erst als meine Fingerspitzen gefühllos vor Kälte waren, verlegte ich meine Kaffee- und Rauchsession nach drinnen.

Einige Tassen Kaffee und mehrere Kippen später setzte ich mich vor den Laptop und öffnete meinen Posteingang. Eine lange Mail von Clemens und seiner Familie flatterte herein. Mein Gott, Clemens, unser Freund auf dem Meer! Der Damm brach. Ich heulte vor Sehnsucht. Tränen liefen über meine Wangen. Was war nur los mit mir?

Fasziniert las ich Clemens Bericht über die Reise mit dem Segelboot durch die Südsee. Dieses war seit Jahren das Zuhause für ihn und seine Familie. Immer wieder schmeckte ich das Salz meiner Tränen und schluchzte unwillkürlich. Clemens erzählte vom Geschmack frischer Kokosmilch, von Polynesischen Kriegstänzen, dem langsamen Tagesablauf am Schiff, vom Schnorcheln, von Manta-Rochen, den unterschiedlichsten Menschen, die sie trafen und von paradiesischen Atollen, die sie mit ihrem Segelschiff anliefen. Von den Marquesas Inseln nach Tuamotu und weiter nach Tahiti ging die Fahrt.

Nun wollte die Familie die Advent- und Weihnachtszeit auf Neuseeland verbringen, wo man sich gerade auf den Sommer vorbereitete.

Ich bekam Fernweh. Oder war es Heimweh? Alle Freunde schienen mehr oder weniger weit weg zu sein, im Moment irgendwie unerreichbar. Während ich Clemens Erzählungen las, fühlte ich mich wie eine Hausgans, die beim Überflug der Wildgänse in V-Formation am liebsten mitfliegen wollte und dabei ihre müden Flügel schwang.

Okay, Clemens war weit weg. Aber Florian, Jakob und Michael lebten hier. Ich rief sie kurzentschlossen an. Michael schlug vor, dass wir uns in jenem Berggasthof an der Bar treffen sollten, in dem seine Schwester arbeitete, auch wenn die Anfahrt, steil den Berg rauf, etwas problematischer war als ein Gang in das *Shannon Inn*.

Als ich die schwere Holztür öffnete, blies der Wind den Schnee in die Diele. Schnell stapften wir in die warme Gaststube mit ihrer wuchtigen Holzdecke, den Wagenrädern und Hirschgeweihen an den Wänden. Jakob erzählte, dass er gerade seinen ersten Gastauftritt mit Florians Ska-Band hatte.

„Es war ein Riesenspaß, nur bei meiner letzten Darmspiegelung hatte ich mehr Zuschauer."

Ich berichtete von Clemens. Sie erkundigten sich nach Martin und John Fox. Besonders Michael, der letzte Woche bei der Auseinandersetzung im *Shannon Inn* nicht dabei war, hörte interessiert zu.

„Machen wir im Sommer einen gemeinsamen Segelturn in Griechenland? Inselhüpfen. Ihr wisst schon."

Ich war gespannt, wie die Jungs auf meinen Vorschlag reagierten.

„Hat Clemens dich für das Segeln begeistert, Noah? Aber warum Griechenland?"

„Clemens hat mich ans Segeln erinnert – und mein Bankkonto an Griechenland."

„Hast du Schulden?"

„Nein, aber ich hab einfach zu wenig Geld für eine größere Reise."

Ich genoss den Abend mit meinen Freunden hier oben am Berggasthof. Aus dem Raum nebenan war Bordunmusik zu hören. Die Volkstanzgruppe hatte zur Weihnachtsfeier geladen. Erstaunlich, wie sehr diese Musik der irischen Folkmusik ähnlich war.

Spät am Morgen, als eine Nachricht auf mein Handy hereinflatterte, erwachte ich. Meine Cousins hatten mir per WhatsApp eine Einladung zum Perchtenlauf in meiner Heimatgemeinde geschickt. Ich freute mich darauf.

Auf dem Weg dorthin wollte ich noch meine Großeltern besuchen. Beim gemeinsamen Mittagessen musste ich ihnen alle Neuigkeiten aus meinem Leben mitteilen. Beide horchten auf und lächelten, als ich ihnen von Franziska erzählte. Besonders Oma stellte mir Fragen.

Am liebsten hätte ich gleich weitergeredet und auch von Coyote erzählt. Ich fühlte mich wohl bei meinen Großeltern. Diese besondere Wärme der beiden war schon immer sehr heilsam für mich gewesen und ich fragte mich insgeheim, warum ich denn nicht öfter zu Besuch war. Wir redeten und genossen die Zeit.

Beim Verabschieden standen die beiden in der Tür und riefen mir hinterher: „Pass gut auf, Noah! Du kannst ja mit Franziska mal vorbeikommen, wenn es für euch passt. Die Tür ist immer offen."

Als ich mit meinen Cousins an der Straße stand und auf den Perchtenlauf wartete, duftete es nach Glühwein und Weihnachtskeksen. Aus der Ferne war eine Bläsergruppe zu hören, die Weihnachtslieder in den Dezemberabend blies. Kerzen, altes Handwerk, kitschige Weihnachtsbilder, Zuckerwatte, Kochtöpfe voll mit warmen, alkoholischen Getränken waren zu sehen. Die Atemluft kondensierte vor meiner Nase zu einer beeindruckenden Wolke.

Die Leute redeten und lachten, bis die ersten Perchten unter Höllenlärm die Straße herunterjagten. Nach einer besonders wilden Horde zog eine etwas ruhigere Perchtentruppe an uns vorbei.

Am Ende war ein ziemlich durchgeknallter Typ zu erkennen, der etwas aus der Reihe tanzte. Ich konnte meine Augen kaum von ihm abwenden.

„Schau dir mal den Schwanz von diesem Percht an. Wahnsinn!", rief Norbert.

Ich blickte genauer hin. Plötzlich winkte er uns und zeigte auf mich. Und ja: Er wedelte mit dem Schwanz. War das wieder ein Streich von Coyote? Hörte ich mittlerweile schon Bären schnarchen und Gämsen jodeln?

Ich rannte der Gruppe hinterher und zog den Percht am Schwanz. Zu spät. Ich hatte den falschen erwischt. Er drehte sich um, plusterte sich vor mir auf und schlug mit seinem Pferdeschweif hart zu. Ich eilte davon und tauchte an diesem Abend ein in eine heidnische Alpenwelt aus Glockengebimmel, brennenden Fackeln, wildem Geschrei, gefleckten Fellen, Hörnern und hässlichen Fratzen. Diese Zeitreise machte Spaß.

Bis in die Früh war ich mit meinen Cousins unterwegs und gegen Morgengrauen sang ich mit ihnen und anderen Leuten vom Ort das Lied *Wahre Freundschaft*. Wir hielten uns an den Händen und standen im Kreis.

Wie lange würde es noch gemeinsame Lieder geben, die wirklich jeder kannte?

Nach dem Sonntagsmittagessen bei meiner Mutter fuhr ich wieder los. Bevor Franziska kam, wollte ich noch aufräumen und putzen. Als sie läutete, war ich gerade mit der Arbeit fertig geworden.

„Hallo, Franziska, schönste Frau der Alpen."

Sie strahlte mit dem Christkind um die Wette. Als sie die Haube abnahm, fielen ihre rotblonden Haare über die Schultern. Ich erzählte ihr von meinem traditionsreichen Wochenende und bald sangen wir zweistimmig *In die Berg bin i gern*, während am Adventkranz das zweite Lichtlein brannte.

„Franziska, Gustav Mahler meinte: *Tradition ist nicht die Anbetung der Asche, sondern die Weitergabe des Feuers.*"

„Schön. Und *Yogi-bär* meint: „Tradition macht nur bei denen Sinn, die in der Gegenwart leben."

„Klingt eher nach Kung-Fu-Panda. Ist aber wirklich gut."

Ich hatte große Lust, mein Feuer an Franziska weiterzugeben, aber sie winkte ab.

„Noah, mir geht gerade so viel durch den Kopf. Die Situation zu Hause bei meinen Eltern beschäftigt mich sehr. Ich hoffe, du kannst das verstehen."

Ich wälzte mich unruhig im Bett umher, träumte von den Perchten und Coyote. Er lachte, als er mich sah. Es war kein normales Lachen. Es klang nach wildem Glockengeläut. In seiner linken Hand hielt er eine brennende Fackel. Neben ihm stand ein Feuerschlucker. Coyote beugte sich nach unten, hielt die Fackel an sein Hinterteil und furzte.

Ein gigantischer Feuerball entstand. Mitten am Marktplatz. Die Leute schrien, applaudierten. Ohrenbetäubender Lärm. Ein riesiges Durcheinander. Ich kämpfte mich durch das Getümmel zu Coyote.

Als ich ihn umarmen wollte, hatte ich ein Skelett in den Armen. Lautes Gelächter.

Schweißgebadet wachte ich auf und blickte zu Franziska, die neben mir schlief, die Haare zerwühlt. Mir wurde warm ums Herz.

Die Traditionen wollten nicht abklingen. Als ich montagvormittags in meiner Klasse unterrichtete, klopfte es an der Tür.

Hannah sprang auf und öffnete. Ein Mann mit Mitra und Bischofsstab trat in Begleitung zweier Elternvertreter ein. Wie hatte ich nur den Nikolausbesuch vergessen können?

Ich traute meinen Augen kaum. Unter dem Nikolausgewand steckte Jakob, mein Freund. Er hatte mir nichts davon erzählt.

Die nächste Überraschung folgte auf den Fuß. Jakob hatte einen Gefährten im Schlepptau, den Krampus, diese legendäre Schreckgestalt, die den Nikolaus seit Jahrhunderten in den Ostalpen begleitete. Das dunkle Fell, die Hörner am Kopf, die angsteinflößende Maske, der Schwanz: Das alles wirkte beängstigend.

Dennoch, der Schwanz des Krampus, da stimmte etwas nicht. Er war viel zu buschig. Es war der Schwanz von ... Coyote! Coyote war hier! Mein Herz hüpfte und ich spürte einen Stich. Warum war er immer mit anderen zusammen? Was hatte ich nur falsch gemacht? Diesmal würde er mir nicht entwischen.

„Liebe Kinder. Ich bringe euch ein paar Geschenke."

Der Nikolaus bemühte sich redlich und teilte jedem Kind Säckchen aus, die der Elternverein vorbereitet hatte. Der Krampus kicherte und torkelte so lustig durch die Klasse, dass bald alle Kinder lachten.

„Wie heißt euer Lehrer mit Vornamen?"

„Noah!"

„Im Ernst?", johlte er. „Ich freue mich, Sie wieder zu sehen, Herr Ernst."

„Nein, Noah. Noah Breitenbach!", schrien die Kinder.

„Ihr habt ein Glück mit Ernst Breitenbach!"

„Herr Krampus, Sie haben mich wohl zu lange nicht mehr gesehen.

Darum haben Sie meinen Namen vergessen."

Ein kleiner Seitenhieb konnte nicht schaden.

„Wie meinen Sie das, Herr Lehrer?"

„Na, weil ich so brav bin."

„Genau, das ist das Problem", knurrte plötzlich der Krampus hinter seiner Maske. Er fuchtelte wild mit seiner Rute. Sein Schwanz war echt. Definitiv. Aber das konnte niemand wissen.

Ein echter Schulschwänzer, dachte ich mir, tänzelt einfach daher und bringt die gesamte Schule durcheinander.

Jakob tat sein Bestes, um die Würde des Nikolaus zu bewahren.

„Lieber Krampus, du kommst jetzt wieder zu mir herüber. Wir müssen auch noch andere Klassen besuchen", brummte er.

„Und seid nicht zu brav", zischte der Krampus, als er die Klasse verließ. „Brav ist man nur, wenn man nichts Lustiges macht. Wisst ihr, wann man wirklich ernsthaft brav ist? Wenn man tot ist."

„Herr Breitenbach, der Krampus ist lustig und irgendwie auch süß, finde ich". Hannah schien begeistert.

„Vielleicht mag er ein Kram-bussi zur Verabschiedung", formulierte ich zum Spaß, doch Hannah rannte sofort zu ihm hinüber und als sie ihn umarmte, verschwand sie in seinem Fell. Dann gab sie ihm einen Kuss auf die Maske.

Hatte ich das Gefühl, als würde diese grinsen?

„Der ist cool", meinte Simon, während Hannah auch zum Nikolaus rannte und sich herzlich bedankte.

Jakob lächelte hinter seinem weißen Rauschebart, der Krampus läutete mit seiner Glocke, die am Hinterteil befestigt war.

„Zeit zum Aufwachen", rief er. „Und Zeit zum Leben."

Dann hüpfte er wild umher und folgte dem Nikolaus auf den Gang.

In der großen Pause stand Coyote vor dem Lehrerzimmer und Gertrude schwänzelte um ihn herum. Sie reichte ihm Kekse, scherzte und schien in Wallungen zu geraten, die ich bei ihr nicht für möglich gehalten hatte. Als sie für den Biologieunterricht Utensilien holen musste, übernahm Katja die Betreuung von Coyote.

„Warum sprechen Sie eigentlich so gut Deutsch, Herr Fox?"
„Wahrscheinlich ein wenig Sprachtalent. Meine Eltern waren immer schon international tätig. Da bekommt man einiges mit", meinte er, die Maske in seiner Hand.
„Aha, in welchem Bereich?"
„Als Botschafter."
„In welchen Ländern?"
„Oh, das würde jetzt den Rahmen sprengen, aber sie waren und sind Botschafter der Liebe und Freiheit."

Katja schwieg verblüfft, sah sein gewinnendes Lächeln und fing sich wieder.

„Dann sind die Eltern wohl auch nicht mehr die Jüngsten?"
„Nein, sie sind wirklich alt. Sehr alt", fügte Coyote hinzu.
„Interessant, dass Sie zuerst von der Schulbehörde als Experte geschickt wurden und nun vom Elternverein als Krampus."
„Finden Sie nicht, dass sich beide Gestalten ähneln?"

Katja überlegte kurz. „Wenn ich ehrlich bin, weiß ich gar nicht genau, wer mir lieber ist – der Experte oder der Krampus."

„Oh, als Krampus bin ich an der Schule wohl weniger riskant." Coyote lachte.

„Vielleicht haben Sie Recht, John Fox! Sehen wir Sie wieder? Und in welcher Rolle tauchen Sie dann auf?"

„Die ganze Welt ist Bühne. Und alle Frauen und Männer bloße Spieler. Sie treten auf und gehen wieder ab ... In diesem Theater suche ich mir meist eine Rolle, die bester Zeitvertreib mir ist. Das wechselt oftmals überaus geschwind!"

Katja lächelte. „Höre ich da ein wenig Shakespeare?"
„Sie hören richtig! Ich zitiere und shake gerne. Die Schule sollte vielleicht auch mal richtig shaken."

In diesem Moment kam Gertrude mit Todi, dem Schulskelett, die Stiegen runter. Coyote entführte es mit einem Lächeln und begann mit ihm zu tanzen.

„Shaking Shakespeare ... Hören Sie nicht die Musik? Sie wissen schon!"

Katja wirkte irritiert, Gertrude zuckte mit den Achseln und lächelte wieder verträumt. Ein paar Kinder kamen angerannt und tanzten mit dem Krampus, der nun wieder die Maske aufgesetzt und mit Todi seinen Spaß hatte. Andere rannten in die Klassen und holten Freunde in die Aula. Schüler, die gerade beim Schulwart ihre Jause gekauft hatten, blieben stehen und bestaunten das Spektakel. Einige hüpften und tanzten mit.

Johannes latschte am tanzenden Krampus vorbei Richtung Lehrerzimmer.

„Verrückt", murmelte er, während er den Kopf schüttelte.

„Tanzen Sie doch mit!", rief Coyote ihm zu. „Schauen Sie, sogar der Tod kann tanzen!"

Die Schulglocke läutete, aber obwohl die Pause vorbei war, hüpften und tanzten viele Schüler.

Plötzlich schrie der Krampus: „Kinder, Unterricht!" und jagte sie die Stiegen nach oben. Er gestikulierte wild mit der Knochenpuppe hinter ihnen her. Gekreische und Gelächter schallte durch das Schulhaus, bis auch der letzte Schüler in seiner Klasse verschwunden war.

Als Coyote und Jakob wieder im Lehrerzimmer waren, bedankten sie sich bei Katja und allen Lehrern für die Gastfreundschaft. Die Lehrer verabschiedeten sich herzlich, bis auf Johannes, Manfred und Inge. Sie reagierten kaum.

Elisabeth dagegen strahlte und sagte:

„John Fox hat mir zuvor in einem Gespräch die Augen geöffnet. Ein Nein zu anderen kann auch ein Ja zu mir sein. So bewusst war mir das bis jetzt nicht."

„Kommt rein und zieht eine Show ab. Unsere Frauen fallen halt gleich in Ohnmacht, wenn dieser Amerikaner das Haus betritt. Alles nur Show, was von den Amerikanern kommt."

Manfred schimpfte, nachdem Nikolaus und Krampus nicht mehr zu sehen waren.

Der Rest des Kollegiums hatte Weihnachtssterne in den Augen.

Ich folgte Krampus und Nikolaus nach draußen. Doch bevor ich sie einholte, bog Franziska, die aus der Turnhalle kam und die beiden noch nicht gesehen hatte, um die Ecke. Als sie den Krampus erblickte, erstarrte sie. Sie wurde bleich wie Mozzarellakäse und atmete stoßweise, mit offenem Mund.

Wie in Zeitlupe öffnete sich ihre linke Hand. Die Schwerkraft übernahm den Kaffeebecher mit Inhalt und es schien, als würde dieser langsam zu Boden schweben. Dann ging alles blitzschnell.

Der Becher prallte auf die Fliesen, der Inhalt spritzte auf die Wände und ergoss sich auf den Boden vor dem Konferenzzimmer.

Coyote nahm die Larve ab und lächelte Franziska an.

„Alles halb so wild. Ich wollte dich nicht erschrecken. Lass dich nicht von Masken täuschen."

Er bat den Hausmeister um einen Putzlappen und wischte den Boden sauber.

„Ich reinige danach die Mauer, kein Problem", meinte Tim. „Gib mir das Putztuch, dann mach ich das fertig. Von den Lehrern bin ich das gar nicht gewohnt."

„Gern geschehen." Coyote warf ihm das Tuch zu, stand auf und verließ mit Jakob die Schule.

„Da war er nun, der Advokat des Teufels. Ich habe ihn gleich erkannt." Franziska fiel mir beim Hintereingang in die Arme.

„Eher die Avocado des Teufels", antwortet ich.

Franziska, immer noch verwirrt, rauchte in ihrer Freistunde beinahe die halbe Zigarettenpackung leer.

Ich war ebenso durcheinander, denn ich wollte Coyote sprechen. Aber sobald ich ihn in letzter Zeit auch nur sah, war er schon wieder weg.

Was war passiert? Ging er mir absichtlich aus dem Weg? Warum?

„Eigentlich fand ich deinen John Fox sympathisch. Er taucht an allen Ecken und Enden auf. Der ist echt vielseitig einsetzbar. Weißt du, was aber komisch ist? Der Schwanz beim Krampuskostüm sah genauso aus wie der Schwanz, mit dem er mir auf dem Gehsteig entgegen gekommen war. Rennt John schon im November mit dem Kostüm durch die Gegend? Der ist ja voll der Freak!"

„Ja, ja, er ist schon ein Freak und verkleidet sich gern. Immer tritt er in unterschiedlichen Gestalten auf. Er ist auch für mich ... rätselhaft ... durchaus ein Grenzgänger."

„Aber ein sympathischer. Langsam verstehe ich, warum viele von ihm schwärmen. Sein Ausstrahlung ... also ich würde ihn gerne näher kennenlernen. Wäre das möglich?"

„Wenn du nicht wieder in Schockstarre verfällst, sicher."

„Das ist eine andere Geschichte. Als ich ein kleines Mädchen war, hat es im Dezember an der Tür geläutet. Den ganzen Tag hatte ich auf den Nikolaus gewartet.

Als es endlich schellte, sprang ich wie von der Tarantel gestochen auf, sauste an meinen Eltern vorbei zur Tür und öffnete diese. Und vor mir stand der angsteinflößendste Krampus, so gruselig, wie man ihn sich nur vorstellen konnte.

Er hüpfte, machte einen Riesenlärm und bedrohte mich mit einer Rute. Ich kann mich bis heute nicht daran erinnern, dass damals in seiner Nähe auch der Nikolaus gewesen ist. Ich hatte Angst, so viel Angst."

„Du hattest aber auch Angst, als du ihm auf der Straße begegnet bist und er keine Maske trug."

„Ja, aber das war seine Energie ..."

Gertrude kam und unterbrach unser Gespräch.

„Sag deinem Freund bitte, dass er eine wundervolle Aura hat. Diese Männlichkeit und Verwegenheit gepaart mit so einer spirituellen Ausstrahlung findet man heutzutage kaum mehr. Außerdem hat er einen fantastischen Körpergeruch. Wie tausend Rosen und doch so erdig."

Franziska und ich blickten uns an und lachten schallend los.

„Gertrude, John hat´s dir aber angetan! Vielleicht kannst du mit ihm daten."

„Was will denn so ein vitaler Amerikaner mit einer alten Schachtel wie mir anfangen?" Gertrude zwinkerte uns zu.

„Na, wer weiß?", sagte ich noch. „Bei John weiß man nie."

„Hans und Gertrude Fuchs. Älteres Pärchen, frisch verliebt, verlobt und verheiratet! Das wäre eine Schlagzeile, was Gertrude?"

Franziska zog an ihrer Zigarette.

Gertrude grinste, ihr schien der Spaß zu gefallen. Aber wie sehr würde ihr wohlgeordnetes Leben mit einem John Fox durcheinander geraten? Gertrude war ein wunderbarer Mensch, aber bis dato hatte sie die geordnete Langsamkeit geliebt. Jedoch überraschte sie mich in letzter Zeit immer mehr.

Hatte Jimi Hendrix vielleicht recht, als er einmal meinte, dass Musik nicht lüge und die wahren Veränderungen in der Welt nur durch sie passieren können?

Meine Gitarre und Stereoanlage verschafften mir Glücksgefühle, sogar wenn der Tag nicht so gut lief.

Du hast eine Musikbox in dir, Noah. Schalte sie auch ein. Coyotes Stimme hallte in mir nach. Doch von ihm war immer noch keine Spur.

Ich schrieb in meiner Wohnung gerade eine Liste von Neuerungen für unsere Schule. Franziska blickte mir über die Schulter, während ich am Laptop tippte.

Also machte ich eine Pause und schaute sie an.

„Manfred meint, dass ich Visionen habe, und die anderen dürfen hackeln."

„Das ist Angst, Noah, Angst vor der Veränderung", analysierte Franziska. „Die Angst hält uns davon ab, das Leben zu verändern, in unsere angeborene Größe zu gehen.

Ich bin mir sicher, dass wir eine größere Angst vor unserem Licht als vor unserer Dunkelheit haben. Wir fürchten unsere Großartigkeit mehr als unser Versagen."

„Ja, da ist was dran. Ich habe ein wenig Angst vor meiner Größe und vor den Veränderungen verloren, seit ich Menschen kennengelernt habe, die für Veränderungen offen sind."

„Weißt du, was Maria über Manfred meinte?"

„Nein."

„Sie meinte, er glaube, an den Veränderungen groß zu leiden, in Wahrheit aber zogen diese jedes Mal an ihm vorbei wie ein exotischer Schwarm Vögel. Er habe nirgends mitgemacht und nichts mitbekommen, dafür aber immer am lautesten geschimpft und sich als Opfer von irgendwelchen Mächten gefühlt."

„Apropos Größe, Franziska, hör mal, was der große Weise Vivekananda dazu sagt:
> *Kinder unsterblicher Seligkeit! Was für ein wunderbarer, hoffnungsvoller Name! Erlaubt mir, meine Brüder, euch so zu nennen - Erben unsterblicher Seligkeit. Der Hindu weigert sich, euch Sünder zu nennen. Ihr seid die Kinder Gottes, Teilnehmer an unsterblicher Seligkeit, heilige und vollkommene Wesen. Ihr Gottheiten auf Erden - Sünder? Es ist eine Sünde, einen Menschen so zu nennen, es ist eine Verleumdung der menschlichen Natur. Steht auf, ihr Löwen, und werft die Täuschung ab, Schafe zu sein! Ihr seid unsterbliche Seelen, frei, gesegnet und ewig.*"

„Wunderschön. Sehr erhebend."

„Aber wir müssen auch ungehorsam sein, Franziska. Sagte nicht Thoreau: *Ungehorsam ist die wahre Grundlage der Freiheit. Die Gehorsamen sind Sklaven?*"

„Ja, gründen wir eine Schule des Ungehorsams. Was sagst du dazu?"

„Blendende Idee."

„Wir erinnern die Kinder an ihre Größe – oder besser: Wir lassen sie in ihrer angeborenen Größe als Löwinnen und Löwen. Und wenn auch wir Lehrer in unsere wahre Größe hineinwachsen, dann erlauben wir den Kindern die ihre. Romano Guardini hatte recht, als er meinte: *Das erste Wirkende ist das Sein des Erziehers, das zweite, was er tut, das dritte was er redet.*"

Franziska zückte ihr Smartphone. „Noah, das passt jetzt noch gut. Ich lese dir meine persönlichen Lieblingsworte zum Umgang mit Kindern vor."

Sie richtete sich auf und stand in ihrer ganzen Schönheit vor mir.

> *„Du bist ein Wunder.*
> *Jede Sekunde unseres Lebens ist ein neuer und*
> *einzigartiger Augenblick im Universum –*
> *ein Augenblick, der sich nie wiederholen wird.*
> *Und was bringen wir unseren Kindern bei?*
> *Wir bringen ihnen bei, dass zwei und zwei vier ist*
> *und Paris die Hauptstadt von Frankreich.*
> *Wann werden wir ihnen beibringen, was sie sind?*

Wir sollten jedem Kind sagen: Weißt du, was du bist?
Du bist ein Wunder.
Du bist einzigartig.
In all den Jahren, die vergangen sind,
hat es niemals ein Kind wie dich gegeben.
Deine Beine, deine Arme, deine geschickten Finger,
die Art wie du dich bewegst.
Aus dir kann ein Shakespeare, ein Michelangelo, ein Beethoven werden.
Du kannst alles erreichen.
Ja, du bist ein Wunder.
Und wenn du groß bist, kannst du dann zu anderen böse sein,
die ebenso wie du ein Wunder sind?
Du musst daran arbeiten - wir alle müssen daran arbeiten-,
die Welt für ihre Kinder lebenswert zu machen."

„Wow. Von wem sind diese Zeilen?"
„Von Pablo Casals, er war ein begnadeter Musiker und ein wunderbarer Mensch. Er selbst wollte immer Pau Casals genannt werden, da *Pau* auf Katalanisch *Frieden* bedeutet."

Ich genoss die Zeit zu Hause, wenn ich in die Stille des Alleinseins eintauchen konnte. In dieser spürte ich immer wieder einen Funken des All-Eins-sein.

Obwohl es mir so gut ging wie seit Jahren nicht mehr, quälte mich die Abwesenheit von Coyote. Ich traute mich nicht, mit jemanden darüber zu reden. Man würde mich für verrückt halten.

Genauso wie meine verflossene Liebe mich für verrückt erklärt hatte, bevor sie mich verlassen hatte. Diese Erfahrung steckte mir immer noch in den Knochen. Zum Glück hatte mir Coyote den Wert des Verrücktseins gezeigt. Trotzdem: Mein Kojotengeheimnis behielt ich lieber bei mir.

Für die anderen war er der außergewöhnliche amerikanische Pädagoge.

„Stell dir vor, was John Fox gestern im *Shannon* abgeliefert hat."

Martin empfing mich beim Hintereingang der Schule und leuchtete wie ein Weihnachtsstern.

„Ein Gast hatte Susi heruntergemacht, weil der Kaffee angeblich lauwarm gewesen war. Unfassbar, wie unfreundlich er sie behandelt hatte. Ich wollte Susi helfen ... Aber da war John schon beim Tisch des Mannes. Weißt du, was er gesagt hat? Es ist schwierig, es genau wieder zu geben, aber ich versuch´s."

„Bin schon gespannt wie ein Regenschirm", scherzte ich, während ich meine Gefühlsmischung aus Sehnsucht, Wut, Enttäuschung, Neugier und Gekränktheit hinunterschluckte.

„,Mein Herr, warten Sie doch noch ein wenig, dann wird der Kaffee sogar kalt. Und kalter Kaffee macht bekanntlich schön.'"

Martin machte eine kurze Pause und blickte mich an. „Und dann ist es erst richtig los gegangen. John wollte oder konnte sich nicht mehr halten: ‚Wir rasen gerade mit einer relativen Geschwindigkeit von 107000 Stundenkilometern rund um die Sonne. Sterne explodieren und Ihr Herz schlägt jetzt, ohne dass Sie etwas dazu tun müssten. Ihre Zellen produzieren in diesem Moment Energie, Darmbakterien säubern soeben Ihre Darmwände.

Wir sitzen in Wahrheit draußen im Universum, lediglich verdeckt von der Zimmerdecke und der Atmosphäre, in der wir nur bis zu einer gewissen Höhe leben können.

Alles fragil und überall Leben! Milliarden Jahre Evolution, Millionen Jahre Evolution des Menschen, die Besten überlebten. Der beste Same Ihres Vaters erschuf Ihren Körper, Sie waren die Hoffnung Ihrer Eltern ... Und dann so was ...

Sie jämmerlicher Lappen ärgern sich über die Temperatur des Kaffees und tyrannisieren die herzliche Bedienung, die Ihnen als Geschenk zuteil wurde? Wenn Sie Fehler suchen, dann benutzen Sie einen Spiegel und kein Fernglas. Kann das denn wahr sein? Der Stuhl, auf dem Sie sitzen, unterstützt Sie. Ihre Beine. Ihre Schuhe, Ihre Kleidung. Die Getränke. Alle kümmern sich um Sie.

Bitte, was ist denn das für ein freundliches Universum? Haben Sie nicht aufgepasst, als man Ihnen die Theaterrolle für dieses

Erdendrama mitgegeben hat? Wie sehr sich Gehirn und Herz verschließen können. Unglaublich!' Dann war es still, Noah."

„Wie hat der Gast reagiert?"

„Er war geschockt, spülte den Kaffee runter und stolperte aus dem Lokal. John schrie ihm hinterher: ‚Es ist ein freundliches Universum, freundlich! Sie brauchen übrigens nicht zu bezahlen!'"

„Und dann?"

„Er war tief in Gedanken versunken, bis er grinste und Susi zu sich holte. Er umarmte sie und sagte, dass sie ihre Würde auch nach außen zeigen sollte. Ich denke, sie kommt da sicher gut voran."

„Und ihr beiden? Kommt ihr auch gut voran?"

„Wir sind ein Paar, Noah! Wir sind schon dabei, Zukunftspläne zu schmieden. John meinte sogar, dass wir ihn vielleicht in den USA einmal besuchen könnten. Irgendwo im Südwesten."

„Echt?" Ich schluckte wieder. „Martin, weißt du eigentlich, wer John ist?"

„Ja, ein wunderbarer Mensch voller Humor und Wärme. Susi und ich finden, dass er der spirituellste, intelligenteste und humorvollste Mensch ist, den wir bis jetzt getroffen haben. Wir haben ihm das auch gesagt."

„Und wie hat er reagiert?"

„Er meinte, dass er einfach eine Projektion sei. Wir hätten ihn auch miterschaffen. Das war aber wieder eine seiner schwer zu verstehenden Aussagen."

Mir war klar: Ich musste etwas unternehmen.

Coyote schien an vielen Ecken aufzutauchen, aber nicht mehr in meiner Wohnung. Hatte ich vielleicht etwas falsch gemacht? Keine Ahnung.

8 Der Berg ruft

Ich suchte Kontakt zu meiner Freundin Hannah, die in Irland Musik studierte und erzählte ihr alles. Bis auf eine winzige Kleinigkeit: Ich wollte ihr vorenthalten, dass es sich um *Old Man Coyote* handelte. Sie sollte nicht an meiner geistigen Gesundheit zweifeln.

Hannah war begeistert von der Tatsache eines verrückten, spirituellen Lehrers und von meinen Schilderungen von Franziska.

„Erzähl Franziska doch alles", schlug Hannah vor. „Sie scheint sehr offen zu sein."

Nach einer Pause fügte sie noch hinzu. „Mach dir nicht so viele Gedanken. Du hast ganz sicher keinen Fehler gemacht. Dein John Fox hat wahrscheinlich momentan viel zu tun."

Ich dachte über Hannahs Worte nach.

Wenig später rief ich Bert an. Wir vereinbarten für den nächsten Tag eine Skitour auf seinen Lieblingsberg. Leider hatte Bert am Sonntag keine Zeit. Mir wäre das lieber gewesen, denn heute, Freitagabend, stand noch die Weihnachtsfeier unserer Schule am Programm.

Es war schon dunkel, als ich zum *Bärenwirt* ins Nachbartal losfuhr. Auch in der Finsternis war die Landschaft wunderschön. Vage konnte ich die Bergsilhouetten ausmachen.

Leuchtende Christbäume säumten den Weg bei meiner Fahrt. Ich summte vor mich hin. Ein wohliges Heimatgefühl beschlich mich und ich war dankbar, hier leben zu dürfen. Jeden Tag.

Nachdem ich auf der Anhöhe vor dem *Bärenwirt* geparkt hatte, begrüßte mich der Chef persönlich.

„Lehrerfeier?", fragte er, während er meine Hand auf- und abschüttelte, sodass ich befürchtete, sie würde herausfallen. Erst nach einer halben Ewigkeit kam meine Hand wieder unter seiner zum Vorschein.

„Sie sollten Grundsteuer für diese Handflächen bezahlen", scherzte ich.

„Drinnen warten schon ein paar weitere Vögel", brummte er nur.

Ein Kind an unserer Schule, Lukas Dorfmann, stammte von diesem Wirtshaus. Katja fühlte sich deswegen verpflichtet, der Gaststätte einen Besuch mit den Lehrern, dem Hausmeister und dem Putzpersonal abzustatten.

Keiner hatte eine rechte Freude damit, denn Lukas Papa war bekannt als grantiger Brummbär und Raubein. Gerade im Kommunikationsverhalten galt er eher als Freund der Grobmotorik und so mancher Gast musste daran glauben.

Herr Dorfmann pflegte einen Spruch, der seinen Zugang zum Beruf trefflich beschrieb:

„Es gibt Wirtshäuser und Gasthäuser. Bei Gasthäusern steht der Gast im Mittelpunkt. Ich betreibe ein Wirtshaus!"

Einige Kollegen plauderten schon angeregt. Nach der kurzen Begrüßungsrunde setzte ich mich neben Gertrude und Hermann, Katjas Vorgänger, der jedes Jahr zur Weihnachtsfeier eingeladen war. Gertrude strahlte über das ganze Gesicht. Dietmar kam zur Tür rein, seine Frau Marlies im Schlepptau, die er als seine „persönliche Drei-Viertel-Mehrheit" vorstellte.

Während Ex-Direktor Hermann über Weine und Wirtshäuser, Heurigenwirte und gutes Essen referierte, drifteten meine Gedanken ab und landeten bei Franziska und Coyote.

Endlich! Franziska schneite mit Martin und Patrizia bei der Türe rein. Sie grinste, als sie sah, wo ich gelandet war.

Sofort taxierte Hermann, der dem Lebensmotto *Wein, Weib und Gesang* viel abgewinnen konnte, Franziska und Patrizia von oben bis unten. Er konnte die Figur jeder Frau in Bruchteilen einer Sekunde erfassen.

„Schade", meinte er nur, „seit ich nicht mehr an der Schule bin, schießen die schönen Frauen wie Pilze aus dem Schulboden."

Ich aß meine Gemüselaibchen und trank alkoholfreies Bier. Hermann runzelte die Stirn.

„Bist du krank? Du isst ja nur Beilagen."

„Nein, für mich ist das die Hauptspeise. Keine Angst, ich falle nicht vom Fleisch."

„Bist du ein eingefleischter Vegetarier?"

Ich nahm noch einen Bissen und versuchte Hermann und seine Scherze zu ignorieren, aber er konnte nicht aufhören.

„Du futterst meinem Essen das Essen weg. Der Wirt hat in weiser Voraussicht nur Plastikblumen auf den Tisch gestellt."

Maria schüttete sich fast den Rotwein auf ihr sündhaft teures Kleid.

„Eine komische Entwicklung nehmen die jungen Leute heutzutage. Hoffentlich vermehren sich die Vegetarier nicht."

„Nein, die pflanzen sich fort", konterte ich.

Katja kam zu uns herüber und sah nach dem Rechten.

„Sag mal, Hermann, habt ihr Senioren heutzutage überhaupt nichts anderes mehr im Kopf als trinken, essen und Busreisen?"

„Gibt es denn noch etwas anderes?" Hermann grölte und schlug sich auf die Schenkel.

Nach dem Essen schlich ich nach draußen, um vor dem Eingang zu rauchen. Franziska folgte mir.

„Noah, bist du traurig? Was ist los mit dir?"

„Ach, ich hab das Gefühl, nicht ganz in diese Welt zu passen. Kennst du das?"

„Ja, das kenne ich verdammt gut".

Wir genossen die wenigen Minuten in trauter Zweisamkeit, bis Hermann vor die Tür trat. Er klopfte mir im Vorbeigehen auf die Schulter.

„Schöne Freundin, gratuliere. Dürfen Vegetarier übrigens Schmetterlinge im Bauch haben?"

„Ja sicher, ich esse sie ja nicht. Franziska habe ich aber zum Fressen gern. Und weißt du, warum so viele Fliegen und so wenige Schmetterlinge erschlagen werden? Alles eine Frage des Aussehens."

Als wir wieder in der warmen Stube waren, setzten wir uns zu Patrizia und Martin und meine Stimmung hellte auf. Hermann nervte mich mittlerweile gehörig.

„Habt ihr schon von Gertrudes Affäre gehört?" Patrizia war aufgeregt.

„Echt, unsere Gertrude?"

„Ja, mit einem älteren Herrn. Mehr weiß ich auch nicht. Ich hatte gehofft, ihr könntet mir mehr erzählen."

Martin winkte Gertrude zu uns an den Tisch.

„Gertrude, stimmt es, dass Liebeständelei deinen Weg nun säumt? Wäre ich um ein paar Jahre jünger, ich hätte schon längst um deine Hand geworben."

„Ach, du Charmeur. Ich habe einfach einen sehr interessanten Mann kennen gelernt. Und wir haben eine wundervolle Nacht zusammen verbracht."

Franziska grinste mich an.

„Kennen wir den Mann, Gertrude?"

Patrizia wartete auf die Antwort, als handle es sich um eine Botschaft des Orakels von Delphi.

„Okay, aber hängt es bitte nicht an die große Glocke. Ihr kennt ihn. Es ist John Fox."

„Was? Wie?" Ich verlor die Contenance. „Bist du dir sicher, Gertrude?"

„Ja, natürlich, Noah."

Das Lächeln der Glückseligen lag auf ihren Lippen.

„Wie soll das gehen? Ich kann es nicht glauben. Hatte er einen langen Schwanz? So einen ..."

Alle Augen waren auf mich gerichtet.

„... einen buschigen."

„Noah, du scheinst zu tief ins Glas geschaut zu haben."

Oh nein, ich hatte noch viel zu wenig getrunken! Da war ich mir jetzt sicher.

„Noah, warum gönnst du Gertrude nicht auch noch ihren Spaß?"

„Was ist mit dir los, Noah?" „Trink weniger, Noah."

Ich musste mir einige Fragen und Empfehlungen gefallen lassen.

Später sangen wir Weihnachtslieder und prosteten auf die Geburtstagskinder. Auch auf mich wurde angestoßen, denn ich hatte in wenigen Tagen Geburtstag. Franziska wirkte besorgt. Die Kellnerin stellte einen Schnaps an meinen Platz. Ich musste das Schnapsglas heben, allen zuprosten und den Inhalt mit einem Schluck austrinken. Nichts Schöneres konnte mir in diesem Moment passieren. Mann, war das ein Feuerwasser! Und es schmeckte verboten gut ... Die ersten Witze flogen über den Tisch.

„Na, da brennt die Luft und steppt der Bär beim Bärenwirten", flüsterte mir Franziska ins Ohr. „Gertrude ist auch nur ein Mensch, John Fox auch. Weißt du noch, wie wir über die beiden gescherzt haben? Gertrude und Hans Fuchs ..."

John Fox, auch nur ein Mensch. Ich hätte ihn vor lauter Sehnsucht am liebsten geschlagen.

Aber er war nicht hier, sondern trieb sich lieber mit alten Frauen herum. Bald stand schon das fünfte Stamperl auf meinem Platz. Ich verlor zusehends den Überblick und die Kontrolle über die Alkoholzufuhr.

Dietmar hatte mich diesmal eingeladen. Seine Frau Marlies war überraschend witzig und offen. Ihre Augen sprühten vor Lebendigkeit und sie strahlte eine sehr sympathische Wärme aus. Sie trank keinen Alkohol, nahm aber trotzdem am spaßigen Treiben teil. Interessant und etwas irritierend, denn ich hatte mir Dietmars Frau ganz anders vorgestellt.

Ich bedankte mich bei ihm für die Einladung. Nach einem kurzen Gespräch verschwand er in der Toilette, dem einzigen Ort, wo ein Mann noch in Ruhe Mann sein konnte, wie er meinte.

Irgendwann landeten die letzten Gäste an der Bar, wo der Bärenwirt einen seiner gefürchteten Witze erzählte. Diese waren für Kinder, schwangere Frauen, ältere Mitmenschen und sensible Personen meist ungeeignet.

„Lehrer", polterte er los, „ein Witz zum Nachdenken, bevor ihr in die nächsten Ferien stolpert: Was ist der Unterschied zwischen Pädagogen und Pädophilen? Die Pädophilen mögen Kinder!"

Er lachte laut ein Solo. Ansonsten war es ruhig, was ihn weiter nicht störte. Seine ungehobelte Art stieß mir sauer auf.

Außerdem trieben auch schon seit geraumer Zeit etliche vergärte Getränke in meiner Blutbahn.

„Bussibär", lallte ich, „hoffentlich ist dein Zirbenschnaps nicht so geschmacklos wie deine Witze."

Er schaute zu mir herüber.

„Ich glaube, anstelle eines Herzens hast du einen Leberknödel. Und das hier ist übrigens ein Gasthaus, und darum bringst du auf meine Rechnung eine Runde Zirbenschnaps, aber flott!"

Okay – es war doch ein Wirtshaus! Es dauerte nicht lange und Bussibär entließ nach einem weiteren Wortwechsel den Hustinettenbär, so nannte er mich, eher unfreundlich ins Freie.

Franziska war sauer. So kannte sie mich nicht. Was ihr aber wirklich Sorgen machte, war meine Skitour früh am Morgen.

Ich entschied mich noch dazu, selber nach Hause zu fahren.

„Bist du von allen guten Geistern verlassen, Noah? Lass das Auto stehen. Ich fahre dich nach Hause. Du kannst das Auto morgen abholen."

„Nein, Franziska. Ich habe mich mit Bert zu einer Tour verabredet."

Ich sprang ins Auto und fuhr weg. Damit zog ich mir noch weiteren Unmut von Franziska zu. Daheim angekommen schrieb ich ihr noch eine SMS und erhielt im Gegenzug einen wütenden Smiley und zuletzt dann doch noch ‚Schlaf trotzdem gut, Dummkopf'.

Nach gefühlten fünf Minuten Schlaf läutete der Wecker um halb sieben. Ich schleppte mich aus dem Bett. Mein Kopf hämmerte und polterte.

Wie konnte mir die gestrige Entgleisung nur passieren? Zum Glück war ich in keine Verkehrskontrolle geraten.

Der Kaffee tat gut, aber mein Magen reagierte empfindlich. Ich zog mich an, nahm meine schon vorbereitete Ausrüstung mit nach unten und verstaute alles im Auto.

Die Nacht steckte mir noch in den Knochen und meine Glieder waren schwer. Bert wartete auf dem kleinen, etwas versteckten Parkplatz am Fuße des Berges und begrüßte mich überschwänglich. Er hatte seinen Lieblingsberg ausgesucht.

„Ein richtiger Kraftort ist das hier", meinte er und klopfte mir auf die Schultern.

Der Berg mochte ein Kraftort sein, aber schon nach den ersten Schritten merkte ich, wie wenig Kraft ich vor Ort hatte. Die Gefahr einer Tortur statt einer Skitour stand im Raum.

Bert spurte langsam vor mir durch den Tiefschnee. Er blieb oft stehen und schaute sich um. Ich dankte Gott jedes Mal, wenn Bert

Halt machte, in die Landschaft blickte oder mir eine interessante Geschichte erzählte. In diesen Momenten konnte ich mich erholen.

„Alles in Ordnung? Du wirkst ein wenig blass."

„Es geht so. Ich habe gestern wohl über die Stränge geschlagen."

„Wer weiß, vielleicht hast du das wieder einmal gebraucht."

„Da bin ich mir gar nicht so sicher."

Bei der Baumgrenze angekommen, atmete ich aus. Hinter uns lag das Tal und über uns ragten die Gipfel der Berge. Wir standen noch innerhalb der letzten Baumreihen.

„Weißt du, Noah. Ich hab oftmals Angst. Angst um uns und die Natur. So kann es doch nicht weitergehen. Ich hoffe, dass sich die Sanftmütigen durchsetzen und nicht die an Gier, Ignoranz und Angst Erkrankten."

„Hoffentlich, Bert."

„Hier oben tanke ich immer wieder auf. Am Berg fühle ich mich erhoben und kann dem Alltag für kurze Zeit entfliehen.

In den warmen Monaten verbringe ich viel Zeit auf diesem Berg. Einmal im Jahr faste ich für mindestens vier Tage auf meinem Lieblingsplatz. Manche Leute halten mich für verrückt, aber ich tue mein Bestes, damit sie mich noch ernst nehmen und ihre Kinder zu mir schicken. So kann ich ihnen wenigstens die Kunst des Überlebens weitergeben.

Wir stehen an einem gigantischen Scheideweg und wir brauchen eine neue Spiritualität, Noah, die sich als Teil des Ganzen wahrnimmt und nicht als Herrscher, der der Schöpfung seine Krone aufdrückt. Darum liebe ich auch die Spiritualität der indigenen Völker.

Ich misstraue den etablierten Religionen. Schau nur, wohin sie uns gebracht haben. Ich misstraue auch der Beliebigkeit und dem Zynismus einer geistlosen Welt, die nur die Oberfläche zu sehen vermag und an nichts glauben kann, was über diese hinausgeht. Noah, was meinst du? Wie wird es weitergehen?"

„Ich weiß nicht, Bert. Ich weiß nur, dass du zu jenen gehörst, die auch noch dann ein Apfelbäumchen pflanzen, wenn die Welt bald untergeht."

„Danke. Aber es ist nicht immer einfach, positiv zu bleiben. Am liebsten würde ich netzlos leben, nur mit dem Netz der Natur verbunden. Diese immense Menge an Negativität in den täglichen Nachrichten tut mir nicht gut."

„Ja, es ist schwer, sich gegen die Negativität der Informationen zu schützen."

„Weißt du, ein ganzes Meer an Wasser kann ein Schiff nicht zum Sinken bringen, es sei denn, das Wasser dringt in das Schiff ein.

Genauso wenig kann uns die Negativität da draußen nach unten ziehen, außer wir erlauben, dass sie in uns eindringt und uns nach unten zieht."

„Die negativen Nachrichten erreichen uns nun zusätzlich über alternative Wege. Oft sind sie noch dazu verzerrt."

„Stimmt, aber wegen ein paar Piraten will man nun die freie Schifffahrt abblasen. Ich halte das für sehr gefährlich."

Bert blickte hinauf zum Gipfel. „Sorry, dass ich dich an diesem schönen Platz mit meinen Gedanken belaste, noch dazu, wo es dir nicht besonders gut geht."

„Keine Sorge, der Ausrutscher von gestern ist die eine Sache. Die andere ist, dass ich einen Seelenfreund vermisse. Leider habe ich keinen Kontakt mehr zu ihm."

Ich begann zu weinen, konnte mich einfach nicht mehr zurückhalten. Vielleicht war ich von letzter Nacht völlig geschwächt. Es half nichts. Der Damm brach. Ich redete mir alles von der Seele.

Bert hörte zu. Er kannte Legenden von *Old Man Coyote*. Er wusste mehr, als mir klar war.

Es war still, nur hie und da knackste ein Ast. Schnee rieselte von den Bäumen, wenn der Wind durch den Wald blies.

„Puhh!" Bert hatte es für einen kurzen Moment die Sprache verschlagen. „Noah, ich denke, es ist Zeit zu lieben, zu lachen und zu handeln. Es ist auch Zeit, dass wir uns eingestehen, nichts zu wissen. Umarmen wir doch das Unvorhersehbare und leben im Jetzt."

In diesem Moment kam ein mächtiger Wind auf. Wie ein gewaltiges Lachen zog er über uns und die Bäume hinweg. Ein durchdringendes Heulen war weithin zu hören.

„Und es ist Zeit, in das Tal abzufahren. Das könnte ein richtiger Föhnsturm werden!", schrie Bert, da wir fast nichts mehr hörten als das Heulen des Windes.

Schnell entfernten wir die Felle von den Skiern, verstauten diese in den Rucksäcken und drehten die Ski talwärts. Der Wind heulte, wuchs an und explodierte in einem Brüllen. Schnee wirbelte durch die Luft, hüllte alles in ein weißes Tuch und stach in mein Gesicht.

Ich kniff die Augen zusammen, versucht die Konturen der Landschaft zu schärfen. Der Wind bog die Fichten und ich hatte Angst, dass sie wie Streichhölzer brechen würden.

Dann krachte es laut hinter mir. Alles ging ganz schnell. Der Stamm einer riesigen Fichte schlug mit einem dumpfen Laut auf. Nur der Schnee und der Lärm des Sturmes dämpften das Geräusch des Aufpralls.

„Es ist zu gefährlich hier im Wald, lass uns rausfahren!"

Aber der Wind trug meine Stimme weg. Ich sauste hinter Bert, der mich nicht mehr hörte, her, zwischen den Bäumen hindurch. Einmal hatte ich das Gefühl, als würde sich der Boden unter mir heben, die Wurzeln nach oben dringen. Voller Panik betete ich. Tannen, Kiefern und Fichten bogen sich beängstigend.

Dann durchbrach das Krachen eines umstürzenden Baumes das Geheul des Windes. Überall waren Bäume, ich hatte keine Orientierung mehr und suchte verzweifelt nach einem Ausweg aus dem Bäumegewirr. Der Sturm tobte, drückte mich und raubte mir die Luft.

Voller Panik betete ich weiter. Etwas anderes konnte ich nicht tun, während Windböen durch den Wald rasten. Ich kämpfte um mein Leben, versuchte nicht zu stürzen, als mich plötzlich, völlig unvermittelt, eine unglaubliche Stille erfasste. Eine innere Zuversicht, die nicht wirklich zur äußeren Situation passen wollte, breitete sich aus. Ich sang aus Leibeskräften, konnte mich kaum hören, weil der Sturm auch an meinen Ohren zu rütteln schien. Ich lachte. Die Angst war wie weggespült und hellwach sauste ich weiter in Richtung Tal, fühlte den Wind, sah die Bäume, wie sie wankten. Äste fielen zu Boden und ich war Teil davon. Ich fühlte mit allem. Inmitten des Chaos war ich geborgen. Wieder krachte ein Ast vor mir zur Erde. Ich wich im Bruchteil einer Sekunde aus und flitzte weiter den Berg hinab.

Bert und ich verließen den Wald und fuhren über eine offene Fläche. Der Sturm flaute ab und das Heulen des Windes verebbte.

Wir genossen unsere Schwünge durch den Schnee, bis wir bei einem Wäldchen zum letzten Hang gelangten. Dort schnallten wir unsere Skier ab, setzten uns an den Rand des Waldes und schauten hinunter in den Talkessel. Der Sturm, der sich ein wenig gelegt hatte, war an diesem Übergang nur mehr als fröhlicher Wind zu spüren. Wir blicken uns an und mussten unwillkürlich lachen.

„Noah, vielleicht werden die Clowns diese Welt verändern, diejenigen, die lachen können, während die Welt tobt. Clowns dieser Welt, vereinigt euch!"

„Heute fühle ich mich eher dem lieben Augustin sehr nahe. Schlechter Gasthof, Restalkohol und mitten im Hexenkessel heftige Heiterkeitsausbrüche. *Lustig gelebt und lustig gestorben, ist dem Teufel die Rechnung verdorben!*", zitierte ich den Wahlspruch von Augustin.

„Ehrlich, Noah. Ich meine es ernst mit den Clowns!"

„Wo ist Ernst, ich finde ihn nicht? Ernst, wo bist du?", brüllte ich in die Weite der Natur hinaus.

Ich konnte gerade überhaupt nichts mehr ernst nehmen. Bert gab auf und lachte.

„Du bist mir ein Vogel!", meinte er noch, als es plötzlich donnerte und ein warmer Windstoß über uns hinwegfegte.

„Oh, der Donnervogel", flüsterte Bert voller Respekt.

„Hier bin ich, Noah. Hier!"

Ich blickte mich um und entdeckte eine Gestalt, die sich uns zielstrebig näherte.

„Coyote!", schrie ich mir die Kehle wund. „Coyote!"

Ich sprang auf und lief ihm entgegen. Coyote grinste über beide Ohren, tänzelte zu uns, gab mir einen Klaps auf die Wange und lachte.

„Freue mich riesig, dich wieder zu sehen, Dionysos, mein kleiner Gott des Weines. Sorry, wegen meiner Verdauung."

„Du meinst wohl Verspätung."

Coyote zuckte bloß mit den Schultern. Seine Augen funkelten wissend. Ich weinte und lachte vor Glück. Coyote hielt mich. In meinem Körper breitete sich ein Gefühl des Daheimseins aus, während er vibrierte und unwillkürlich zuckte.

„Du machst dich wirklich gut! Ich bin stolz auf dich, Noah."

„Wirklich?"

Ich konnte es kaum glauben.

Dann begrüßte Coyote Bert. „Warum tobt der Wind, warum toben die Heiden? Warum könnt ihr lachen, während die anderen leiden?", reimte er in den Wind.

„Weil wir so entscheiden", gab ich zur Antwort.

Und da waren wir, drei lachende Buddhas, am Waldesrand. Wir rasteten auf einem Baumstamm, der am Übergang in den Schneehang lag.

„Magst du mir deinen Freund vorstellen, Noah?", fragte Bert.

„Bin gespannt", murmelte Coyote.

„Also, das hier ist mein teurer Freund Coyote, *Old Man Coyote*, von dem ich dir heute schon erzählt habe. Er ist legen ... wait for it ... dary." Ich zitierte Barney Stinson aus der Serie *How I met my coyote – pardon - your mother*.

„Also, gerade an einem grauen Tag, an dem ich enorm frustriert war, tauchte dieser alte Scheißer auf und pumpt seitdem unaufhörlich Sauerstoff in mein Leben.

Coyote besuchte mich in den letzten Wochen viele Male in meiner Wohnung. Seitdem ist alles anders. Als John Fox hilft er derzeit auch Menschen in meinem Umkreis. Soviel ich weiß."

Ich zwinkerte ihm zu. „Ja, *Old Man Coyote* ist eine Legende, eine lebendige Legende für die Ewigkeit!"

Dann stellte ich Bert vor. Coyote nickte und hörte genau zu.

„Wir sitzen hier genau am Übergang vom Wald in die offene Wiese, die mit Schnee bedeckt ist", sagte Bert und sog die Landschaft in sich auf. „Ich mag es, an solchen Schnittstellen zu sein."

„Tja, und ich tanze an der Grenze."

Coyote wippte hin und her.

„Ein tanzender Grenzgänger, der alles durcheinanderwirbelt", flüsterte ich Bert zu.

„Das machen aber auch andere Grenzgänger, besonders jene, die der Natur verpflichtet sind."

„Meinst du etwa Pan, Merlin oder so?", fragte Bert nach.

„Ja, absolute Grenzgänger, keine Frage. Und mit unbestechlichem Humor versehen. Ich war als Pan bei euch an der Schule, Noah."

„War das vor meiner Zeit?"
„Naja, ich war doch der alte Ziegenbock neben dem heiligen Nikolaus."
„Coyote, was hat der Krampus mit dem Halbgott Pan zu tun?"
„Darf ich ein wenig erklären, Coyote? Ich kenne mich bei der Geschichte des Krampus ganz gut aus."
Coyote zog die Augenbrauen hoch und zündete sich eine Zigarette an. Dann nickte er Bert aufmunternd zu.
Bert räusperte sich und machte eine ausladende Handbewegung.
„Also, Pan ist ein Mischwesen mit einem menschlichen Oberkörper und dem Unterkörper eines Ziegenbocks. Pan war ein Grenzgänger zwischen der Natur und dem Menschlichen."
„Eine zauberhafte Mischung", ergänzte Coyote, während er an seiner Zigarette zog.
„Als Gott der Natur wurde er in Zusammenhang mit Hermes und Dionysos gebracht. Die Menschen liebten ihn. Die Panflöte wurde sein Zeichen. Später aber legte sich Angst um seine Gestalt. Schon im Altertum, als man ihn, beziehungsweise Faunus, noch am 5. Dezember feierte, verbreitete man mit Darstellungen von ihm pan-ische Angst. Pan konnte in der Mittagsstille durch einen Schrei ganze Herden aufschrecken und sie mit samt den Hirten in Pan-ik versetzen."
„Und angeblich auch junge Frauen an Schulen", unterbrach ich Bert.
„Und die Götter liebten diesen Naturgott, der sie zum Lachen brachte."
Coyote nahm einen weiteren Zug von seiner Zigarette.
„Mit der Abwendung und Dämonisierung von der Natur, vom Tierischen und von der Sexualität wurden im Mittelalter die Bilder von Pan als Darstellungen des Teufels übernommen. Und daraus entstand später der Krampus, diese Teufelsgestalt mit dem Fell, den Hörnern und dem Schwanz", erklärte Bert.
„Wenn man also Pan verdrängt, dann kommt er als Krampus wieder. Wenn man das Weibliche ausladen möchte, dann kommt es als unheilbringende Hexe wieder. Und wenn du den Drachen dämonisierst, dann erntest du Perversionen. Oder?"
„Yes, baby."
„Ja, mein Percht", antwortete ich.
„Und wenn wir Perchta, die Glänzende, die helle Frau, verdrängen,

dann kommt sie als dunkle, hässliche Gestalt bei Perchtenläufen zurück. Aber Perchta ist die große Göttin. Wir kennen sie zum Beispiel als Frau Holle. Ein tiefgehendes Märchen", erklärte Bert.

„Du bekommst eine großartige Note für deine Ausführungen. Aber schade, meine Schule ist unsichtbar."

Coyote lachte wieder. Bert und ich schwiegen für einen Moment.

„Stimmt es, dass man sich in den kommenden Rauhnächten wieder mit dieser urweiblichen Kraft verbinden kann?"

„Ja, genau Bert. Dies ist eine Zeit, die etwas Zeitloses hat, die sich dem System entzieht. Wie eine Falltür in eine andere Welt, nicht ganz fassbar", gab Coyote zur Antwort. „Aber das Einzige, was wir müssen, ist zu sein. Nicht dies und auch nicht jenes. Einfach sein."

„Ich finde es übrigens interessant, dass der Krampus offensichtlich mehr Sexappeal besitzt als der Nikolaus. Gertrude hat mich zuerst darauf gebracht. Tja, und jetzt ist es amtlich, du alter geiler Bock. Wie konntest du nur?"

„Lustiger Augustin, du hast dich gerade in den Heiligen Augustinus verwandelt."

„Danke für das Kompliment. Der war doch ein Kapazunda."

„Ja, aber nur im Bereich des Menschenoberkörpers."

„Willst du nur den Nikolaus ohne Krampus, Noah?"

Bert schaute mich fragend an.

„Darüber muss ich nochmals nachdenken. Aber warum gerade Gertrude?", wollte ich von Coyote wissen.

„Warum nicht? Es war ein schöner, beschwingter Abend im *Shannon*."

„Ihr ward im *Shannon*?"

„Ja, bis zur Sperrstunde. Sie glaubte, sie wäre zu alt dafür. Jetzt hat sie den Glauben daran verloren."

„Und ich dachte, dass ..."

„Du denkst zu viel in Gegenden, die du nicht bewohnst."

„Ja, aber ..."

„Noah. Ja, aber ist so ziemlich der blödeste Beginn eines Satzes. Mit ihm bleibst du gleich gespalten im Starthaus hängen."

„Na und? Dann bin ich eben ein Standgaspilot."

„Witzbold. Spalte dich nicht künstlich in die Zwei, sonst erntest du noch Zweifel. Nikolaus und Krampus gehören übrigens zusammen, so wie Ober- und Unterkörper, wie männlich und weiblich. Willst du nur das Eine, hast du das andere auch schon verloren."

„All die Spaltungen ... die Abkehr von der Natur, die Trennung von Körper und Geist, von weiblich und männlich ... War das nur ein Experiment? Was meinst du?", fragte Bert.

„Und was für eines! Das war im besten Fall gefährliche Medizin. Die männliche Energie neigt nun einmal zur Abkehr von der Materie. Sie strebt nach Freiheit. Das sieht man nicht nur an der Luft- und Raumfahrt."

„Hast du etwas gegen die beiden, alter Mann?"

Es donnerte noch einmal. Coyote hatte wieder einen fahren gelassen. Bert lachte sich schief, während Coyote ungerührt perfekte Ringe blies, die sich in der warmen Luft nach oben schraubten.

„Die weibliche Energie wendet sich dem Leben zu. Sie strebt nicht so sehr danach, sich in der Freiheit des Nichts aufzulösen. Das Weibliche strömt in das Alles. Das ist die Liebe. Nichts und Alles - zwei Seiten derselben Medaille. Großer Tod, großes Leben, großes Lachen, großer Tanz. Versteht ihr, was ich meine?" Coyote zog seine rechte Augenbraue hoch.

„Und zwei Zugänge beim Einkaufen", fügte Bert hinzu. „Beim Schuhkauf hat meine Frau eindeutig den Zugang zum Alles. Naja, nun nicht mehr ganz so wie früher."

„Es ist an der Zeit, die Gegensätze zu vereinen, in der Erkenntnis, dass es nie Gegensätze gab. Ist das klar, ihr Waschlappen?", brüllte Coyote plötzlich.

Bert zuckte etwas zusammen, er kannte Coyote noch zu kurz.

„Yes, Sir!", salutierte ich. „Und die Geschlechterrollen werden doch immer kreativer ausgedrückt. Glaube ich, zumindest."

„Stimmt, die Epoche des *Entweder-oder* neigt sich dem Ende zu. Das wird euch vielleicht den Arsch retten. Das Zeitalter der Integration ist angebrochen, meine Lieben. Das Leben ist keine Castingshow. Alle haben Platz und jeder ist ein Geschenk. Lasst euch nicht demütigen, sondern seid demütig, weil ihr ein Geschenk seid. Ist dir das auch klar, Bert?"

„Integration statt Perversion, tolles Motto", antwortete Bert. „Aber wer spaltet eigentlich, Coyote?"

„Ach, der alte Imitator, Fälscher, Stylist, Kopierer, Richter, Verdreher ... er hat seinen Stress, alles in den Griff zu bekommen.

Aber im eigenen Rankengewirr verliert er Raum, verfängt sich im eigenen Netz, mit dem er den Himmel einfangen wollte."

„Hat dieser Typ auch einen Namen?"

„Verstand nennen ihn manche. Andere sagen zu ihm Intellekt, unruhiger Geist. Wie auch immer. Das verstandesfixierte Denken will festhalten. Aber nichts, was lebendig ist, lässt sich wirklich einfangen, definieren, festhalten. Alles ist heilig und nix ist fix. Holy shit! Versteht ihr?

Holy – whole – ganz. Warum glotzt ihr so blöd? Wenn *holy* von *whole* stammt, dann wohl *ganz* von dummer *Gans*."

Er zog wieder kräftig an seiner Zigarette.

„Und dafür dürft ihr Aussätzige umarmen, Randgruppen reinholen, die Schwachen lieben, mit den eigenen Schwächen tanzen, die Kranken trösten, die Depressiven umarmen, die Eliten loben, den Flüchtenden ein Obdach geben, die verängstigten Radikalen verstehen und die Hinterherhinkenden an der Hand nehmen."

„Und ältere Frauen ausführen."

Coyote zog die Augenbrauen hoch, seine Stirn zeigte Falten. Er blickte mir tief in die Augen. Ich hatte wieder das Gefühl, als würde ich in den Sternenhimmel blicken. Coyote lächelte. Mir wurde warm ums Herz, ganz warm.

„Mitgefühl, Jungs. Für alles. Liebe ist alles, nicht nur das Glänzende oder das Unscheinbare. Liebe hat kein Gegenteil."

„Du bist ein Zauberer des Herzens!", entfuhr es Bert vor Begeisterung.

„Ja, im Englischen gibt es ein altes Wort: *Sourcerer*. In ihm steckt *Source*, die Quelle. Wenn du an ihr sitzt und von diesem lebendigen Wasser trinkst, lebst du wirklich. Dann bist du gesegnet vom wahren Pädagogen. Und es hält jung. Schaut mich an."

Coyote stand auf, ging zu Bert und klatschte über seinem Scheitel in die Hände. Berts Körper zuckte spontan. Danach setzte sich Coyote wieder.

„Vom wahren Pädagogen?", hakte ich nach.

„Ja, vom Geist, der in allen Dingen lebt, der zur Quelle zurückführt. Der Lebensfunke im Herzen aller Wesen. Die Brücke in die Ewigkeit, der Heiler deiner Albträume. Holy Spirit."

„Holy Shit!", entfuhr es Bert, dessen Körper immer wieder unwillkürlich zuckte.

„Das mit dem wahren Pädagogen sollte ich mal meinem ehemaligen Humanwissenschaftsprofessor von der Hochschule erzählen. Der würde mich in einer Zwangsjacke in eine Anstalt einliefern lassen."

„Ja, obwohl er selber in einer pädagogisch-wissenschaftlichen Zwangsjacke steckt", antwortete Coyote.

„Hast du etwas gegen Wissenschaft?", fragte Bert.

„Nur wenn sie zum Götzen wird, dem der Mensch zu dienen hat; aber nicht, wenn sie dem Menschen, dem Leben dient."

„Coyote, wir nannten die Humanwissenschaften oft liebevoll Humorwissenschaften, weil ihre Vertreter sich oft peinlich wichtig nahmen. Die Suppe der Wissenschaftlichkeit war eher dünn."

„Eine gute Theorie ist wunderbar, aber sie soll der Praxis dienen und nicht umgekehrt. Und wenn die Humanwissenschaft sich zu ernst nimmt, dann wird sie eben zu einem Humus für angehende Kopfträger - pardon Lehrer - in den Schulklassen. Sie wird zu einer Humuswissenschaft! Holy shit!"

„Und dann braucht es Kopfgeldjäger wie dich. Nicht wahr?"

„Richtig. Ein himmlischer Job."

Er drückte die Zigarette aus und verstaute den Stummel in einer kleinen Blechschachtel, die sich in seiner Brusttasche befand.

„Unbewegliche Theorien erstarren und versteinern zu Fossilien. Passt auf, dass ihr eure Gehirne nicht andauernd mit diesen fossilen Brennstoffen versorgt, denn dann könnte es passieren, dass zu viel warme Luft aus euren Mündern entweicht und die Erwärmung des Klimas noch schneller voranschreitet."

Bert lachte über diesen Vergleich, während er noch hinzufügte: „Tja, und die Dummen haben's gerne warm, wie mein Großvater oft meinte."

Uns wurde kalt, auch wenn der Föhn wärmere Luft in unsere Gegend befördert hatte.

„Jungs, ihr ward großartig!"

„Du, Coyote", murmelte Bert. „Ich habe noch eine Frage: Siehst du die männliche Energie auch linear und nach oben steigend? Und die weibliche Energie, ist sie nicht mehr als Kreis zu verstehen?"

„Verbinde sie. Dann erhältst du eine aufsteigende Spirale!"

Während wir von seiner Antwort verblüfft waren, meinte er nur:

„Schönen Tag noch, meine Lieben. Den habt ihr euch verdient. Hätte viel blöder ausgehen können. Wir sehen uns bald wieder."

Dann spazierte Coyote den Wald nach oben, dorthin, woher er zuvor gekommen war. Dabei rauchte er genüsslich seine Zigarette und lachte vor sich hin.

„Du bist herzlich zu meiner Wintersonnenwendfeier eingeladen, Coyote!", rief ihm Bert nach.

„Danke für diese Bergpredigt!", ergänzte ich.

„Die solltet ihr unbedingt lesen. Worte für die Ewigkeit. Lest sie mit dem Herzen und nicht mit dem Kopf, denn *selig sind die Armen im Geiste.*"

Weg war er. Die letzten Worte verstanden wir gerade noch. Bert und ich schnallten die Skier an und zogen weite Schwünge hinunter ins Tal.

Bert lud mich auf einen Kräutertee bei sich zu Hause ein. Die Straße zu Berts Domizil schlängelte sich den Berg nach oben. Als wir ankamen, bewunderte ich sein uriges Holzhaus. Es erinnerte mich an eine große kanadische Blockhütte in den Rocky Mountains. Nach einem Rundgang stapften wir in die Stube und wärmten uns. Über Berts Schreibtisch hing ein Ausspruch des Dalai Lama, der mich sofort packte:

> *„Der Planet braucht keine ‚erfolgreichen Menschen' mehr. Der Planet braucht dringend Friedensstifter, Heiler, Erneuerer, Geschichtenerzähler und Liebende aller Arten. Er braucht Menschen, die gut an in ihren Plätzen leben. Er braucht Menschen mit Zivilcourage, bereit, sich dafür einzusetzen, um die Welt lebenswert und menschlich zu gestalten. Diese Qualitäten haben wenig mit der Art von Erfolg zu tun, wie er in unserer Kultur verbreitet ist."*

Daneben klebte ein vergilbter Zettel mit folgenden Worten von Edward Young: *„Wir werden als Originale geboren, warum sterben so viele von uns als Kopien?"*

„Dalai Lama und auch Papst Franziskus, das sind zwei erstaunliche

Lichtgestalten in schwierigen Umgebungen", meinte Bert, als wir über diese Männer sprachen.

Neben dem Computer entdeckte ich eine Wildkamera.

„Wozu brauchst du die denn?", fragte ich ihn.

„Oh, die habe ich im Herbst einem Jäger entwendet."

„Echt?"

„Die Privatsphäre geht mittlerweile sogar im Wald verloren. Dieser Jäger hat sein halbes Revier mit Kameras verhängt, da fehlt eine nicht. Mir macht es überhaupt Spaß, Kontrollen zu umgehen. Heute aber hat mich Coyote etwas gelehrt: Die Überwindung der inneren Kontrolle mit Humor und Herzlichkeit. Das ist noch viel stärker als gegen äußere Kontrolle anzukämpfen. Es ist jener Moment, wo wir das gewaltsame Spiel des Establishments verlassen."

„Du hast von Coyote schnell gelernt, Bert!"

„Verrückt ist das alles mit Coyote. Herrlich verrückt. Nicht wahr, Noah?"

Ich grinste über beide Ohren, während eine heiße Träne über meine Wange kullerte.

„Noah, in letzter Zeit hätte ich mich am liebsten völlig in die Natur zurückgezogen. Dich und Coyote getroffen zu haben, gibt mir aber neuen Mut, in beiden Welten leben zu können.

Vor einigen Jahren war ich mal monatelang mit einer kleinen Gruppe in der kanadischen Wildnis unterwegs. Wir lebten nur von dem, was die Natur uns gab. Anfangs war das beinhart. Aber später, da wollte ich nicht mehr zurück in die Zivilisation. Ich war so glücklich und lebendig wie nie zuvor. Es war ein Schock, wieder in das Getriebe dieser Welt zurückzukehren. Aber ich habe hier eine Aufgabe."

„Was hältst du von der Schulwelt, Bert?"

„Bildung durch Schulen kann neue Chancen eröffnen. Klar. Auf der anderen Seite versuchen die Schulen, Kinder hinzubiegen. Schule ist ja nicht nur ein Ort der Bildung und Freiheit, sondern ebenso ein Ort der Einflussnahme der Mächtigen in einer Kultur.

Ich träume von Selbstermächtigung und Souveränität auf vielen Ebenen, auch im Bildungsbereich. Aber mächtige und verdeckte Interessen stellen sich diesem Recht noch entgegen."

„Siehst du eine Partei oder Organisation, die deine Anliegen unterstützt?"

„Eigentlich nicht wirklich, Noah. Parteien entwickeln nach ihrer Gründung sehr schnell ein Ego. Sie werden territorial, grenzen sich ab und agieren im Geist der Konkurrenz. Wir brauchen etwas Neues, Selbstermächtigendes, Kooperatives."

Während wir sprachen, kam Berts Frau Miriam mit den Kindern nach Hause. Miriam wirkte wie ein feiner, sinnlicher Naturengel. Sie hatte beeindruckende Augen, in denen man sich leicht verlieren konnte. Ben und Jana sprangen aus dem Auto und tollten im Schnee umher.

„Bert, irgendwie riecht es hier nach Pommes, oder?"

„Ach so. Wir verwenden für den Jeep immer wieder das gebrauchte Frittieröl von Wirtshäusern."

„Normalität ist für euch wirklich kein Parameter."

Wir mussten beide lachen.

„Noah, *die Normalität ist eine gepflasterte Straße, man kann gut darauf gehen. Allerdings wachsen auch keine Blumen auf ihr.* So hat´s Vincent van Gogh formuliert."

Ich genoss die Zeit mit Berts Familie und tuckerte erst am späten Abend, als wieder heftiger Wind aufkam, mit meiner Karre nach Hause, denn ich hatte ein Treffen mit den Jungs im *Shannon Inn* ausgemacht.

„Komm mit deinen Freunden zur Wintersonnenwendfeier!", hatte mir Bert bei der Abfahrt noch hinterhergerufen.

9 Das Leben ist ein Gasthaus

Ich nahm mir vor, Franziska von Coyote zu erzählen, so wie es Hannah mir vorgeschlagen hatte.

Während ich den heißen Kaffee schlürfte und meine *Indian Spirit* rauchte, las ich in einem Buch über Rumi, das mir Coyote mitgebracht hatte.

Eine Stelle sprang mir sofort ins Auge: Das Leben ist ein Gasthaus. Vielleicht hing das auch mit meinem gestrigen Erlebnis zusammen.

DAS LEBEN IST EIN GASTHAUS

„Das menschliche Dasein ist ein Gasthaus.
Jeden Morgen ein neuer Gast.
Freude, Depression und Niedertracht –
auch ein kurzer Moment von Achtsamkeit
kommt als unverhoffter Besucher.
Begrüße und bewirte sie alle!
Selbst wenn es eine Schar von Sorgen ist,
die gewaltsam dein Haus seiner Möbel entledigt,
selbst dann behandle jeden Gast ehrenvoll.
Vielleicht bereitet er dich vor auf ganz neue Freuden.
Dem dunklen Gedanken, der Scham, der Bosheit –
begegne ihnen lachend an der Tür
und lade sie zu dir ein.
Sei dankbar für jeden, der kommt,
denn alle sind zu deiner Führung geschickt worden
aus einer anderen Welt."
    (Dschalal ad-Din Muhammad Rumi, 1207 – 1273)

Tja, wie würde wohl ein Gedicht des Bärenwirten zu diesem Thema klingen?

Das Leben ist ein Wirtshaus

Das menschliche Dasein ist wie mein Wirtshaus ... Jeden Abend ein neuer ungebetener Eindringling ... Freunde, Depressive, Niederträchtige und vielleicht ein Anständiger ... Ich begrüße und bewirte nur die wenigsten.

Und wenn es eine Schar von Problembeladenen ist, die mich gewaltsam um meine Möbel erleichtern, dann pfeife ich auf ihre Ehre ... Sie bereiten mir nur Unglück. Den dunklen Gestalten, den Aussätzigen und Bösen... ich begegne diesem Gesindel grimmig vor der Tür und weise sie ab. Genervt bin ich, denn sie alle wurden geschickt, um mich zu schädigen.

Ich schmunzelte, denn Rumis poetische Worte sprachen genau das an, worüber Coyote am Ende der Skitour gesprochen hatte: Liebe und Integration.

Schlagartig war mir klar: Äußere Integration funktionierte nur, wenn zuvor die innere Integration klappte. Ich konnte andere Menschen nur lieben, wenn ich lernte, mich selbst zu lieben.

Diese Gleichung war tröstlich, aber auch schwierig. Jeder Spatz, der etwas von sich hielt, pfiff mittlerweile Selbstliebe vom Dach, aber es zu leben war ungleich schwieriger.

Ich öffnete die Tür zum *Shannon Inn*. Eine ausgelassene Stimmung schwappte mir entgegen. Viele Besucher, die an der Bar standen oder bei den Tischen saßen, sangen zur Livemusik. Einige tanzten in der Mitte.

Michael hatte mich gesehen und winkte. Er, Jakob und Florian hatten einen Tisch reserviert. Ich hatte es völlig vergessen, aber heute war noch ein Pub-Quiz angesagt. Schade, dass Franziska keine Zeit hatte, um dabei zu sein ...

„Hallo, Mädels", begrüßte ich meine Freunde, während die Sängerin wieder ihre Geige schnappte und virtuos auf ihr spielte. Susi begrüßte mich herzlich und nahm die Bestellung auf.

„Du wirkst müde, Noah", meinte sie.

Alle anderen stimmten ihr zu. Ich erzählte von der Schulweihnachtsfeier und der heutigen Skitour mit Bert.

„Du bist ja wahnsinnig, Noah. Bei diesem Föhnsturm seid ihr in den Bergen unterwegs gewesen? Der Sturm war doch angekündigt." Jakob wunderte sich.

„Dass er aber so heftig ausfallen würde, damit hatte keiner gerechnet", erklärte Florian.

Es dauerte nicht lange und Martin sauste bei der Türe rein. Er küsste Susi und kam dann rüber zu uns an den Tisch. Auch Michael freute sich, Martin endlich kennenzulernen.

„So schnell war ich noch nie im *Shannon*. Draußen stürmt es und manche Windböen schubsten mich regelrecht Richtung Pub. Eigenartig ist das Wetter. Jetzt ist es ziemlich warm geworden, morgen wird es schon wieder kalt."

Während einer längeren Pause der Band erzählte Martin wahre Wunderdinge vom Meister seines Kung-Fu-Trainers. Ich lauschte gespannt, hatte ich doch von Kampfkunst nicht wirklich viel Ahnung.

„Wie oft trainierst du, Martin?", wollte Michael wissen.

„Dreimal die Woche."

„Hast du das Gefühl, dass es dir gut tut?"

„Ja, sehr", antwortete plötzlich Susi. „Wer von euch möchte noch etwas essen?"

Martin bestellte einen vegetarischen Burger, alle anderen Fish and Chips. Im *Shannon* gab es seit Susi eine besondere Neuerung. Es wurde kein Meeresfisch für die Zubereitung mehr verwendet, sondern Karpfen aus heimischen Gewässern, hervorragend mit unterschiedlichen Dips zubereitet. Das *Shannon* war dafür weithin bekannt.

„Habt ihr eine spontane Idee für unseren Quiznamen? Es geht gleich los."

Florian war ungeduldig.

„*Limited Edition*, was haltet ihr davon?"

„Super Idee, Noah." Florian gab den Namen sofort weiter.

Nach einer Interpretation des Stückes *How to tune a fish* aus dem gleichnamigen Album von *Beoga* eilte Susi auf die Bühne, um das Quiz zu moderieren. Auf den Tischen lagen Kärtchen, auf die die Antworten geschrieben werden sollten.

„Was bedeutet das gälische Wort *Beoga*?"

Die Handys aller Teilnehmer waren ausgeschaltet, das WLAN von Seiten des Pubs deaktiviert. Susi stellte vier mögliche Antworten zur Auswahl: freudvoll, lebendig, grün, regnerisch.

„Lebendig", meinte ich.

Florian blickte nach oben, als würde ihm die Antwort in den Schoß fallen.

„Hm. Grün und regnerisch wäre mir fast zu einfach."

„Nehmen wir doch lebendig. Egal."

Michael wirkte ungeduldig.

Ich beobachtete Susi, die neugierig durch den Raum blickte und unversehens winkte. Ein lautes Lachen war zu hören. Franziska und Coyote! Meine Lieblinge im Doppelpack!

„Franziska, Coyote, was macht ihr denn hier?"

„Wer?", fragten Martin und Florian etwas erstaunt.

„John Fox natürlich, nicht John Coyote. Eh klar", korrigierte ich mich.

„Na, solange du mich nicht John Deere nennst, passt ja alles!", meinte Coyote und brummte wie ein Traktor.

Dann schaute er unschuldig wie ein Reh. Franziska setzte sich auf den letzten verbliebenen Platz.

„Ich hab´s ohne dich nicht mehr ausgehalten", flüsterte sie mir zu.

Coyote holte einen Sessel vom Nachbartisch am Rande der Bühne.

„*Lebendig* ist die richtige Antwort!"

Susi verkündete das korrekte Ergebnis über das Mikrofon, prüfte die Antworten und trug die Punkte mit Kreide auf einer kleinen Tafel ein. Die Sängerin der Band spielte zum Spaß mit der Geige auf.

„Wer war der erste irische Nobelpreisträger?", war schon die nächste Frage und kurz darauf erklärte Susi: „William Butler Yeats ist die richtige Antwort."

Wir und andere erfolgreiche Gruppenmitglieder jubelten und applaudierten. Es waren aber auch einige Buh-Rufe zu hören.

Die Gruppe der *Quizlamic Extremists* verdächtigte uns, mit Susi unter einer Decke zu stecken.

Coyote stand auf.

„Leute, ich glaube, ich werde ein wenig bei der Arbeit helfen, bevor es noch so richtig stürmisch wird."

Coyote zapfte Bier und ich entschied mich, ihm zu helfen und servierte Getränke und Speisen.

„Wir sind immer im großen Raum, auch wenn wir uns wie in einer Kapsel fühlen. Vergiss das nicht, Noah. Kleine, enge

Gedanken sind nur Seifenblasen im unendlichen Universum. Irgendwann zerplatzen sie. Zum Glück."

In diesem Moment fiel das Licht aus. Es war dunkel. Stockdunkel. Kurz war es still, dann begannen einige zu reden und ihre Handys einzuschalten. Draußen hörte man den Wind pfeifen, aber kein Licht war zu sehen. Anscheinend ein größerer Stromausfall.

„Weißt du, wo die Kerzen sind?", flüsterte mir Coyote zu.

Ich leuchtete mit meinem Handy den Weg zu Susi, um mich nach den Kerzen zu erkundigen, dann weiter in die Küche und in den angrenzenden Lagerraum.

„Hier, alter Mann. Endlich kannst du wieder Feuer machen."

Coyote grinste. Danach stapften wir wieder zurück Richtung Pub, während der Koch nach wie vor verzweifelt am Schaltkasten hantierte.

„Aussichtslos", brummte Coyote.

Als wir uns dem Gastraum näherten, hörten wir leisen Gesang, der immer stärker anschwoll. Die Musiker spielten unplugged auf ihren Instrumenten, sangen und trommelten und die Gäste stimmten mit ein und genossen hörbar den Ohrenschmaus. Ich hatte Gänsehaut. Vergessen waren auch die kleinen Unstimmigkeiten beim Quiz zuvor.

„Noah, bring dein Licht zu den Tischen und stell es nicht unter den Scheffel."

„Da helfe ich gerne, Coyote."

„Es gibt nichts Größeres als zu dienen. Also, liebe dich selbst und verteile die Liebe. Ohne Selbstliebe kein Licht und keine Orientierung."

Er klopfte mir auf die Schulter. „Und irgendwann verschwindet auch das und du bist nur mehr Licht. Warte, ich helfe dir."

Martin eilte herbei. „Darf ich helfen? Ich brauche nur ein Feuerzeug von euch."

„Danke für deine Hilfe, Martin. Aber horch einmal."

Coyote nahm Martin zur Seite. „Du kennst doch die Geschichte vom Heiligen Martin, oder?"

„Ja, John."

„Dein Namenspatron ist ein Sinnbild für einen helfenden Menschen. Stimmt's?"

„Ja, schon."

„Er verschenkte aber nicht sein Pferd und den ganzen Mantel. Er blieb am Pferd und behielt die Hälfte des Mantels für sich.

Martin, niemand hat etwas davon, wenn du Kraft und Schutz aufgibst, während du hilfst. Bleib bei dir, wenn du auf andere zugehst. In deinem Licht kannst du am besten helfen. Ich geb nun auch das Licht meines Feuerzeuges weiter."

Coyote, Martin und ich verteilten die Kerzen und ringsum erhellten die kleinen Lichter den Raum. Der alte Mann mit dem Cowboyhut scherzte mit den Leuten an den Tischen. Überall verbreitete er Fröhlichkeit.

„Ist das nicht schön, Noah? Da komme ich richtig in Weihnachtsstimmung." Franziska war gerührt.

„Sicher hat es eine wichtige Leitung getroffen. Das war garantiert die Hochspannungsleitung über dem Bergrücken. Dort erreicht der Föhnsturm die größte Geschwindigkeit. Das Telefonnetz funktioniert übrigens auch nicht mehr einwandfrei", erklärte Florian, nachdem er sich wieder zu uns an den Tisch gesellt hatte.

„Danke für deine Expertise, Florian. Und danke für die Einladung zu diesem denkwürdigen Abend, Noah. Mit diesem John scheint wirklich immer etwas los zu sein."

Michael war wieder bestens gelaunt. Einige Leute der anderen Gruppe, die sich die *Unstoppable Bumblebees* nannten, kamen zu uns an den Tisch. Sie waren eine ganz besonders herzliche Runde. Martin hatte sie zu unserem Tisch gelotst.

„Wie seid ihr denn auf den Namen gekommen?", wollte Franziska wissen.

„Nach den Gesetzen der Physik können Hummeln nicht fliegen. Sie wissen das nicht und fliegen trotzdem. Wir wissen nicht, wie wenig wir wissen, nehmen aber trotzdem am Quiz teil und hätten gewonnen."

„Also, das Unmögliche möglich zu machen. Genau das Gegenteil von dem, was wir an der Schule leben. Stimmt´s?"

Martin und ich nickten. Florian suchte währenddessen mit seinem iPhone das Internet nach Infos ab.

„Hier, ich hab´s, obwohl das Netz kaum mehr funktioniert. Man weiß mittlerweile, warum Hummeln fliegen. In den neunziger Jahren konnte man beweisen, dass die Hummel doch fliegen kann. Nur zwischen den dreißiger Jahren, wo ihre Flugunfähigkeit festgestellt wurde, und den neunziger Jahren war sie ohne wissenschaftliche Erlaubnis unterwegs. Also, fast illegal.

Sie fliegt mit maximalem Auftrieb und sie hat, anders als Flugzeuge, bewegliche Flügel. Und genau darin liegt ihr Geheimnis. Die Flügel, die auf Auftrieb ausgerichtet sind, schlagen bis zu zweihundertmal pro Sekunde und drehen und verwinden sich. Dabei entstehen Luftwirbel und die erzeugen Auftrieb."

Einer der *Unstoppable Bumblebees* überprüfte die Aussagen sofort.

„Stimmt, du bist wohl das kleine Genie in der Runde. Bergsteiger haben Hummeln am Mount Everest oberhalb des Basislagers, also sechs Kilometer über dem Meeresspiegel, entdeckt. Diese dicken Brummer sind die am höchst fliegenden Insekten. Theoretisch könnten sie sogar den Mount Everest überfliegen.

Hier steht es: Sie erweitern in der dünnen Luft einfach den Radius ihres Flügelschlages. Also legen die Hummeln es doch auf Höhenflüge an. Sie wollen Grenzen sprengen. Gefällt mir!"

„Aus einer Schwäche hat die Hummel etwas Neues entwickelt. Bewegliche Flügel. Und das funktioniert in vielen Bereichen besser als die herkömmliche, starre Flugtechnik. Ist das nicht großartig?" Martin schwärmte.

„Das ist der Geist, der niemals aufgibt und beweglich bleibt. Sogar, wenn die Luft dünn wird. Herrlich."

„Leider aber hat das Telefonnetz nun endgültig seinen Geist aufgegeben." Florian steckte sein iPhone wieder ein.

„Egal, Florian. Die Hummel hat mich gelehrt, dass beinahe alles möglich ist", verkündete Martin.

„Na, dann sprengt eure Grenzen, wo immer ihr auch seid. Tanzt durchs Leben, meine Lieben. Tanzt! Und wenn ihr nicht dürft, dann tanzt unter dem Tisch mit den Füßen weiter, so wie die Iren früher. Tanzt unter euren Schulbänken und Lehrertischen und wenn ihr euch traut auch auf diesen. Erweitert euren Radius, gerade dann, wenn die Luft dünn wird."

Coyote hatte sich zu uns gesellt und begann unter dem Tisch zu steppen. Dann sprang er auf die Bühne und steppte ein Solo.

Die Musiker klatschten begeistert. Die Sängerin schnappte sich ihre Geige und spielte zu Coyotes Tanz. Die Energie im Raum schraubte sich nach oben, ich hatte das Gefühl, als würde der Raum heller und heller werden.

„Noah, ich spüre einen Knoten in meinem Herz und ziemlich viel Druck im Kopf. Spürst du das auch? Alles dehnt sich."

Franziska setzte sich auf.

„Ein toller Animateur. Von dieser Sorte Kellner bräuchten wir viel mehr", meinte ein Mitglied der Hummelgruppe, als Coyote unter Applaus von der Bühne sprang.

„Ach, die unerträgliche Leichtigkeit des Beins. Herrlich. Hast du über meine Worte nachgedacht, heiliger Martin?", erkundigte sich Coyote.

„Ja, aber wie soll ich das schaffen?"

„Kennst du das *betrunkene Schwert*? Das ist eine spezielle Übung im Shaolin. Nicht wahr?"

„Nein, leider!"

„Noah hat da viel Ahnung."

Er stieß mich in die Seite.

„Eher bei der Übung Der *betrunkene Ski*", antwortete ich.

Franziska zog die Augenbrauen hoch.

„Mir ist das Schwert aber lieber als der Ski", flüsterte sie mir ins Ohr und während wir noch ein wenig turtelten, holte Coyote eine Zitrone und warf sie Martin zu.

„Hier fang!", rief er.

Die Zitrone landete in Martins linker Hand. Beide lachten und warfen sich die Zitrone quer über den Tisch zu, aber als Coyote die Kerze ausblies, griff Martin daneben.

„Das gibt es doch nicht", protestierte er. „Mach das noch mal."

Coyote warf die Zitrone in einem hohen Borgen, kippte den Stuhl unter sich, zückte sein Taschenmesser und lallte.

„Scheiß Stuhl ..."

Martin erschrak und ließ die Zitrone wieder fallen.

„Übrigens, die nächste Runde geht auf mich!"

Coyote blickte amüsiert in die Runde.

Einen Moment später steckte die Zitrone auf der Klinge von seinem Messer. Alle am Tisch staunten.

„Tja, für manche ist das Leben sauer wie eine Zitrone und andere machen sich daraus eine Limonade", lachte er.

„Irgendwie bist du wie ein Meister, nur ein wenig verrückt." Martin schüttelte den Kopf.

„Oh, ein Meister ist einfach meist er. Ich bin, der ich bin. In diesem Sinne breche ich nun meine Zelte ab. Amituofo, meine Lieben!"

„Geh mit Tofu, alter Scheißer!", rief ich ihm hinterher.

„Er kennt sogar die Begrüßungs- und Verabschiedungsformel bei Kung-Fu." Martin staunte.

Die ausgelassene Stimmung war ansteckend. Die Band spielte und alle tanzten, sangen, tranken und genossen das Leben in vollen Zügen. Frühmorgens schlenderten wir in der Dunkelheit nach Hause.

„Wie einfach doch das Leben sein kann. Wir sollten viel öfter feiern."

„Du hast meine ganze Unterstützung, Franziska. Ich habe aber momentan nicht das Gefühl, zu wenig zu feiern."

Zuhause angekommen, tappten wir durch das dunkle Stiegenhaus hoch zur Wohnungstür.

„Hast du Lust auf den fliegenden Schwan?", fragte mich Franziska im Dunkel des Schlafzimmers.

„Ach, Franziska. Ich bin nach gestern Abend, der heutigen Skitour und dem *Shannon* unglaublich müde. Ich glaube, es wird eher der sterbende Schwan, meine liebende Tantrameisterin. Meine Akkus sind nur mehr zum Vorgang des Aufladens fähig."

„Was hältst du von John, Franziska?" Die Stunde der Wahrheit war gekommen.

„Die Avocado des Teufels? Gott, kann der lachen, das ist so ansteckend. Mir kommt es fast so vor, als wäre John dein älterer amerikanischer Bruder. Ihr seid euch irgendwie ähnlich."

„Danke für das Kompliment."

Mein Gefühl sagte mir, dass es so passte, wie es gerade war. Die Zeit war noch nicht reif, um Franziska weiter in das Geheimnis um

John einzuweihen. Hannah hatte es gut gemeint, aber sie wusste auch nicht, wer John letztendlich war.

Immerhin hatte ich jetzt Bert, der die Wahrheit kannte. Und als John war Coyote in Wahrheit doch meist er, vielleicht nicht ganz so abgedreht. Ich würde nichts sagen. Noch nicht. Coyote als John war Medizin genug.

Wir genossen die Ruhe. Es war Sonntag, wir lasen, rauchten, tranken Kaffee und gingen Hand in Hand spazieren. Der Schnee knirschte unter unseren Schuhsohlen.

Aus den Fenstern der Häuser, die mit Kalenderbildern, Scherenschnitten von Sternen und Engeln geschmückt waren, strömte Licht. In den Vorgärten leuchteten Lichterketten an den Fichten und Tannen. Der Advent war eine herrliche Zeit, ich liebte sie.

Die kalte Luft, die uns in die Wangen kniff, die gemütlichen Stuben und das knisternde Holz, der Duft von gebrannten Mandeln und gerösteten Kastanien – gerade in dieser dunklen Zeit spürte ich das Leben. Und dann war es ja auch meine Zeit, denn die Wintersonnenwende, Weihnachten und mein Geburtstag näherten sich mit Riesenschritten.

10 Ein gelöster Coyote

Als ich am Montag in die erwartungsvollen Gesichter meiner Schüler blickte, war mir klar, dass ich die Kinder nicht deckeln, ihre Engelsflügel nicht beschneiden durfte. Vielmehr wollte ich ihnen Wurzeln mitgeben und gleichzeitig den Wind des Lebens hereinlassen, damit sie ihre Flügel ausbreiten konnten.

„Wer möchte den Adventkranz anzünden?"

„Ich, Herr Lehrer!" Kevin war am schnellsten.

„Kevin, ich meinte natürlich die Kerzen. Die Zweige sind schon etwas trocken. Pass bitte auf!"

Nachdem wir die letzte Strophe von *Wir sagen euch an den lieben Advent* geträllert hatten, fragte mich Simon: „Könnten wir in der Klasse nicht eine Couch haben?"

„Ja! Und eine Wand davor. Dann sieht man die Klasse nicht."

Nicole war die Couch alleine noch zu wenig.

„Ich hätte da eine Idee. Wie wäre es mit einem Bücherregal? Damit können wir auch einen neuen Raum schaffen."

„Ja!"

Alleine der Ausblick auf ein Klassensofa begeisterte viele.

„Dann müsst ihr aber auch zusätzliche Pflanzen für die Klasse besorgen!"

Ich lüftete den Klassenraum für wenige Minuten, um die lernbereiten Gehirne mit genügend Sauerstoff zu versorgen.

„Herr Breitenbach, dürfen wir endlich die Futterhäuschen aufstellen?"

„Und wenn es wieder wärmer wird, können wir dann nicht das stillgelegte Biotop neu eröffnen?"

„Oder im Jänner ein Süßwasseraquarium aufstellen?"

Die Ideen purzelten nur so aus den Mündern der Kinder.

„Das sind ja tolle Ideen. Aber das Biotop muss auch in den Ferien gepflegt werden und da bin ich meist auf Reisen. Wenn ich zu Hause bleiben muss, werde ich ganz schnell alt und griesgrämig und kann euch nichts Neues erzählen."

„Okay, dann eben nur das Süßwasseraquarium, das Sofa und das Futterhäuschen."

Nach einem wilden Rugbymatch, bei dem sich Simon den Fuß verstauchte, stolperte ich noch kurz in die Theaterprobe für den kommenden Adventabend. Ich war hundemüde. Das Laufen durch den Schnee war anstrengend, aber auch notwendig gewesen, um das junge Löwenrudel gut im Griff zu haben.

Aber als ich dann die Theatergruppe beobachtete, schüttelte ich den Kopf. Wie unnatürlich die Gestik wirkte. Ausladende Handbewegungen und die typische Sprachmelodie, die ich von Aufführungen der Volksschulklassen kannte. All das beeindruckte mich nicht.

War es wirklich nötig, eine Schulaufführung schon von weitem zu erkennen? Warum ließ man keine unterschiedlichen Ausdrucksvarianten bei den Kindern zu? Oder förderte ihre Individualität? Ein Theaterlehrer war doch kein Antiquar, sondern ein Schatzsucher.

Patrizia kam vorbei und flüsterte mir ins Ohr: „Komm eine rauchen. Ich muss mit dir reden. Der Tag der Präsentation nähert sich mit Riesenschritten. Aber die Werbung für den Adventabend ist katastrophal. Die Homepage ist veraltet ... und meine Facebook-Seite interessiert nicht einmal Katja."

„Tja, hier was zu bewegen, ist schwer. Die meisten sind festgefahren. So ist das. Ich mach mir da nicht mehr zu viel vor. Trotzdem: Die Nachbarschule und wir, das ist doch die Dauerkonkurrenz, so wie Oxford und Cambridge, obwohl es dort höchstwahrscheinlich um mehr geht. Dein Beitrag ist ein buntes Mosaiksteinchen, das uns helfen wird."

„Ist es nur ein kleiner Mosaikstein, Noah?"

„Er ist wirklich gut für unser Image."

„Erklär mir, warum einige der Lehrer nicht einmal den adventlichen Gesang der Kinder in der Aula ertragen? Die Kollegen, die die Proben leiten, engagieren sich doch zusätzlich. Aber die beiden Herren – du weißt schon, wen ich meine - stört das in ihrem hundertjährigen Schlaf. Schönheitsschlaf kann das ja nicht sein."

Patrizia warf hastig die Münze in den Kaffeeautomaten und griff nach dem Plastikbecher.

„Patrizia, was ist los? So verärgert kenne ich dich gar nicht." Franziska, die mit Gertrude im Schlepptau zu uns gestoßen war, runzelte die Stirn.

„Was los ist? Ihr habt doch alle euren Spaß. Was wollt ihr mir schon erzählen? Ihr sitzt auf der warmen Ofenbank, klopft locker eure Sprüche und bekommt alles, was ihr wollt, als Zugabe."

Patrizia kippte den heißen Kaffee hinunter, verzog das Gesicht und machte am Stand kehrt. „Wisst ihr was? Ihr könnt mich mal!"

Franziska stand der Mund offen.

Gertrude nahm mich zur Seite. „Noah, Patrizia hat schon lange Zeit ein Auge auf dich geworfen. Hast du das nie bemerkt?"

„Nein, eigentlich nicht. Das bildest du dir sicher nur ein."

„Nein, das bilde ich mir nicht ein. Verlass dich auf meine weibliche Intuition. Versetz dich doch mal in Patrizia. Sie will dich und jetzt bist du mit Franziska zusammen."

„Was können wir denn machen? Wie sollen Franziska und ich mit Patrizia umgehen?"

„Ja, genau, Gertrude. Hast du eine Ahnung? Mir fehlen die Worte."

„Franziska, ich denke, wir werden ihr ein wenig Zeit geben müssen. Sie braucht jetzt sicher das Gefühl, dass ihr sie nicht fallen lässt."

„Endlich habe ich wieder Glück in meinem Leben und dann ist es mir eine sehr gute Freundin nicht vergönnt. Das ist schon verdammt traurig." Franziska hatte Tränen in den Augen.

„Ich fand Patrizia in letzter Zeit ziemlich problembeladen. Hast du da sonst noch etwas mitbekommen? Du bist doch ihre Freundin. Vielleicht steckt da noch mehr dahinter?"

„Sie wurde reservierter und war nicht mehr so wie früher. Ich hatte aber auch wenig Zeit für sie, denn ich verbrachte diese fast ausschließlich mit dir, der Arbeit und an den Wochenenden mit der Familie. Wahrscheinlich ist sie einsam. Du weißt doch, wie lange sie braucht, bis sie mit jemanden warm wird."

„Kannst du nicht mit ihr reden?"

„Da hast du recht, Noah. Das mach ich."

Nach dem Gespräch schlenderte ich mit meiner Schultasche im Arm nach Hause, kochte Spaghetti mit Rucola und Tomaten. Als ich den Kaffee aufbrühte und der aromatische Duft meine Nase verführte, stand plötzlich Coyote im Raum.

„Schönen Nachmittag, Hermes", meinte er. „Freue mich schon auf den Kaffee aus der neuen Kanne."

„Herzlich willkommen zu Hause, du Streuner."

Und nenn mich nicht Hermes!

„Ach, das ist ein Kompliment, Zuckerschnäuzchen. Und zu Hause bin ich überall." Er lachte und ich fragte mich zum hundertsten Mal, wie dieser liebenswerte Grenzgänger meine Gedanken lesen konnte.

„Kann ein Gedanke begrenzen? Das würde ich mich fragen!", meinte er auf einmal.

„Darf ich dir Kaffee kredenzen? Das frage ich dich, Coyote."

„Klar, aber jetzt mal was Wichtiges: Noah, du warst fantastisch heute! Du hast den Kindern erlaubt, den Unterricht mitzugestalten. Kinder wollen nicht bloß Befehlsempfänger sein. Viele Lehrer teilen aber lieber Befehle, Anweisungen und Arbeitsblätter aus, und vergessen, dass Kinder schaffen, erleben und dabei sein wollen."

„Diese Sorte von Lehrer sollte sich lieber einen Hund zulegen."

Coyote lachte. „Jedenfalls besser als einen Kojoten. Die lassen sich nicht festhalten."

„Du, Patrizia geht es momentan schlecht. Sie scheint frustriert und kann anderen ihr Glück nicht gönnen."

„Auch wenn du es mir nicht glauben wirst, Noah, aber du bist für ihr Glück nicht verantwortlich."

„Sie empfindet wohl mehr für mich als ich für sie."

„Trotzdem, du bist nicht für andere sondern gegenüber anderen verantwortlich. Also, lass Patrizia los. Sie wird dich auch loslassen."

„Was meinst du mit gegenüber anderen verantwortlich sein?"

„Ganz einfach: Du bist nur für deine Taten gegenüber anderen verantwortlich. Für die andere Person bist du nicht verantwortlich. Ende der Durchsage oder soll ich es dir noch tanzen?"

„Ja, bitte!"

Ich hätte es nicht sagen sollen, denn nun folgte eine minutenlange Tanzeinlage zum Thema Verantwortung.

„Was ist das denn?"
Coyote erstarrte.
„Ah, das ist ein Lösungsheft. Johannes hat es mir mitgegeben. Ich übernehme morgen seine Stunde."
„Gib mal rüber."
Ich warf das Lösungsheft wie eine Frisbee. Coyote fing es mit einer Hand und schlug es auf. Seine Augen glitten über die Seiten. Er legte die Stirn in Falten.
„Wunderbar, wie das echte Leben. Jede Antwort ist vorgegeben. Alles ist klar. Sehr realistisch …"
Unvermittelt rollte er das Lösungsheft ein. Dann nahm er Tabak aus der Schachtel in seiner Brusttasche und stopfte ihn liebevoll in das eingerollte Lösungsheft. Coyote öffnete die Balkontür und spazierte mit dem Heft auf den Balkon. Dort zündete er den Tabak an und rauchte das Heft. Ich war sprachlos. Er rauchte das Lösungsheft von Johannes!
„Coyote, was machst du da? Bist du jetzt völlig durchgeknallt?"
„Gott sei Dank, endlich kann ich eine Lösung rauchen. So viele klare Antworten, das muss ich mir reinziehen."
„Verdammt, du hast eben ein Lösungsmittel geschnüffelt. Du bist ja völlig verrückt!"
„Wer ist da abhängig von Lösungsmitteln und Lösungen? Und wer fürchtet sich vor Johannes?"
Die Flamme wuchs zu einer stattlichen Größe heran. Das Heft brannte lichterloh.
„Wohin mit der Asche?", fragte ich Coyote.
„Auf dein Haupt, du Sünder: Wie kannst du nur dem unfehlbaren Johannes so etwas antun? Aber herzlichen Dank von meiner Wenigkeit. Ich habe nun bedeutende Lösungen im Kopf."
Ich verdrehte die Augen. Danach nahm ich die verkohlten Reste, das Lösungsheft war nur ein Schatten seiner selbst, und fegte die Asche auf. Kurz darauf hüpfte ich die Stiege nach unten und warf alles in den leeren Mistkübel, der gleich neben der Bank vor dem Haus stand.
„Was machst du denn, Noah?" Mein Nachbar kam den Weg herunter und schaute mich neugierig an.

„Mir ist das Lösungsheft abgebrannt, Josef."

„Besser als der Adventkranz oder das Durchbrennen der eigenen Sicherungen."

„Und besser auch als ein Burnout."

„In Zeiten wie diesen ganz sicher, Noah! Ich habe nie Deutschbücher und Lehrerbücher verwendet, weil sie mich einengten. Wenn ein Lehrer selbst keine Ideen hat, dann ist er sowieso kein guter Lehrer."

Ich ging wieder hoch zu Coyote. Es dauerte nicht lange und wir rauchten meine Deutschbücher gemeinsam am Balkon. Den Praxisteil rauchte ich, den Theorieteil Coyote. Das Lehrerhandbuch teilten wir uns brüderlich.

So viele Lösungen, so viele Lehren und tausende Wörter, die ich inhalierte. Ich stand auf und hielt eine Rede, reimte mit Coyote um die Wette und bekam einen hysterischen Lachanfall.

Mein Handy läutete und ich huschte rein in die warme Wohnung. Ich hatte überhaupt nicht gemerkt, wie klirrend kalt es draußen war. Als ich abhob, konnte ich mich vor Lachen kaum noch halten. Vanessa, die Klassenlehrerin der Volksschulklasse 4a, fragte mich, ob der kommende Freitag für eine Weihnachtsfeier mit meinen und ihren Schülern passen würde. Wir hatten mit der Nachbarschule einige gemeinsame Projekte im Laufe des Jahres organisiert. Während des Telefonates musste ich immer wieder lachen.

„Du bist aber fröhlich. Schade, dass wir keinen Mann an unserer Schule haben! Bei uns ist gerade Katastrophenstimmung. Wir verkommen völlig zu einem Königinnenpflegeverein. Die Direktorin regiert wie eine Monarchin. Und das in der heutigen Zeit."

„Dann wünsche ich aber keinem Mann, dass er bei euch landet. Den ereilt ja noch das Schicksal einer Drohne."

Vanessa lachte und Coyote, der mich gehört hatte, grinste.

„Überhaupt brauchen wir viel mehr Pädagogen an den Volksschulen ... ach, was rede ich: schon in den Kindergärten."

„Womit füttert ihr übrigens eure Chefin, dass sie zu einer richtigen Königin heranwächst?"

„Gelee Royal ist es offensichtlich nicht. Sie geht immer mehr in die Breite.

Wahrscheinlich füttern wir sie mit Angst, falschen Komplimenten und unserer Unfähigkeit Nein zu sagen. Wir beschweren uns über sie nur dann, wenn sie nicht anwesend ist. Ich trau mich nicht einmal, die kommende Messung der Mathematik-Kompetenz infrage zu stellen. Die Chefin macht mir Stress und ich den Kindern. Ist doch verrückt, oder? Da fand ich diesen internationalen Mathematik-Test noch entspannter. Du kennst sicher seinen Namen: *Känguru*."

„Welcher Guru ist entspannter?"

„Na, das Viech aus Australien!"

„Ah, das Känguru. Ja, das findet man in Austria nicht, haben schon mehr probiert. Mein Gott, die Welt steht wirklich Kopf."

„Der *Känguru-Test* ist aber gar nicht so schlecht, Noah. Verstehst du den Sinn von solchen Tests nicht?"

„Känguru!"

„Was?"

„Känguru"!

„Ich gebe auf Noah!"

„*Känguru* bedeutet in der Sprache der Aborigines doch einfach: *Ich verstehe dich nicht*."

„Echt? Du bist verrückt, Noah!"

Nach dem Telefonat war ich froh, mich wieder Coyote widmen zu können.

„Coyote, bist du so etwas wie ein Guru für mich?"

„Höchstens ein Yes, you can Guru."

Er hatte immer das letzte Wort. Ich sagte nur mehr Känguru. Mehr fiel mir einfach nicht mehr ein. Aber es genügte, um uns beide zum Lachen zu bringen.

„Warum habt ihr keine Rituale zur Pubertät? Lass dir etwas einfallen, das den Rahmen eurer Schule nicht völlig sprengt.

Du zeltest doch am Ende jedes Schuljahres mit deiner Klasse. Da könntest du ein Übergangsritual planen. Vielleicht spannst du dazu auch die Eltern ein. Du musst nur selbst daran glauben, es gut verkaufen und vertrauen.

Könntest du dir vorstellen, dass die Kinder eine Zeit alleine draußen in der Natur verbringen? Sie könnten zum Beispiel im Freien übernachten. Wie auch immer. Was hältst du davon?"

„Doch natürlich, ich werde mir etwas überlegen. Bert und Franziska würden mir sicher helfen. Wenn die Kinder dreizehn Jahre alt sind, das wäre doch sehr passend. Ein Jahr später könnten wir ein Abenteuerprojekt entwickeln, wo sich die Jugendlichen selbst Herausforderungen stellen. Ich muss mich da aber noch über die rechtlichen Rahmenbedingungen erkundigen."

„Das ist klug, Hermes!"

„Coyote, ich habe immer noch ein wenig Angst davor, etwas ganz anderes zu machen. Also nicht mehr zu sagen: Guten Morgen, Kinder. Buch Seite 102, oder wo waren wir zuletzt?"

„Noah, Noah, lass dich nicht einsperren und takten, folge lieber deiner Intuition. Spring in dein Herz und dein Leben wird auf den Kopf gestellt.

Momentan sieht man noch eher den Arsch von dir, du Milchgesicht. Geh nicht in die verkehrte Richtung und erpresse Ergebnisse mit zwanghaft positivem Denken. Das ist nur positiver Autismus, eine Abschottung vom Leben. Du brauchst als Heilmittel aber Leben."

Ich nahm einen Schluck Kaffee und mein ganzer Körper zog sich plötzlich zusammen. „Coyote, hast du mir Salz in den Kaffee gegeben?"

„Ob ich dir den Kaffee versalzen habe? Kann schon sein", meinte er lapidar und tänzelte nach draußen auf den Balkon. Er ließ die Balkontüre offen.

„Wie? Das sagst du so locker daher? Bist du so verliebt, dass du sogar den Kaffee versalzt?"

„Ja, ich bin verliebt in das Leben."

In diesem Moment traf mich ein Schneeball.

„Coyote!", schrie ich und schon traf mich der nächste Schneeball mitten im Wohnzimmer.

„Ein Knaller!"

Coyote lachte und formte das dritte Wurfgeschoß. Mir reichte es. Ich lief nach draußen und eine wilde Schlacht entbrannte. Coyote hatte einen Riesenspaß und warf einen Ball nach dem anderen nach mir. Dann rannte er in die Wohnung und holte eine Bratpfanne als Schutzschild.

Ich eilte darauf auch hinein, um mir ein Schild zu besorgen, fand aber nur ein altes, weiteres Lehrerhandbuch. Dieses musste als Deckung herhalten. Nach einigen Minuten war es völlig durchnässt und mehr ein armseliger Anblick als eine Hilfe.

„Na, hat der Herr Lehrer kein ordentliches Buch in seiner Hand? Warum verstehen Lehrer so wenig von der Praxis, sodass sie sich mit Lehrerhandbüchern vor dem Leben verstecken? Da fang!"

Er warf mir tatsächlich die Bratpfanne zu. Dann folgte ein Schwarm von Schneebällen, die ich meist mit der Pfanne abwehren konnte. Bang, bang, bang – er traf immer wieder. Meine Reaktion war ziemlich gut, nur manchmal erwischte mich ein rundes Geschoß.

Als ich mich kurz umdrehte, um nachzusehen, ob uns hoffentlich niemand bei unserem Treiben beobachtete, steckte mir Coyote einen Schneeball ins Genick. In Zeitlupe liefen kleine, eiskalte Rinnsale am Rücken entlang bis zu meinen Pobacken. Im Gehirn schrillten laut die Alarmglocken.

„Du Arsch!"

„Oh, eine Nachricht aus der Pomündung!"

„Ja, die spüre ich im Moment deutlich. Bäche mit arktischen Temperaturen münden dort gerade ein."

„Ja, spüren. Du hast keine Ahnung, wie wichtig dein Gespür in dieser technokratischen Welt ist. Und bleib locker. Du weißt schon: *Fischottereffekt*!"

„Genau. Und *herzenszentrierte Verrücktheit*!"

Ich nahm blitzschnell den letzten verbliebenen Schnee auf dem Balkon, formte eine große Kugel und steckte diese unter Coyotes Hemd. Er schüttelte sich und lachte.

„Ist das Leben nicht herrlich? Wir leben, Noah. Leben! Und es ist gerade deutlich zu spüren."

Durchnässt und erschöpft zündeten wir uns eine Zigarette am Balkon an und genossen den Frieden nach unserem Kampf. Nachdem wir wieder in der Wohnung waren, entsorgte ich das Lehrerhandbuch und Coyote säuberte meine Bratpfanne.

„Na, verwirfst du gerade wieder Konzepte?", fragte er nur, während er putzte.

Danach schenkten wir uns frischen Kaffee ein.

„Wenn das Herz verrückt vor Liebe ist, dann taktet es nicht genau. Es tanzt im göttlichen Rhythmus der Natur. Das Herz wird zum Tänzer und der demütige Verstand bietet sich als Tanzpartner an.

Vorbei ist die Zeit, als der Verstand wie ein Soldat marschierte. Auch er hat den Mut und lässt sich auf den Tanz des Lebens ein. Die Quelle applaudiert und die Götter staunen."

„Coyote, auch das körperliche Herz sollte nicht genau takten, habe ich gelernt. *Herzfrequenzvariabilität* nennt man dieses Phänomen. Das heißt, ein variabler Herzschlag ist ein Zeichen von Gesundheit."

„*Wenn das Helz so legelmäßig wie das Klopfen eines Spechtes oder das Tlöpfeln des Legens auf den Dach wild, wild die Patient innelhalb von viel Tagen stelben*", zitierte Coyote den chinesischen Arzt Wang Shu-he aus dem 3. Jahrhundert mit herrlichem chinesischen Akzent. Dabei hatte er die rechte Hand auf sein Herz gelegt und in der linken hielt er die Kaffeetasse.

„Innerhalb von vier Tagen würde man sterben? Also, da bleibe ich gerne herzlich unrhythmisch. Coyote, ich habe die Bergpredigt gelesen und war beeindruckt. So viel Herz, so viel Liebe. Wie modern und aktuell sie ist! Vielleicht ist sie immer wieder neu und niemals veraltet. Diese Botschaft lässt jüngere geistliche Botschaften schnell alt aussehen. Findest du nicht?"

„Genau. Sie ist ewig aktuell."

„Und nachdem ich mit dem Lesen fertig war, stolperte ich über ein Buch, das mir mein Vater gegen Ende seines Lebens ans Herz gelegt hatte: *Das denkende Herz - die Tagebücher* von *Etty Hillesum*.

Ich hab nun zu lesen angefangen. Das Buch raubt einem den Atem. Ein wenig erinnert es mich an *Trotzdem Ja zum Leben* sagen von Viktor Frankl oder an das *Tagebuch der Anne Frank*. Etty war ungefähr so alt wie ich, holländische Jüdin. Mit dem, was sie geschrieben hatte, legte sie inmitten einer grausamen Welt ein Zeugnis für Menschlichkeit und Lebensbejahung ab. Das berührt mich sehr, wenn ich nur daran denke."

„Es wundert mich nicht, dass dein Vater dieses Buch gelesen hat. Er hat so viel Herz. Noah, sei du genauso das denkende Herz, wo immer du bist! Sei das denkende Herz in deiner Klasse, sei das denkende Herz in allen Konferenzzimmern, die du betrittst und betreten wirst.

Lebe voll und ganz mit Mitgefühl und Liebe und riskiere damit auch, verletzt zu werden. Sei du das denkende Herz, auch in jeder Baracke des Lebens. *Herzenszentrierte Verrücktheit!*"

„Danke, Anke."

„Bitte, Brigitte. Aber sei dir klar, dass du unsterblich bist. Das zieht dich aus den Strukturen raus. Du bist kein Gefangener mehr. Wenn du glaubst, ein sterblicher Körper zu sein, dann werden die Strukturen dieser Welt dich im Griff haben. Du wirst zu Tode definiert und dann gehandelt werden. Tanze inmitten sterblicher Strukturen den Tanz der Unsterblichkeit. Dann bringst du alles durcheinander. Leben macht so viel Spaß!"

Coyote schnappte meinen Besen und tanzte durch die Wohnung. Wir tanzten gemeinsam. *Der mit dem Kojoten tanzt* fiel mir plötzlich dazu ein. Einer der Lieblingsfilme meines Vaters war *Der mit dem Wolf tanzt*. Mir kam es schon einige Zeit so vor, als würde ich auch im Grenzland zwischen Zivilisation und unbekanntem Terrain tanzen. Und mit einem Kojoten war das wohl noch verrückter.

Ich hüpfte wie ein wild gewordener Affe durch die Wohnung. Meine Stereoanlage wummerte so laut, dass die Bässe sich durch meinen Körper verpflanzten. Als wir völlig verschwitzt und außer Atem aufs Sofa fielen, wollte Coyote noch eine *Indian Spirit* rauchen.

„Noah, ich komme übermorgen bei dir vorbei. Morgen bin ich unterwegs."

„Passt, Coyote. Morgen Nachmittag gehe ich mit Franziska eine kurze Skitour."

„Und vergiss nicht, neuen Kaffee zu kaufen, Noah."

11 Rotorblätter im Herzen, Menschenrechte – Oh du fröhliche Demut

Kurz darauf zog ich mich warm an und sprang die Stufen nach unten. Ich musste einfach wissen, wohin er verschwand.

Frischer Schnee glitzerte. Am Boden entdeckte ich Spuren, fast wie Abdrücke von Rehen. Nein, es waren Herzen. Immer hintereinander. Wie aufgeschnürt.

Ich folgte den Herzensperlen im Schnee. Sie führten mich Richtung Wald. Plötzlich teilten sie sich und zwei Herzen waren Seite an Seite im Schnee. Der Anblick war wunderschön. Kurz vor dem Wald, als ich kaum noch etwas sah, lief die Spur wieder zu einem Abdruck zusammen. Doch schon bald verblassten die Abdrücke, bis sie gar nicht mehr zu sehen waren. Ich suchte fieberhaft nach der Fährte, denn am Ende einer jeden Spur findet sich das Wesen, welches sie hinterlassen hat.

Doch nichts und niemand war mehr zu finden. Ich rannte wie besessen umher, aber ich entdeckte keine Spuren mehr. Erschöpft kauerte ich mich auf den Boden. Erst jetzt bemerkte ich, dass ich etliche Male auch in die Herzensspuren reingestiegen war. Das war es! Ich muss meine eigene Spur hinterlassen! Dafür durfte ich meinem eigenen Herzen folgen. Man kann jemand anderem nur für eine Weile folgen.

„Wenn du mit dem lebendigen Geist gehst, formst du anfangs deine individuellen Spuren und irgendwann gar keine mehr. Wie ein Boot am Meer wirst du kurz eine Spur in dieses ziehen, bevor das Wasser der Ewigkeit alles wieder verwischt. Später wird man sogar sagen: Hat der bunte Vogel eine Spur am Himmel hinterlassen?"

Es war Coyote, der zu mir sprach, und dann lachte.
Verrückter Vogel.
Ich schlenderte nach Hause. Nein, ich fühlte mich zu Hause.

In der Früh wachte ich auf und genoss die Vorbereitungen für den Tag. Lebendigkeit und Sein standen ganz oben auf meiner Agenda.

Ich kochte mein eigenes Süppchen und ließ immer häufiger die pädagogischen Fertigprodukte außer Acht. Und ich wurde gekocht, vom Leben selbst. Seit ich Coyote kannte, war mir klar, dass ich in der Klasse keine Playbackshow veranstalten wollte, bei der ich nicht einmal den Song selbst komponiert, geschweige denn eingesungen hatte. Ich wollte einfach ich selbst sein, ein Original.

In meiner Freistunde erzählte ich Katja von meinen Plänen. Ich schlug ihr vor, eine Freiluftklasse zu verwirklichen und Einräder und Slacklines zu kaufen. Diese könnten wir im Frühjahr auch bei der Nachmittagsbetreuung einsetzen. Katja hingegen wollte mit mir nochmals den Wert des PISA-Tests besprechen.

„Noah, beim PISA-Test wird nicht auf Norm getrimmt. Das glaubst du nur. Vor diesem Test muss niemand Angst haben. Nicht einer fällt durch und für die Benotung hat er keinen Wert. PISA drillt auch nicht, der Test fragt doch bloß Kenntnisse ab, die jeder haben sollte, wenn er sich in unserer Kultur bewegen möchte."

„Das engt aber ein."

„Absolut nicht. PISA engt den Blick nicht ein, sondern weitet ihn über den nationalen Tellerrand hinaus. Nur so haben wir erfahren, wie viele Schüler die Schule verlassen, ohne das zu verstehen, was sie lesen."

„Katja, das ist nur ein klitzekleiner Beitrag von PISA. Du weißt doch selbst, welchen Stress diese Tests immer auslösen. Ich hab Angst, dass wir irgendwann nur auf solche Tests hin lernen."

„Aber wir müssen doch weiter sehen als nur bis zu unserem kleinen Ententeich. Wir leben ja nicht isoliert, sondern in einer globalen Welt. Dort müssen unsere Kinder sich behaupten.

Seit die schlafenden Riesen China und Indien erwacht sind und der Eiserne Vorhang gefallen ist, ist die Konkurrenz noch viel härter geworden. Siehst du nicht, wie zum Beispiel Südkorea seine Schüler ausbildet?"

„Ja, ich bin auch für Veränderung und Erweiterung des Blickes. Aber Schule ist doch keine Leistungszuchtanstalt für ausgezeichnet gut genormte Schüler, die dann gerankt werden. Bildung kann letztendlich nicht standardisiert werden. Was für eine eigenartige Motivation?

Mich stören auch die immer häufiger vorkommenden Multiple-Choice-Tests bei diesen Überprüfungen. Für kreative Köpfe sind sie eine Katastrophe. Du darfst nur zwischen vorgegebenen Antworten wählen. Die degradieren uns zu Antwortautomaten, nur damit sie automatisiert ausgewertet werden können. Sie machen uns ärmer im Geist.

Wenn Länder in den Rankings vorne liegen, die Reproduktionsmaschinen und Lerncomputer aus ihren Schülern machen und ihnen beinahe keine Freiräume mehr zugestehen, dann finde ich das äußerst bedenklich.

Spontanität, Kreativität, Individualität sind in solchen Ländern bekanntlich schwach ausgeprägt. Und es sind Qualitäten, die sich letztendlich ganz schwer messen lassen.

Ich will keine Welt, in der man sogar bei den Kindern die Ressourcen ausbeutet, statt ihr Potential zur Entfaltung zu bringen.

Außerdem hat für mich die OECD kein Mandat für genormte internationale Überprüfung nationaler Bildungssysteme – und auch keine Deutungshoheit bezüglich dieser. Und ehrlich gesagt will ich nicht entmündigt werden, sondern noch selbst bei meinem Unterricht Regie führen."

„Wenn dir der Einzelne so wichtig ist, dann kannst du dich heute gleich als Vertrauenslehrer des Krisenteams beweisen. Zwei Schülerinnen der 4b bekommt die Pubertät nicht wirklich."

„Mir auch nicht!", meinte Dietmar, der gerade im Direktorzimmer vorbeischneite.

„Das liegt halt auch daran, dass die Männer die Pubertät nie überwinden", erklärte Katja und blickte Dietmar herausfordernd an.

„Ich meinte aber die Pubertät der Schüler, nicht meine, Katja."

„Dann hol sie doch endlich auch dort ab, wo sie stehen."

„Ich bin doch kein Busfahrer."

„Wenn du mir jetzt *Busfahrerpädagogik* vorwerfen möchtest, dann werfe ich dir *Rasenmäherpädagogik* vor. Du willst ja alle Schüler mit einem Schnitt sofort erwischen."

„Wieso weißt du das? Du kennst meinen Unterricht kaum."

„Nach den Ferien steht sowieso der *Classroom walkthrough* an. Da komme ich dann gleich bei dir vorbei, Dietmar."

„Du kannst gerne den Klassenraum durchwandern, während ich unterrichte."

„Du weißt, wie es gemeint ist. Wenn dich der Fachbegriff stört, dann nenne ich es eben Besuch. Des Weiteren erwarte ich von dir eine moderne Beurteilung der Klassenarbeiten im Sinne der Kompetenzorientierung."

„Dagegen bin ich geimpft."

„Wie bitte?"

„Ich habe eine Sechsfach-Impfung hinter mir: Der Wirkstoff hilft gegen Kompetenz, Bildungsstandards, Portfolio, Evaluierung, Professionalisierung und Hochbegabung."

„Gegen Hochbegabung hättest du dich nicht impfen lassen müssen."

„Nein, es betrifft mein dauerhochbegabtes Umfeld."

„Dieses kannst du ja mit der 4.0 Skala in Zukunft besser vermessen als bisher."

„Schule 4.0, 4.0-Skala. Was war eigentlich 3.0?"

Katja schüttelte den Kopf.

„Das weiß also wieder keiner der Papageien. Bei 1.0 war die Vermessung wahrscheinlich die Prügelstrafe nach einer misslungenen Höhlenmalerei."

„Wenn du weiter so gegen mich arbeitest, Dietmar, dann werde ich dich von meiner Schule versetzen müssen. Einen gewissen Standard wie in der Privatwirtschaft kann man von dir schon erwarten."

„Danke, ich versetze mich gerade in 5.0. Mir ist klar geworden, dass ich ab dann wieder aktiv mitmache. Die vierte Dimension ist mir geistig noch zu einfach strukturiert. Die fünfte dagegen wird meinen Ansprüchen gerecht.

Und übrigens sind wir hier nicht in der Privatwirtschaft. Die Schule ist nicht dein Firmenbesitz, Katja. Oder zahlst du mir etwa mein Gehalt?"

„Bin ich froh, dass ich mit meiner Enkelin heute Nachmittag im Kino entspannen kann und mich nicht mit renitenten Kollegen herumschlagen muss."

Katja gab uns zu verstehen, dass sie am Computer noch einiges zu erledigen hatte.

„Ich wusste gar nicht, dass das Stück *Die Eiskönigin – völlig unverfroren* noch läuft", flüsterte mir Dietmar zu, als wir ins Lehrerzimmer gingen.

Wir hatten gerade die Tür hinter uns zugezogen, als Maria verkündete:

„Wisst ihr, was nächstes Jahr am Programm steht? Katja redete irgendetwas von *Classroom* ... Kennt ihr das?"

„Ja, sie kommt ab Jänner in die Klasse und kontrolliert den Unterricht. Sie nennt es Besuch. Ich nenne es *Der Besuch der alten Dame*."

Unter allgemeinem Gelächter erklärte Dietmar dann auch noch seine Sechsfachimpfung. Der Trägerstoff bei ihm war wohl sein Humor. Und ein Schuss Zynismus.

Die nächsten Stunden war ich mit den Kindern meiner Klasse im Schnee unterwegs.

Zuerst montierten wir das Vogelhäuschen, gaben Futter hinein, machten ein Foto und marschierten danach in den Wald, um Spuren zu suchen. Ich hatte eine Sprühdose mit Lebensmittelfarbe dabei, mit der ich die Fährten der Tiere sichtbar machen konnte. Die Kinder teilten sich in Gruppen auf und formten mit ihren Schuhen Spuren im Schnee. Die einen spurten und die anderen Gruppenmitglieder folgten ihnen. Später versuchten wir gemeinsam, Abdrücke von Tieren zu bestimmen. Es war kein leichtes Unterfangen, aber es machte Riesenspaß.

Ich merkte wieder, dass ich selbst darüber noch viel mehr lernen musste und wollte.

„Ist es nicht schön, Lehrer zu sein, Franziska? Wir können uns die Zeit einteilen. Jetzt geht´s rauf auf den Berg und abends korrigieren wir die Hefte."

„Noah, ich komme doch nicht zur Skitour mit."

„Was? Wieso, Franziska? Du hast mir schon mal einen Korb gegeben."

„Mir ist der Berg etwas unheimlich. Ich war seit über drei Jahren nicht mehr auf ihm. Und ich bin auch nicht so recht in Form. Ein großer Stoß Hefte wartet auf mich und ..."

„Ich würde mich aber riesig freuen, wenn du dabei wärst. Natürlich will ich dich nicht zu deinem Glück zwingen. Am Abend könnten wir doch gemeinsam die Hefte korrigieren. Also vielmehr nebeneinander. Und in den Pausen könnten wir uns zur Abwechslung vernaschen. Ist doch ein tolles Programm, oder?"

„Na gut, aber bitte erwarte nicht zu viel von mir."

„Nein. Aber wieso? Ich verstehe dich nicht ganz."

Franziska wirkte gedämpft und still. Erst bei der Fahrt durchs Tal begann sie zur Musik des Autoradios zu singen. Am Parkplatz, direkt neben einer alten Mühle, stieg sie aus und streckte sich. Sie sah in ihrem neuen Skianzug einfach fantastisch aus. Natural beauty! Dafür hatte ich schon immer eine Schwäche.

Franziska hatte eine beneidenswerte Skiausrüstung mit einer noch beneidenswerteren, neu am Markt erhältlichen Bindung. Unsere Bindung war auch neu am Beziehungsmarkt.

„Tolle Bindung, Franziska. Ich hoffe, die hält so gut wie unsere."

„Welcher Teil am anderen Ende der Bindung bin ich dann? Der Schuh oder die Ski?"

„Natürlich die Ski, ich fahre mit dir."

„Ich glaube, du stehst auf mich!"

„Scherzkeks! Aber es stimmt. Jetzt stehe ich auf dir. Ich bin ja der Schuh."

„Und hoffentlich drückt der nicht, mein Lieber."

Während ich mich noch umblickte und die Landschaft genoss, zog sie schon los. Ich hatte einige Mühe, sie wieder einzuholen.

„Na, alter Mann, auch nicht mehr in Schwung?", rief sie mir zu.

Als wir am Gipfel ankamen, machte Franziska ein Selfie mit mir.

„Ist es nicht wunderschön hier, Noah?"

„Ja, ich liebe diese glasklare Kälte, den Schnee, das Blau des Himmels, einfach herrlich. Ich mag auch die Dunkelheit zu dieser Jahreszeit."

„Wahrscheinlich fühlen wir uns in der Jahreszeit am wohlsten, in der wir geboren wurden. Ich mag den Winter. Aber ich liebe den Frühling noch mehr."

„Diese Theorie hat was. Meine heimliche Liebe ist tatsächlich der Winter."

„Wenn die Zugvögel aus ihren Winterquartieren zurückkehren und andere Tiere wieder zu neuem Leben erwachen, Pflanzen wachsen und blühen, das liebe ich. Leben, leben. Unsere Schule bräuchte einen Frühling!"

„Stimmt, Franziska. Und weißt du, wer mir im Winter fehlt? Das Volk der Insekten. Im Frühling werden nicht nur Farben vom Licht der Sonne ins Auge gepinselt.

Dann summen Hummeln, Bienen und Käfer ein neues Lied für unsere Ohren. Das übersehen und überhören viele von uns.

Jetzt, so still und leise, können wir in uns hineinhören. Nichts lenkt ab. Das mag ich auch sehr. Immer, wenn ich in der klirrenden Kälte mit den Skiern am Berg unterwegs bin, fühle ich eine Reinheit und Klarheit wie sonst kaum."

„Noah, komm, ich möchte dir etwas zeigen. Siehst du die Schneewechte dort? Sie fängt gerade noch die letzten Sonnenstrahlen ein. Fährst du mit mir den Hang hier runter und dann rüber zu diesem Kamm?"

„Ja, aber wir haben nicht mehr viel Zeit, Franziska."

Wir verstauten die Felle und fuhren zu jener Stelle ab, die Franziska mir zeigen wollte. Sie wirkte nachdenklich und etwas blass, als wir direkt vor der Wechte standen.

„Vor drei Jahren passierte mir hier ein Unglück, das mich bis heute prägt."

Sie hielt kurz inne. Der Ruf einer Dohle war zu hören.

„Ich war damals mit Peter zusammen, verliebt bis über beide Ohren. Wahrscheinlich war ich zu sehr verliebt. Peter wollte unbedingt bereits Anfang Dezember den Berg mit den Schneeschuhen besteigen. Das Wetter war fantastisch. Alles war wie vorbereitet für unseren Ausflug.

Mir ging es nicht gut, ich litt an einer heftigen Blasenentzündung. Peter überredete mich, Antibiotika zu nehmen, so wie er mich ständig drängte, seine Ziele zu verfolgen. Um es ihm recht zu machen, nahm ich die Pillen und wir stapften den Berg hoch. Ich kämpfte mich Meter um Meter weiter. Irgendwann kamen wir zu dieser Stelle. Eigentlich war ich alleine, denn Peter war vorausgeeilt. Ich blickte zu Boden und das Sonnenlicht spiegelte sich unvermittelt hell in einer Wasserpfütze aus geschmolzenem Schnee. Daran kann ich mich noch erinnern, doch dann wurde mir schwindlig und ich wollte mich bei Peter abstützen. Aber er war ja nicht da. Ich wollte ihn rufen, doch ich bekam keinen Ton mehr heraus.

Erst als der Hubschrauber über mir knatterte und die Rotorblätter den Schnee aufwirbelten, kam ich wieder kurz zu Bewusstsein. Der Rettungsmann, der sich abgeseilt hatte und mich erstversorgte, fragte nach meinem Namen und meinem Geburtsdatum.

Ich kramte wie wild in meinem Kopf und fand die Wörter nicht. Plötzlich hob ich mit dem Retter ab. Wir hingen beide an einem Seil, ich eingepackt in einen Bergesack. Nach einem kurzen Flug wurde ich auf einem Zwischenlandeplatz in den Hubschrauber umgeladen.

Als ich wieder zu mir kam, war ich im Krankenhaus. Ich erhielt die Diagnose Epilepsie. Peter kam später an mein Krankenbett. Er wirkte überfordert. Meine Eltern auch.

Ich hatte zuvor noch nie einen epileptischen Anfall gehabt. Die Krankenhausmaschinerie begann zu laufen. Man verschrieb mir starke Medikamente, die ich auf Dauer regelmäßig nehmen sollte.

Ich versuchte, Peter zu überreden, an dem Abschlussgespräch mit einem Neurologen teilzunehmen, aber er wollte mit meiner Schwäche nichts mehr zu tun haben und ließ mich alleine. Für mich brach damals eine Welt zusammen."

Franziska begann zu weinen. Die Sonne senkte sich langsam hinter den Bergen.

„Ich bin heute das erste Mal wieder hier oben. Bis jetzt war meine Angst zu groß, den Berg zu besteigen. Ich wollte der Tour ausweichen, darum meine Ausreden."

Ich hielt Franziskas Hand. Es war ungemein still. Ich hatte das Gefühl, als würden wir ganz alleine hier draußen in den Bergen sein.

„Wie ging's dann weiter, Franziska?"

„Mein Vater las den Beipacktext des Antibiotikums und bemerkte jene Stelle, wo auf mögliche epileptische Anfälle aufgrund der Einnahme hingewiesen wurde."

„Was sagten die Ärzte dazu?"

„Sie nahmen uns nicht ernst. Man tat so, als ob das überhaupt kein Thema wäre. Meine Mutter erfuhr dann noch von unserem Hausarzt, dass eine neunzigjährige Klientin auch erstmals einen epileptischen Anfall hatte. Es war genauso wie bei mir. Sie hatte dieses Antibiotikum eingenommen.

Ich sage jetzt nicht, dass an der Arznei generell etwas falsch ist. Aber wir dachten, dass man den Beipacktext auch ernst nehmen könnte. Letztendlich sind wir alle Individuen und reagieren unterschiedlich."

„Hast du danach die Behandlung im Krankenhaus begonnen?"

„Nein. Ich habe mich der alternativen Medizin und meiner inneren Entwicklung zugewandt."

„Wer hat dich damals gefunden? Peter?"

„Ja. Und er hat auch die Bergrettung verständigt. Aber danach war die Beziehung am Ende.

Wenn Licht flackert, schließe ich immer noch aus Angst die Augen. Noah, ich bin glücklich, dass ich nie wieder einen Anfall hatte und keine Medikamente brauche. Und ... weil ich mit dir zusammen bin."

Ich hatte Tränen in den Augen. Franziska hatte mir dies noch nie so deutlich gesagt.

„Weißt du, ich habe seit damals viel an mir gearbeitet, habe mein Leben umgestellt.

Nur als ich dir begegnete, kam langsam aber sicher die Angst hochgekrochen, ich könnte wieder verraten und verlassen werden, wenn ich nicht perfekt genug wäre. Darum war ich immer wieder ein wenig unnahbar. Ich musste mich schützen, weil ich Angst hatte. Verstehst du?"

„Oh ja, sehr gut sogar. Ich habe manchmal Angst, für verrückt erklärt und nicht mehr ernst genommen zu werden. Dann verschließe ich mich auch."

„Mein Verhalten hatte nichts mit dir zu tun. Vielleicht hat letztendlich sowieso alles mit einem selbst zu tun."

„Die aufkommende Dämmerung aber nicht. Franziska, wir müssen los. Schau, wir sind schon spät dran."

„Wie wir darauf reagieren aber sehr wohl."

Sie lächelte und fuhr los. Wir zogen schnelle Schwünge hinunter ins Tal. Franziska legte ein hohes Tempo vor, ich hatte Mühe, ihr zu folgen. Gemeinsam schwangen wir am Talboden bei der *Gämsen Tenne* ab.

„Du hattest einen Affenzahn drauf, Franziska."

„Du auch!"

„Und wie sah ich dabei aus?"

„Wenn wir schon bei den Affen sind: *Alles was ein Mann schöner ist als ein Affe, ist Luxus*, hat doch auch die Tante Jolesch gesagt."

„Na, komm, Franziska. Ich meinte meinen Stil und nicht mein Aussehen. Mir wird´s schon zu affig hier."

„Du hast im Rückspiegel verdammt gut ausgesehen, dein Stil, dein Körper, deine Ausstrahlung. Einfach alles erquicklich."

„Du machst mich hier noch zum Affen. Ich geh schon mal zum Auto."

„Affenarsch!", rief sie mir glucksend hinterher.

Während wir inmitten der Berge nach Hause düsten, ertönte im Autoradio *It´s beginning to look a lot like Christmas*. Franziska und ich trällerten um die Wette.

Wieder zu Hause, korrigierten wir die Aufgaben.

Lukas, den ich gerne Lucky Luke nannte, hatte ein Heft abgegeben, das wie immer so sehr nach kaltem Rauch roch, dass ich sofort Lust auf eine Zigarette bekam. Er war auf Kriegspfad mit der Rechtschreibung. Buchstaben waren für ihn Mysterien, die sich sinnlos aneinanderreihten.

Lucky Luke zog schneller als sein eigener Schatten - mit der rechten Hand den falschen Buchstaben.

Lukas Begabungen lagen letztendlich ganz woanders. Aber wo? Wenn Lehrer Schatzsucher sein sollten, dann war man bei Lucky Luke ein wahrer Abenteurer.

Lukas war sympathisch und sehr praktisch veranlagt. Er würde einmal einen wunderbaren Arbeiter abgeben. Ich hoffte, dass man diesen Typus auch in einer digitalisierten Zukunft noch brauchen würde.

„Noah, magst du deinen Schatz nicht auch mal vernaschen?"
Stift und Hefte mussten nach dieser Frage geduldig warten.

Kurz vor Weihnachten war ich im Krisenteam sehr gefragt. Niklas wollte mit mir reden, denn Manfred hatte ihn vor der Klasse bloßgestellt. Niklas hatte zu Beginn einer Schularbeit ein Fläschchen mit Bachblüten, das ihm seine Mutter mitgegeben hatte, auf seinen Platz gestellt.

„Und diesen Quatsch gibt dir deine Mutter mit? Wie soll das denn nur helfen? Quacksalberei! Du solltest lieber lernen. Übrigens beleidigen auch alle Formen von Glücksbringer meine Intelligenz."

Manfred hatte wieder einmal in der Kunst des Beschämens geglänzt.

Niklas, er war erst ein paar Monate an der Schule, konnte mit Manfreds Sprache nichts anfangen. Ich gab Niklas Tipps, wie er sich gegenüber Manfred verhalten konnte, ohne sich selbst zu verleugnen. Ich bewegte mich auf dünnem Eis.

Warum beschämte er die Kinder? Wie würde eine Schule aussehen, in der kein einziges Kind jemals beschämt werden würde?

Zuhause angekommen, erzählte ich Coyote von Niklas und Manfred.

„Ach, er pflegt einen dominanten und engen Verstand. Seine schwächelnden fünf Sinne sind wie vier Wände mit einem Deckel darauf. Für mehr hat er noch keinen Sinn.

Und wenn ihn doch mal der Intellekt in gewisse Höhen führen sollte, dann bleibt sein Blick nach unten gerichtet, wie bei einem Geier, der um ein totes Stück Fleisch kreist.

Aber wir brauchen den Schritt in eine echte und lebendige Spiritualität. Es ist wichtig, über den Verstand hinauszugehen und nicht, wie manche meinen, sich unter den Verstand zurück zu entwickeln.

Das ist ein großer Sprung und der Verstand hat riesige Angst davor. Aber das ist auch der Moment, wo du aus dem Kopf in dein Herz springst und zu leben beginnst. Schaffst du das, wird auch

rrolle sich verändern. Du wirst über sie hinauswach-
n eine Rolle als Mentor. Sie ist nicht mehr automa-
ern größer, mehrdimensional."

In diesem Moment schepperte das Geschirr, Tische und Schränke wackelten wie bei einem Erdbeben. Coyote hatte wieder einen seiner Winde fahren gelassen.

„Deine Fürze werden auch immer größer und mehrdimensional. Kannst du dich nicht mal zurücknehmen, Coyote? Ich war kurz davor, mich auf den Boden zu werfen!"

„Ach, übertreib nicht. Ein Mentor, der bewusst gestalten kann, kann sich zurücknehmen, wenn es notwendig ist."

„Das ist wohl mehr Kunst als Wissenschaft, oder?"

„Yes, Baby. Also, jetzt verrate ich dir ein Geheimnis: Ein unsichtbares Seil verbindet das Herz des Schülers mit dem Herz des Mentors. Je öfter es gepflegt wird, indem die Verbindung gelebt wird, umso stärker wird es.

Über das Seil erreichst du deine Schüler. Bei problematischen Schülern ist die Verbindung anfangs schwieriger. Aber der Wert dieses Beziehungsseils ist unbezahlbar. Du kannst damit sogar Lebensbiografien retten, Noah.

Die verschiedensten Seile in einer Gruppe sind im Idealfall ein Beziehungsnetz. Ist doch herrlich, nicht wahr? Dies verändert die Rolle des Lehrers, aber diesen Wandel wollen einige nicht mitmachen.

Kinder haben aber ein Recht auf Liebe, Respekt und auf die Entfaltung ihres Potentials. Ein Kind seelisch zu verletzen hat weitreichende Folgen, vielleicht sogar bis in die DNA des Kindes."

„Ja, natürlich haben auch Kinder dieselben unveräußerlichen Rechte wie Erwachsene. Ihre Würde ist unantastbar. Menschenrechte gelten für alle. Da hast du recht, alter Mann."

„Ach, die Arroganz der Menschenrechte!" Coyote rümpfte die Nase.

„Wie bitte?"

„Noah, es ist Zeit, die Rechte viel weiter zu definieren. Menschen- und Bürgerrechte alleine sind zu wenig. Das war nur ein Anfang. Die Menschen sind Teil der Natur, eine wunderbare Stimme im Chor der Lebewesen. Gut, momentan treffen viele die Töne nicht, da sie nicht auf die anderen hören. Und mit den anderen meine ich alle Lebewesen. Da gibt es keinen Kompromiss. Das Beziehungsnetz will erweitert werden."

„Die Menschenrechte sind aber großartig ..."

Warum hatte ich bei Coyote immer wieder das Gefühl, dass kein Stein auf dem anderen blieb, wenn ich mit ihm sprach?

„Ja, sicher. Aber es gibt mehr. *Aug um Aug, Zahn um Zahn* war auch mal großartig."

„Was sagst du da? Das war doch immer schon knallharter Schwachsinn."

„Nein, nein, nein! Vor Jahrhunderten, Jahrtausenden, da musstest du zwei Augen für ein Auge eintauschen und vielleicht sogar alle Zähne wegen eines Zahns.

Damals war das *Aug um Aug, Zahn um Zahn* ein Fortschritt. Und eigentlich halten sich immer noch nicht alle daran.

Irgendwann überstrahlte die Idee der Verzeihung und Gnade die Idee der Gerechtigkeit. Und im Fluss dieser neuen Leichtigkeit wurde später auch die Unschuldsvermutung geboren."

„Hat das was mit Jesus zu tun?"

„Ja, sicher. Er war einer von jenen, die eine radikale Wende brachten. Seine Botschaft ist bis heute so voller Liebe, sodass sie kaum noch verstanden oder gelebt wird. Und weißt du was? Er brachte Leben. Leben, Noah und keine Botschaft für ernsthafte Flaschen."

„Also keine Flaschenpost, alter Mann?"

„Nein. Aber Flaschen klammern sich gerne an Flaschen und vergessen den Inhalt.

Bei Jesus klammerte man besonders viel. Er hatte einfach zu viel Inhalt im Angebot. Man nagelte nach der Auferstehung ins Leben seine Form zur Verehrung wieder ans Kreuz, erklärte ihn für unerreichbar und kreierte einen Todeskult.

Jesus aber ist das pure, unabhängige Leben. Um das zu verstehen, braucht es ein wenig Demut."

„Spannend, so hab ich das noch nie gesehen!"

„Noah, ich hab hier eine Geschichte. Da war einmal ein Pfarrer, der tief bewegt vor dem Hochaltar ausrief: ‚Herr, ich bin ein Nichts!'

Das hörte der Kaplan. Tief ergriffen kniete er sich nieder und betete: ‚Vater, vor deinem Angesicht bin ich nichts!'

Das inspirierte die Putzfrau in der Kirche, die sich niederwarf und rief: ‚Mein Gott, vor dir bin ich ein Nichts!'
Daraufhin meinte der Pfarrer zum Kaplan: ‚Für wen hält sich die eigentlich? Einfach zu behaupten, sie wäre ein Nichts?!' "

Er grinste mich herausfordernd an.

„Heiliges Getue, sei es noch so subtil, kommt oftmals nur vom Ego, das einen Kopfstand macht. Übrigens verhält es sich bei politischer und pädagogischer Überkorrektheit ähnlich. Und es langweilt die Götter."

Ich erzählte Coyote von Dietmars Sechsfachimpfung, worauf er sich schief lachte.

„Ja, er unterhält die Götter. Sein wahrer Impfstoff ist sein Humor."

„Das dachte ich mir auch. Leider fehlen ihm positive Visionen."

„Bingo. Stell dir vor, er würde diese mit seinem Humor verbinden."

„Das wäre genial. Übrigens hoffe ich, dass der überkorrekte Johannes auch ein wenig Humor hat. Hoffentlich dreht er morgen nicht völlig durch, wenn er merkt, dass ich sein Lösungsheft geraucht habe. Heute hat er vergessen, mich zu fragen."

„Sag ihm einfach, dass dich Lösungen abhängig machen und du sie rauchen musstest."

„Ach, komm."

„Na, dann sag, dass du das Lösungsheft verloren hast. Du kannst dir selber nicht erklären, wie dir das passiert ist. Normalerweise hast du immer Ordnung in den Dingen, passt besonders sorgsam auf fremdes Eigentum auf. Es ist dir einfach ein Rätsel. Aber du suchst noch und wer weiß: Vielleicht findest du es doch. Schlimmstenfalls wirst du ihm schnell ein neues besorgen."

„Gute Idee!"

„Weihrauch-Heiliger!" Er schaute streng.

„Was ist denn?"

„Hosenscheißer!"

Er schaute mich durchdringend an.

„Bitte, Coyote, was soll das?"

„Windfähnchen, rückgratloses! Ich schlage dir eine kriecherische Entschuldigung vor und du findest das auch noch großartig. Sei der Mann, der du bist!"

„Okay, ich gebe mich geschlagen!"

„Und schon wieder das Gleiche. Du gibst dich geschlagen. Noah, du lernst schnell, aber wenn man dich am falschen Fuß erwischt, kann man dich immer noch schlagen wie einen armen Hund. Weißt du warum? Schuldgefühle sitzen tief in dir!"

„Ja, Papsch war auch der Ansicht, dass Schuldgefühle unsichtbare, krankmachende Viren wären."

„Du hattest einen weisen Vater. Schuldgefühle halten nach einiger Zeit vom Lernen ab."

Dann klatschte er über meinem Kopf und berührte kurz darauf mit einer Hand meinen Solarplexus. Mir wurde warm, dann heiß, bis mein Körper sanft vibrierte.

Coyote kam in diesen Tagen oft in meine Wohnung und blieb so lange, wie es ihm Spaß machte oder er es als notwendig ansah. Er rollte bei jedem Zusammentreffen den Teig der Zeit aus und dehnte ihn, bis er als Gegenwart vor uns lag. Dann stach er die schönsten Sterne aus, bemalte sie und warf sie an den Himmel, der uns beide verband.

Gemeinsam buken wir, unsere Wangen waren rot wie Bratäpfel vom vielen Gelächter, das die ganze Wohnung mit Licht erfüllte. Glocken voller Lachen schwebten im Raum und eine besondere Fee war immer wieder gern gesehener Gast: die Ka-Fee.

Donnerstagabend stand das traditionelle Weihnachtsspiel auf dem Programm. Das Schulhaus platzte vor stolzen Eltern und neugierigen Geschwistern.

Kurz vor der Vorstellung eilte ich ins Konferenzzimmer und fand an meinem Platz einen Zettel: *Lösungsheft? Wiedersehen macht Freude, Johannes!*

Ich dachte an Coyote und meinen Vater, nahm einen Stift und schrieb darunter: *Lösungen machen abhängig, geraucht aber Freude, Noah!*

Dann legte ich den Spickzettel auf den Platz von Johannes.

In der Aula verbarg sich Johannes hinter einer Säule, gewappnet mit dem Fotoapparat in der Hand, denn er sollte für die Homepage fotografieren. Doch plötzlich eilte er wie von der Tarantel gestochen weg und als er zurückkam, hatte er diesen Blick, als wäre Lord John III von einem Untertanen zum Narren gehalten worden. Er stieß mit der Mutter einer Schülerin zusammen. Unsere Blicke trafen sich. In diesem Moment hob sich der Vorhang und Katja setzte zu einer Eröffnungsrede an, bei der sie die Kreativität und das Engagement der Lehrer und Kinder pries.

„Kennst du diese Schule?", flüsterte mir Dietmar zu.

„Keine Ahnung, von welcher sie spricht. Aber wenn ich einmal groß bin, dann möchte ich dort unterrichten", scherzte ich zurück.

Johannes lehnte nun an der Tür des Direktionszimmers. Während Katja sprach, drückte er die Klinke unbeabsichtigt mit dem Ellbogen nach unten. Die Tür sprang auf, knallte gegen einen Kasten voller Ordner. Johannes stolperte rückwärts und fiel auf den Boden.

Alle blickten zum Direktionszimmer. Katja lächelte entschuldigend, während zwei Kollegen Johannes wieder auf die Beine halfen. Die Besucher drohten fast am unterdrückten Lachen zu ersticken. Anders Franziska, Patrizia und Maria – sie lachten lauthals mit den Kindern auf der Bühne los.

Martin kommentierte nur: „Ein reaktionärer Mensch, unser Johannes. Es kann ihm nicht schnell genug rückwärts gehen."

Als wieder Ruhe eingekehrt war, spielten die Schüler das weihnachtliche Theaterstück, das Johannes, der wieder auf den Beinen war, nun mit dem Fotoapparat festhielt. Wie schon bei den Proben wirkte es schablonenhaft, mit ausladenden Schultheatergesten, einer sich jährlich wiederholenden Sprachmelodie, die ich nur von Schultheateraufführungen kannte.

Trotzdem war der Abend ein Erfolg. Stolze Eltern sind einfach der beste Garant für einen gelungenen Abend mit Kindern, denn für ihre Sprösslinge beklatschen Eltern sogar Blockflötenensembles, auch wenn der gemeinsame Ton in über zehn verschiedenen Schwingungen durch den Raum pfeift, sodass man der Blockflötenlehrerin spontan auf der Bühne den Friedensnobelpreis für ihre Probenarbeit überreichen möchte.

Als die Aufführung zu Ende war, kam Johannes ohne Umschweife auf mich zu. Seine Worte pfiffen mir auch in zehn verschiedenen Schwingungen um die Ohren.

„Sag einmal, spinnst du?"
„Tun wir das nicht alle?"
„Wo ist mein Lösungsheft wirklich?"
„Ich kaufe dir zu Weihnachten ein neues!"
„Das tut jetzt nichts zur Sache. Wo ist es?"
„Bei Amazon."
„Du machst mich hier nicht zum Trottel."
„Ich mache gar nichts."
„Meinst du, dass du alles mit mir machen kannst? Morgen ist das Lösungsheft auf meinem Tisch, und mir ist egal, woher du es nimmst!"
„Ich kann es nicht raushusten, Johannes! Ich hab die Lösungen in mir. Vielleicht kann ich dir helfen."

Manfred, der bei uns stehen geblieben war, schüttelte den Kopf.

Fuchsteufelswild stolperte Johannes mit dem Fotoapparat ins Lehrerzimmer, wo Elisabeth die Bilder im Computer abspeichern und für die Homepage aussortieren wollte. Patrizia, die neben Elisabeth stand, rechnete mit den Bildern für Facebook.

Als Johannes die Speicherkarte rausnehmen wollte, verfiel er in Schockstarre. Sie war nicht zu finden. Er suchte fieberhaft im Steckplatz des Computers.

„Wer hat die Speicherkarte beim Computer rausgenommen? Dort war sie zuletzt. Glaube ich."

„Hier ist sie aber nicht. Vielleicht hast du sie verlegt?", meinte Patrizia.

„Hast du sie, Noah?" Johannes funkelte mich gestresst an.

„Speicherkarte? Wiedersehen macht Freude, denn da sind Fotos von meiner Klasse geparkt, vom Iglubau und weiteren Erlebnissen."

Auch andere Kollegen waren aufgebracht. Fotos von Ausflügen, Veranstaltungen und Feiern waren auf der Karte gespeichert.

Bevor wir die Schule verließen, rauchten wir noch am Hintereingang, diesmal aber keine Lösungen. Martin trank einen Automatenkaffee.

„Johannes hat sich ja ordentlich aufgeblasen, um danach auszublasen."

„Ein kleines Häferl geht schnell über, würde mein Opa sagen", erklärte ich.

„Und hohle Töpfe haben den lautesten Klang", fügte Franziska hinzu.

„Viel Lärm um nichts", ergänzte ich.

In diesem Moment streckte Johannes den Kopf bei der Türe raus. „Ah, hier bist du. Komm mal rein."

Franziska hielt unauffällig den Daumen nach oben und zwinkerte mir zu. Ich folgte Johannes, der, ohne ein Wort zu sagen, eilig Richtung Lehrerzimmer schritt. Er ging schnurstracks zu seinem Platz und zeigte auf den leeren Tisch.

„Hier erwarte ich schnellstens mein Lösungsheft zurück. Ich habe Katja von deiner unprofessionellen Art berichtet."

„Du bekommst das Lösungsheft. Mit nächstem Kalenderjahr liegt es auf deinem Platz. Du wirst es wohl kaum in den Weihnachtsferien brauchen."

Manfred kam herein. „Sag einmal, bist du ein Junkie? Warum sollte nun auch Johannes die Lösungen in den Ferien rauchen?"

„Ich sagte brauchen und nicht rauchen."

„Letztendlich aber stellst du dich mit deinen üblen Scherzen in eine bedenkliche Ecke."

„Ach komm, Manfred. Das meinst du jetzt aber nicht ernst."

„Wir sind Lehrer, Noah. Lehrer. Und keine Kasperl. Wir gehen mit gutem Beispiel voran. Deine unbedachten Aussagen werden dir noch auf den Kopf fallen."

„Ehrlich. Darum kümmere ich mich nicht."

„Du kümmerst dich auch nicht um deine Klasse", befand Johannes.

„Das ist eine Unterstellung. Ich kümmere mich sogar sehr."

„Dann rede mit Hannah. Ich werde zu Semester mindestens eine Zwei im Verhalten beantragen. Sie hat keinen Respekt vor Lehrkräften. Lukas und Philipp habe ich übrigens eine Frühwarnung mitgegeben. Ich denke, beide werden in Mathematik negativ beurteilt werden."

„Das weißt du schon jetzt? In meiner Welt hast du sehr wenig Respekt vor Kindern. Willst du meine Schüler schlechter beurteilen, weil du mich nicht magst? Ich mag Schüler, die sich selbstbewusst artikulieren, solange sie dabei höflich bleiben."

„Noah, ja du lebst in deiner abgeschlossenen Welt. Und du nervst mit deinem Gerede. Lass uns doch in Ruhe arbeiten. Deine Vorstellungen passen nur für deine Welt, nicht für die echte Schulwelt. Du bist ein hochnäsiger Träumer, der meint, mit besonderen Rechten ausgestattet zu sein. Du wirst es schon noch kapieren: Schüler und Eltern meinen es nicht gut, deine enge Zusammenarbeit mit ihnen dient doch nur deiner Eitelkeit."

„Träumer? Es ist großartig, wenn man noch träumen kann. Wichtig ist nur, dass man die Träume dann auch lebt. Und genau das habe ich vor. Wenn ich euch unabsichtlich auf die Zehen steigen sollte, während ich vorwärts gehe, dann bitte ich vielmals um Entschuldigung. Jedenfalls erhältst du deine Lösungen garantiert zurück, Johannes. Sie haben echt Spaß gemacht."

„Du bist ein Narr. Du solltest dich an einem passenden Lehrerbild orientieren."

„Lieber ein Narr sein auf eigene Faust, als ein Weiser nach fremdem Gutdünken."

„Auf deine billigen Späße fallen viel zu viele rein. Sogar die alte Gertrude hält sich wieder für ein junges Huhn. Knackig war sie ja auch früher nicht, stimmt´s Manfred?"

Manfred nickte. „Nein, eine Augenweide war sie nie. Aber alte Hühner geben angeblich die beste Suppe."

Beide lachten. In diesem Moment kam Franziska bei der Tür herein. Ich verbeugte mich geziert und nahm sie an die Hand.

„Danke für das Gespräch. Der Mohr hat seine Schuldigkeit getan, der Mohr kann gehen."

Gemeinsam verließen wir das Schulgebäude. Während wir Richtung *Shannon Inn* unterwegs waren, sah ich im Licht des Lehrerzimmers Manfred und Johannes stehen. Draußen schneite es. Dicke Flocken tanzten wie kleine Wollschäfchen an den Straßenlaternen vorbei und formten am Boden eine Decke, in der Franziska und ich unsere Spuren hinterließen.

„Schade, dass wir auf keinen gemeinsamen Nenner kommen, nicht einmal auf einen gemeinsamen, vorweihnachtlichen Zweig. Diese Situation ist zwar traurig, aber die Zeit der Untreue mir selbst gegenüber ist einfach vorbei."

„Du hast weise gesprochen, mein Narr."
„Danke, meine Augenweide."
„Aber Narren reden nun mal gerne über Weisheit, die Schurken von der Tugend."

Der letzte Tag vor den Weihnachtsferien wurde von der Schulweihnachtsmesse eingeläutet. Etwas aufgedreht warteten die Schüler in den Bänken. Der gefrorene Atem stand vor den Mündern der Kinder. Auf den knarrenden Holzbänken breitete sich eine Kälte aus, die bis in die letzten Körperwinkel kroch. Der Duft von Weihrauch und Bienenwachs lullte uns in eine weihnachtliche Atmosphäre ein. Die Christbäume strahlten und nach dem Evangelium hielt der Pfarrer eine stimmungsvolle Predigt.

Oh du fröhliche sangen die Kinder aus Leibeskräften. Die meisten waren in Gedanken schon beim Heiligen Abend. Nur noch wenige Tage ...

Nach der Messe spazierte ich mit meinen Schülern in die Volksschule, die direkt neben unserem Schulgebäude lag. Beim Eingang lagen laminierte Arbeitsblätter und -vorlagen säuberlich auf einem Tisch ausgebreitet. Dahinter, an der Wand, hing ein blaues Tuch mit goldenen Sternen.

„Ich weiß, warum der Ehemann der Direktorin ihr nie die Sterne vom Himmel holen wird. Er hat Angst, dass diese dann laminiert in der Schule herumhängen würden", erklärte ich Franziska, die mich begleitete.

Vanessa, die Klassenlehrerin, hatte alles vorbereitet. Meine Schüler lasen den Volksschülern Geschichten vor, die gespannt an ihren Keksen kauten und Tee schlürften. Danach mischten sich die Kinder, redeten, aßen und spielten.

„Toll, wie sich hier alle durchmischen. Man könnte überhaupt altersübergreifende Klassen andenken", bemerkte ich gegenüber Franziska.

„Unsere Direktorin hält leider wenig von der Durchmischung."

Vanessa zuckte mit den Schultern.

„Also mischen impossible. Schade. Aber eine Mission ist möglich, Vanessa. Magst du mit uns gemeinsam die Wintersonnenwende feiern? Wir sind bei einem guten Freund hoch oben in den Bergen eingeladen."

„Ja, danke, ich schau noch in meinem Terminkalender nach. Es sollte aber passen."

Nach der Feier mit den Volksschulkindern öffneten wir in unserer Klasse die letzten Türchen am Kalender, knabberten wieder Kekse, horchten Musik und redeten über die kommenden Feiertage.

Alle waren froh: In ein paar Tagen war Weihnachten. Mittlerweile war auch die Speicherkarte wieder zum Vorschein gekommen. Katja hatte sie in der Kameratasche gefunden, wo Johannes sie geistesabwesend verstaut hatte.

Am Nachmittag besuchten Franziska und ich mit einigen Schulkindern die Bewohner des Seniorenheims. Einzelne Kinder musizierten auf ihren Instrumenten, wir anderen sangen gemeinsam, plauderten und so mancher war nahe einer Keksvergiftung.

Die Augen der Heimbewohner leuchteten, als sie die Kinder sahen. Obwohl es ein schöner Nachmittag war, machte es mich traurig, wie viele Gruppen der Gesellschaft immer unsichtbarer und ohne Dank ihr Dasein fristeten.

Auch wenn manche Kritik berechtigt war, taten mir die Alten leid. Saßen wir nicht trotzdem auf den Schultern der vorangegangenen Generationen?

Nach der Weihnachtsfeier verbrachten Franziska und ich den Abend mit Susi und Martin bei irischer und heimischer Weihnachtsmusik im *Shannon Inn*.

„Wisst ihr eigentlich, dass Martin Barfußläufer ist?", fragte uns Susi.

„Eher Barfußsockenträger. Oder Martin? Aber zumindest habe ich dich schon öfter mit Zehenschuhen gesehen."

„Ab Frühlingsbeginn laufe ich wirklich meist barfuß. Ich gehöre nicht zu den absoluten Freaks, die auch im Winter bloßfüßig unterwegs sind.

In die Schule komme ich sowieso mit Schuhen. Als ich beim Vorstellungsgespräch ohne Schuhe auftauchte, hat Katja mich gleich darauf hingewiesen, dass niemand ohne Hausschuhe unterrichten darf."

„Ohne Bereifung geht nichts an unserer Schule."

„Ja, Katja würde mir sogar Hufeisen verpassen, sollte sie mich barfuß erwischen. Ich wette mein Seelenheil darauf."

„Schade, ich hätte es lustig gefunden. Aber dann würdest du beim gemeinsamen Unterricht mit nackten Füßen auf den Lehrertisch springen. Jetzt halt mit Socken", meinte Franziska.

„Leute, bestellt mir bitte ein alkoholfreies Bier. Ich starte rüber zur Toilette."

„Zum Glück nicht barfuß!", rief ich ihm hinterher.

Susi verzog ihren Mund. Dann beugte sie sich zu uns.

„Er liest total viel. Unglaublich. Sein Regal ist vollgestopft mit Büchern über Buddhismus, Kampfsport und vegane Küche. Martin will seine Leistung beim Laufen nun mittels veganer Ernährung steigern. Naja, ich weiß nicht so recht. Aber er ist total davon überzeugt. Er ist so herrlich anders, nicht so eng, wie manche hier im Tal."

„Na, dass er sich nicht in ein veganes Tal verirrt. Versteh mich nicht falsch, aber das kann auch wieder eng werden."

Franziska war nicht restlos von dieser Art der Ernährung überzeugt.

„Ihr steckt ja eure Köpfe zusammen. Erzählt euch Susi eh nicht zu viel über mich?"

Martin schlang seinen Arm um sie und gab ihr einen Kuss.

„Wie bist du auf die Idee gekommen, barfuß zu laufen, Martin?"

„Es war das Buch *Born to run*. Das hat mir den letzten Kick gegeben. Dabei beeindruckten mich in der Erzählung besonders die Tarahumara-Indianer Mexikos, die federleicht wie Kolibris durch schier endlos lange Canyons und über sonnenverbrannte Berge schwirren.

Übrigens freue ich mich schon riesig auf die Sonnenwendfeier mit euch. Danke, dass ihr mich und Susi eingeladen habt."

„Läufst du dann auch barfuß den Berg zu Bert hoch? Ich möchte zur Wintersonnenwende mit den Tourenski zu Berts Hütte aufsteigen."

Franziska lächelte mich an.

„Nein, keine Angst. Ich verwende meine Schneeschuhe. Runter geht´s dann mit meinem neuen Snowboard."

„Wie geht´s Patrizia? Hast du in letzter Zeit mit ihr gesprochen, Franziska?"

Martin nippte an seinem Bierglas.

„Heute nach der Messe hat sie mich angesprochen."

Franziskas Augen strahlten. „Wir hatten ein längeres Gespräch. Ich kann sie sehr gut verstehen. Ich kenn das, wenn man alle Felle davonschwimmen sieht. Man bemerkt nur noch, was alles nicht funktioniert und wie toll es alle anderen im Vergleich haben.

Jedenfalls möchte sie gerne mit zur Wintersonnenwendfeier kommen. Ich soll euch ganz liebe Grüße ausrichten. Morgen Nachmittag gehen wir sogar gemeinsam eine kleine Skitour."

Ein Stein fiel mir vom Herzen.

„Vielleicht möchte sie ja zu unserer traditionellen Freundes-Weihnachtsfeier am 23. Dezember kommen? Die Zeit der reinen Männerfeiern ist ja sowieso vorbei."

Ich zwinkerte Susi und Franziska zu.

„Kommt John auch zur Wintersonnwendfeier?"

„Ich bin mir ziemlich sicher, Susi. Er sagte, dass es ihm eine Ehre sei, nochmals bei einer Feier dabei zu sein. Ich weiß nicht genau, wie er das meinte."

„Bei mir hat er auch so eine Anspielung gemacht", gestand Susi. „Ich wollte ihn zur Weihnachtsfeier ins *Shannon* einladen. Aber er hat abgewinkt und gemeint, dass er wahrscheinlich in seine Heimat zurückkehren müsse."

Mir wurde schwer ums Herz. Konnte es sein, dass Coyote nicht mehr lange bei uns war? In diesem Moment wurde der Song *In this heart* aus Sinead O´Connors Album *Universal Mother* gespielt.

Ja, der alte Mann war in meinem Herzen. Während ich an ihn dachte, klappte die Tür ins Schloss und Coyote kam herein.

„Hallo, ihr Lieben, schön euch zu sehen. Wenn es euch passt, bin ich bei der Sonnwendfeier dabei, genauso wie die universelle Mutter."

„Oh, schön", seufzte Susi.

Ich grinste und Coyote lächelte mir zu.

„Sinead O´Connor ist übrigens auch Veganerin", erklärte plötzlich Martin wie aus heiterem Himmel.

„Werd jetzt bitte kein Moralapostel", meinte daraufhin Franziska. „Sie ist ja nicht unbedingt Vorbild für alles. Großartige Sängerin, interessanter Mensch, aber doch etwas verwirrt."

„Ja, einfach locker bleiben. Du weißt schon: Das betrunkene Schwert." Coyote setzte sich an unseren Tisch.

„Ja, daran muss ich mich immer wieder erinnern. Es ist gar nicht so einfach, Disziplin und Lockerheit zu verbinden. Im Umgang mit anderen bin ich oft viel entspannter als mit mir selbst."

„Ernährung ist viel, aber lange nicht alles."

„Welche Ernährungsweise hast du eigentlich, John? Isst du normal? Oder bist du Vegetarier, Veganer, Rohköstler, Frutarier, Flexitarier, Freeganer, Pescetarier oder lebst du von Lichtnahrung?"

Martin runzelte die Stirn. „Ich sehe dich selten etwas essen."

„Also, ich bin Rektarier."

„Was bedeutet das?", fragten alle.

„Ich esse einfach jeden Scheiß!", erklärte Coyote unter großem Gelächter.

„Susi, zur Feier des Abends bringst du uns fünf kleine Weihnachtsbock-Biere", bestimmte Coyote. Alles Flehen und Reden half nichts. Coyote als John blieb hart.

„Die Tarahumara trinken vor dem Rennen ihr selbstgebrautes Bier, Martin. Oder? Das hast du doch erzählt. Und hat nicht Jesus bei seinem ersten Wunder Wasser in Wein verwandelt?"

Susi legte sich ordentlich ins Zeug. „Ja, aber das Bier der Tarahumara hat wenig Alkoholgehalt. Unser Bockbier hat mehr als ein normales. Außerdem hat Jesus nicht Wasser in Bockbier verwandelt."

„Jesus konnte feiern. Und die Tarahumara feiern das Laufen. Der Weg ist ihr Ziel und sie trinken vorher. Wir haben heute doch auch einen Anlass zu trinken. Außerdem musst du nach unserer Feier nicht laufen. Das Problem besteht nur, wenn du laufend trinkst. Auf das Leben!"

„Ja, John. Laufen muss er nicht", ergänzte Susi und prostete mit uns.

Wir tranken alle, auch jene, die gerade Diät hielten, denn wenn Coyote es für gut hielt, dann war´s wohl so. Und er liebte das Wort Bockbier, da war ich mir sicher.

„Ich würde nächstes Jahr gerne einen Marathon laufen", erklärte Martin. „Soll ich da auch vorher etwas trinken?"

„Tja, wenn du zu Ehren Pheidippides läufst, dann wirst du eine längere Strecke als die zweiundvierzig Kilometer bewältigen dürfen. Der wahre Lauf war von Athen nach Sparta und zurück. Das ist bei weitem länger als die übliche Marathonstrecke.

Weißt du, dass Pheidippides unterwegs auf einen Bock traf?"

„Wie meinst du das, John?"

„Das war so: Er traf auf Pan, den Naturgott, Sohn des Hermes, der im Gefolge von Dionysos unterwegs war.

Wenn du der Natur beim Lauf begegnest, dann sei dankbar und lauf mit ihr, denn sie lässt dich unglaubliche Leistungen erbringen, auch wenn diese nicht im Vordergrund stehen. Und als Bonus hast du noch eine Menge Spaß.

Martin, lieber mit Pan laufen und den Weg als Ziel erkennen, als bei einem Marathon Eulen nach Athen tragen."

Also tranken wir alle, erst auf Pan, dann auf Dionysos, die Tarahumara, die Natur und das Leben.

„Wenn wir Lehrer Flipcharts und Beamer weggeräumt haben und noch ein Gläschen trinken -

haben wir dann nicht immer die besten Ideen?"

Wir pflichteten Franziska lautstark bei und erklärten, dass ein entspannter, lockerer und etwas verrückter Geisteszustand zu hervorragenden Ideen führt. Aber um verrückt zu sein, musste man nicht immer mit Dionysos tanzen.

Ich hatte an diesem Abend jedoch etwas zu tief in das Glas geschaut. Mein Geist war mittlerweile nicht nur entspannt, er verabschiedete sich in Raten. Ich spürte das Bier immer intensiver, alles verlangsamte sich und wurde breiiger, einschließlich meiner Gehirnmasse.

Nach einiger Zeit schwankte ich mit Franziska heimwärts durch den Schnee. Wir lachten. Genau bei der Kuppe vor meiner Wohnung schaute ich auf den Boden und erkannte die Fuchsspuren.

Am Morgen zündete Franziska alle Kerzen des Adventkranzes an und legte eine alte CD meiner Eltern auf: *Buena Vista Social Club.*

Das war zwar keine weihnachtliche Musik, aber ich verband schöne Erinnerungen damit. Papa hatte sie immer wieder gespielt und mit meiner Mutter dazu getanzt.

Ich öffnete ein Türchen in meinem Adventskalender, und auch hier ging immer wieder eine Tür zu meiner Kindheit auf.

Damals hatten sich vor meinem inneren Auge Welten eröffnet, wenn ich die Kalendertürchen in der Früh ungeduldig aufklappte. Die Welt wirkte so bunt und das innere Licht verlieh ihr einen ganz besonderen Glanz. Manchmal genügte ein äußerer Reiz und ich verströmte mich in diese Helligkeit hinein.

Über die Jahre schien die Welt immer matter geworden zu sein. Aber ich war mir sicher, dass die Helligkeit von einem inneren Licht kommen musste, das beim Erwachsenwerden seine Strahlkraft eingebüßt hatte.

Franziska hatte das tantrische Buch fertig gelesen. Alles, was sie gelernt hatte, war für sie wie ein neues Eintauchen in eine größere Liebe.

Ich musste auch daran glauben und wurde von ihr in Atem gehalten. Aber ich glaubte gerne an den Atem der Liebe … John Keats hatte einmal geschrieben: *Love is my religion, I could die for it.*

Ich hatte aber eher das Gefühl: *Love is my religion, I die in it.*

12 Mit Coyote ganz allein

Nach dem Mittagessen holte Franziska Patrizia zur gemeinsamen Tour ab. Ich stellte den Kaffee auf und las in der Bhagavad-Gita. Es verging nicht viel Zeit, da stand plötzlich Coyote mitten im Raum.

„Hallo, Schnuckel", trompetete er. „Ich übernachte heute bei dir. Bis morgen Mittag gehört die Zeit nur uns. Fühle dich wie zu Hause."

Coyote schlug mit mir ein und veranstaltete ein kleines Tänzchen. Die Energie im Raum schraubte sich sofort nach oben.

Ich bekam ein wenig Kopfweh. Wirklichkeit und Traum gaben sich in meiner Welt wieder mal die Hände und wirbelten durch Herz und Gehirn. Ein angenehmes, lebendiges Gefühl des Daheim- und Angekommenseins breitete sich aus.

„Coyote, ich schätze die Bhagavad-Gita sehr ... aber der Bezug zum Kastensystem ... das alles ist ja nicht von tiefem Mitgefühl geprägt."

„Ganz früher sollten die Kasten die spirituelle Entwicklung des einzelnen Menschen widerspiegeln, aber das System erstarrte und wurde erblich. Auch das ist ein Beispiel, wie Formen verhärten und zu leidvollen Stolpersteinen werden. Übrigens – das Thema mit der spirituellen Entwicklung ist auch so eine Sache."

Coyote schnappte sich ein Wollknäuel, das Franziska vor einigen Tagen bei mir gelassen hatte und wickelte mich damit ein.

„Was soll das?"

„Ah, ich verwickle dich nicht nur in ein Gespräch.

„Das habe ich schon bemerkt!"

„Ich verwickle dich in eine Rolle, pardon, Wolle. In deinen Rollen bist du ja schon verwickelt."

„Ach komm, ich bin völlig in die Wolle eingewickelt. Hilf mir wieder raus!"

„Bis vor kurzem warst du noch stärker in deine Rollen verwickelt als jetzt. Und zweitens helfe ich dir gerne bei der Ent-wicklung!"

Und das machte er. Nachdem Coyote mich fast völlig verwickelt hatte, löste er mich langsam aus der Wolle. Dann zog er heftig und als er fast fertig war, meinte er:

„Und bist du jetzt ein anderes Wesen als zuvor?"
„Nein, aber entwickelter!"
Wir lachten.
„Siehst du, und nun bist du freier und handlungsfähiger."
Er riss an der Wolle.
„Und jetzt, meine Damen und Herren, präsentieren wir den voll entwickelten Noah! Welch unglaubliche Befreiung!"
Coyote klatschte vor Begeisterung in die Hände.
„Sehen Sie sich dieses Modell an. Das Modell des neuen Jahrtausends. Noah 4.0, nein 5.0. Und ich übertreibe nicht, wenn ich sage ..."
„Ach, komm schon", unterbrach ich ihn. „Ich habe schon verstanden."
„Was hast du verstanden, Zuckerschnäuzchen?"
„Also, die Verwicklung berührte nicht mein wahres Wesen. Dieses bleibt, wie es ist. Ich war und bin einfach, wer ich bin, unabhängig von meiner Rolle."
„Yes, Baby, schön formuliert. Ja, die Verwicklung beeinflusst wahrlich nicht dein wahres Wesen. Die Wolle verhindert bloß in einer relativen Welt die Entfaltung."
„Noch mal zur Bhagavad-Gita ... Haben wir nicht auch versteckte Kasten in unserer Gesellschaft? Mir kommt das schon so vor, Coyote."
Er begann plötzlich in einem goldigen, indischen Akzent zu sprechen.
„Oh, ja. Natürlich, nur verdeckter und nicht ganz so starr."
„Bert meinte bei unserem ersten Gespräch, dass es momentan die Zeit der Händler wäre. Ich finde, er hat Recht. Die Bauern und Priester können es wohl nicht sein. Aber die Krieger?"
„Ach, die werden vor den Karren der Händler gespannt. Das sind dann Soldaten mit ihren Kriegsmaschinen. Das hat wenig mit Kriegern zu tun. Eher mit anonymen Maschinen. Die können nicht tanzen, nur marschieren."
Er faltete die Hände, bewegte seinen Kopf rhythmisch nach links und rechts und tanzte. Dazwischen plapperte er immer wieder etwas scheinbar Indisches.
„Coyote, du bist einfach herrlich kindisch!"
„Danke, ja ich bin gerade ziemlich indisch."

Er beendete seinen Tanz und sprach weiter.

„Aber vor diesen Karren werden mehr Leute und Gruppen gespannt, als du vielleicht denkst. Sie sind nur noch Objekte. Man darf sie benutzen. Und mit ihnen handeln. So verliert man sich in Formen und Strukturen und auch im System Zeit. Die persönliche Zeitschuld schwebt tagtäglich über einem wie ein Damoklesschwert."

Er tanzte wieder, diesmal mit einem imaginären Schwert in der Hand.

„Wir Inder müssen zwischendurch immer wieder tanzen."

Während er sich sanft seinem Tanz hingab, fabulierte er weiter.

„Dieses Schwert verfolgt euch bis in die Träume der Nacht. Ihr habt am Ende des Tages immer das Gefühl, zu wenig geschafft zu haben.

Um der Zeit zu entrinnen, versucht ihr diese zu optimieren. Ihr meint, Dinge gleichzeitig tun zu müssen, euer Leben zu takten und nur wenig schlafen zu dürfen.

Aber wie soll man dem Zeit-Wahn entrinnen, wenn man sich andauernd mit der Perfektionierung des Zeitablaufs beschäftigt?

Das Ende der Zeit ist in der Gegenwart, es ist die Gegenwart, mein Lieber, und nicht in der Perfektionierung des linearen Denkens zu finden. Ihr müsst raus aus dieser Box! Die Gegenwart ist die Offenbarung."

Ich kam kaum zum Verschnaufen, denn plötzlich eilte er nach vorne gebeugt mit großen Schritten durch meine Wohnung. Er trug meine alte Schultasche.

„Was nimmst du wahr, Noah?"

„Hm, Stress!"

„Und was bemerkst du bei meinen Bewegungen?"

„Also, dein Körperschwerpunkt ist viel zu weit vorne. Der Kopf ist vor dem Becken und deine Schritte sind ziemlich ausladend."

„Exakt. Viele laufen so durch die Welt. Der Kopf ist schon in der Zukunft und eilt voraus. Er will durch jene Wand, die angeblich die Gegenwart von der Zukunft trennt. Ziemlich witzig, oder? Mit dieser etwas aggressiven Gangart fällt man eigentlich nach vorn. Und damit das nicht passiert, braucht man …"

„Große Schritte."
„Genau. Und die führen … "
„Zum Orthopäden!"

Er gackerte. Das war wohl eine überraschende Antwort. Zusammen mit Coyote probierte ich danach auf verschiedene Arten zu gehen, bis ich eine für mich passende, friedvolle Gangart gefunden hatte.

„Wie kann man mit dieser Haltung noch etwas vom Leben mitbekommen? Also, Frau Eichelhäher: Was beobachten Sie denn so bei den Menschen?"

Dann sprang Coyote zur Seite, imitierte den Warnruf des Eichelhähers und sprach mit leicht krächzender Stimme.

„Also, wenn ich mal einen Menschen beobachten darf, dann warne ich meine Kolleginnen und Kollegen im Wald meist nur vor ihrer Energie. Ein Großteil der Menschen, die in den Wald kommen, registriert uns ja nicht einmal. Die Menschen sind viel zu beschäftigt mit sich selbst und ihren Gedanken. Sie laufen durch die gemeinsame Heimat und bemerken nicht das Paradies.

Wer hört die Musik des flatternden Schmetterlings? Wer das Weinen der Wölfe? Wer sieht uns Vögel am Himmel und die Grille im langen Gras? Wer ehrt diesen Planeten? Wer liebt seine Mutter Erde über alles? Wer liebt das weibliche Prinzip?"

„Entschuldigung, holde Gattin", unterbrach Coyote sie als männlicher Eichelhäher. „Wer liebt das männliche Prinzip? Wo schützen Männer das Leben? Wer folgt noch den Träumen des Herzens? Wer riskiert und geht mutig voran?"

Dann krächzte er: „Ich warne euch! Vergesst nicht auf den Humor. Lacht, weil alles so absurd ist. Wenn ihr über die Absurdität und Paradoxie des Lebens lacht, dann wird euch das noch den Arsch retten, um mal Klartext zu reden."

Coyote hielt kurz inne. Hatte er Tränen in den Augen?

„Und weint, wenn euch zum Weinen zumute ist. Habt ihr schon einmal Tränen für Mutter Erde und ihre Lebewesen vergossen? Ich suche sie, die spirituellen Führerinnen und Führer!

Es geht um das Leid der Menschen und die Rettung des Planeten.

Kommt mir nicht damit, dass alles Illusion ist. Entschuldigt euch nicht mit eurer höheren Entwicklung in euren abgehobenen Welten. Täuscht euch bloß nicht! Ich fliege höher, als ihr euch denken könnt. Wann werdet ihr wieder echte Menschen? Wo ist euer Herz?"

„Entschuldigung, Herr Eichelhäher, ich muss mal."

„Okay, gute Unterhaltung auf der Toilette."

Als ich zurückkam, zischte und dampfte Wasser im Bauch der Espressokanne. Die Nase jubelte und mein Gehirn wusste in diesem Moment: Leben ist einfach herrlich!

Als das Wasser das oberste Deck der Kanne erreicht hatte, nahm Coyote sie sofort von der Kochplatte, um den Geschmack nicht zu trüben. Er genoss den Kaffee sichtlich.

„Herrlich! Freie Bohnen, freies Leben, wilder Kaffee!", hörte ich ihn noch.

Plötzlich stand er auf. Die schwarze Schwanzspitze seines Schweifs war deutlich zu sehen.

„Danke für die Einladung. Tja, die Wildheit und das freie Leben."

„Welches Tier spielst du denn jetzt, Coyote?"

„Einen Geistesbruder", antwortete er trocken.

„Also, als Fuchs muss ich folgendes anmerken: Wann findet ihr alle endlich wieder eure Ware Wolle – sorry – eure wahre Rolle? Merkt ihr nicht, dass der Souffleur sich schon die Kehle wund schreit? Ihr Trottel habt in eurem Wahn die Rollen vergessen. Jetzt werden sie umgeschrieben."

Er rollte das R übermäßig grotesk. Seine Sprache wurde peinlich martialisch:

„Die Zeit der Führer ist vorbei. Ihr seid euer eigener Führer! Schaut nicht auf, sondern horcht hinein und geht voller Liebe euren Weg. Folgt eurem Herzen, eurer Leidenschaft. Folgt euch selbst. Niemand anderem. Vertraut euch! Einfach so, und nicht um zu!"

„Um zu? Wie meinst du das, alter Fuchs?"

„Euer Sinn ist der Gewinn, euer Wert der Preis und euer Weg ist das Ziel. Ihr habt die Dinge verdreht.

Ihr macht alles nur, um etwas zu erreichen. Sogar den Himmel wollt ihr erreichen und verhandeln, obwohl er mitten unter uns ist. Manche wollen mit Gott verhandeln und ihre Seele verkaufen. Als ob es so einen Gott gäbe.

Da gackern ja die Hühner. Bitte passt auf, dass ihr eure Kinder nicht auch verdreht. Lernt von ihnen und geht eigene Wege."

Coyote sprang zur Seite.

„Herzlichen Dank, Herr Fuchs. Das waren interessante Worte."

„Warum schlüpfst du in die Rolle von Tieren, alter Mann?"

„Wer hört denn noch auf sie? Wenige, oder? Schadet nicht, wenn sie eine kleine Bühne bekommen. Haustiere zu halten ist übrigens nicht ausreichend."

„Und ich dachte schon, ein alter Kojote als Haustier wäre genug."

„Das hast du wirklich mal gehofft, Noah."

Er gab mir einen liebevollen Tritt in den Allerwertesten.

Coyote verließ die Wohnung und kam kurz darauf wieder zur Tür herein, grüßte mich und schüttelte mir die Hand.

„Guten Morgen. Mein Name ist Fischotter und ich bin göttlich beeidigter Vertreter des Spiels. Ich möchte Ihnen nichts verkaufen, lieber Herr Lehrer. Außer das Spiel an sich. Ihre Kolleginnen und Kollegen wollten mir nicht zuhören. Aber jetzt habe ich Sie erwischt.

„Was wollen Sie von mir?"

„Ich möchte Ihnen ein paar Fragen stellen.

Also: Können Sie noch spielen? Einfach spielen.

Ich frage Sie: Warum spielen Kinder nur in vorbereiteten Umgebungen? Weil es bald keine anderen mehr gibt? Oder steckt dahinter ein Konzept? Hat das einen Nutzen? Lachen Sie nur, weil es die Gesundheit fördert? Wie nennen Sie das? *Gerontologie*?

Oh, Entschuldigung. Natürlich *Gelotologie*. Starren Sie beim Laufen ständig auf komplizierte Messgeräte? Wollen Sie sich vergewissern, dass Sie noch am Leben sind?

Und noch dazu richtig? Na, dass Sie sich da nicht verlaufen, weil Sie immer weniger spüren. Hier, fangen Sie!"

Er warf einen Tennisball, der auf der Kommode lag, nach mir. Ich fing und warf zurück. Wir warfen den Ball erst in hohen Bögen, dann schnell und flach. Wir spielten mit Bodenauf, fingen verkehrt und probierten alles Mögliche aus.

Auch wenn das Spiel sehr einfach war, wir hatten richtig Spaß. Zu guter Letzt traf ich Coyotes Hut, der zu Boden fiel.

„So, Herr Lehrer, ich lasse Sie nun alleine und verkaufe Ihnen nichts. Aber vergessen Sie nicht zu lachen und zu spielen. Spielen ist ein unverblümter Ausdruck von Intelligenz eines an und für sich intelligenten Wesens!"

„Was, Sie hören jetzt auf? Habe ich wohl zu scharf geschossen, Sie göttlich beleidigter Spielevertreter!"

Coyote, als Fischotter, warf mir den Hut wie eine Frisbee entgegen, und ich versuchte, diesen mit dem Kopf zu fangen.

„O je, leider habe ich zu wenig Talent!"

Er schüttelte mir wieder die Hand, nahm seinen Hut und ging in die Küche, um sich Kaffee nachzuschenken.

Es dauerte nicht lange und Coyote und ich saßen auf meiner Couch, tranken besten Kaffee und rauchten *Indian Spirit*.

Später holte Coyote meine asiatische Vase, die mit Sand befüllt war, und stellte sie auf meinen Tisch. Ich verwendete diese manchmal beim Meditieren als Behältnis für meine Räucherstäbchen.

Plötzlich saß er mit verschränkten Beinen neben der Vase auf dem Tisch. Er zog nochmals an seiner Zigarette und steckte sie als Räucherstäbchen in die Vase.

„Meine lieben Jünger", sprach er in bestem Hindi Akzent, „lasst euch nicht an den Balken der Zeit nageln. Die Blume blüht, wo das Göttliche sich mit dem Menschlichen überschneidet. Hier entfaltet sich das Potential und Ressourcen werden nicht geplündert.

Shiva und Shakti tanzen, die Lotusblume erblüht und der Geist wird erleuchtet. Die Welt der Händler aber höhlt die Erde und ihre Geschöpfe aus, um mit ihnen Geschäfte zu machen. Wie Raubtiere ziehen sie quer über den Planeten. Nichts kann ihren Hunger stillen.

Ihr seid wie die Bienen, meine Jünger. Während so manche Wissenschaftler und Händler euren Wert darin bemessen, wie schnell und gut ihr Honig produziert - und ihr euch danach definieren lässt - so fliegt ihr von Blüte zu Blüte und bestäubt ganz nebenbei die Pflanzen. Euer Weg von Pflanze zu Pflanze, euer Spaß am Flug, ist euer wahrer Sinn.

Ihr tragt zur Lebendigkeit des Lebens bei. Nicht der abgefüllte und verkaufte Honig ist eure wahre Aufgabe."

„Einfach more than honey, bee-ji", unterbrach ich ihn in Anspielung auf den großartigen Film.

„Gebt die Opferhaltung des Schafes auf. Lasst euch nicht mehr scheren, definieren und pathologisieren. Ihr seid Löwen, die im Gewande Gottes daherkommen. Im Hier und Jetzt. Ihr seid das!"

„Gut gebrüllt, Löwe!"

„Danke, Schnuckelhase. Hoffentlich war es nicht viel Lärm um nichts.

Gib mir eine Zigarette rüber. Ich rauche sie ja nicht zum Spaß. Das ist ein Opfer, ein Rauchopfer, und ich muss viele von diesen Dingern rauchen.

Ach ja: Und dann wären noch fünfhundert Euro für meinen Vortrag zu zahlen. Das muss es dir wert sein. Es ist einfach eine Frage von Geben und Nehmen.

Glaubst du, es macht Spaß, der einzig Erleuchtete unter einer Schar von Trotteln zu sein? Wo sind übrigens die schönen Frauen, die du mir versprochen hast? Sollten die nicht in der ersten Reihe sitzen? Fährst du ein großes Auto? Du weißt schon. Na, dann reiche mir wenigstens eine Zigarette!"

„Nimm doch die aus der Vase. Steht direkt neben dir. Oder sitzt du neben dir?"

Coyote zog heftig an dieser und blies wieder Ringe in die Luft. Er mache es nur, um sein räumliches Vorstellungsvermögen, seine Imaginationsfähigkeit und die Lippenmuskulatur zu trainieren.

Während ich das restliche Geschirr abwusch, hüpfte er vom Tisch und löste ein paar Sudokus. Aber als er allen Ernstes behauptete, er mache auch diese nicht zum Spaß, sondern als Vorbeugung gegen Alzheimer und zum Gehirntraining, wurde es mir zu viel. Ich forderte ihn zu einer Schachpartie auf und er willigte ein.

So saßen wir uns gegenüber. Ich drohte zur Eröffnung des Spiels mit einem *Königsindischen Angriff*, er für das nächste Mal mit einer *Beschleunigten Drachenvariante*. Wir spielten hart, aber herzlich;

arbeiteten mit allen Tricks, rauchten, lachten, stänkerten, tranken Gallonen von Fair Trade-Kaffee.

Ich war mir schon sicher, dass die Kaffeebauern mich bald zum Konsumenten des Jahres küren würden. Plakate mit meinem Antlitz würden in Südamerika und überall auf der Welt hängen und die Leute dort auf mich prosten.

Noah, der Mann, der die Bohnen befreite! Noah, der Konsument des Jahres, der Rächer der Enterbten. Noah, der Mann, der den Bohnen die Würde wieder gab. Der Mann, der ganze Familien ernährte. Noah, sexiest man alive – war in großen Lettern auf den Plakaten zu lesen, während ich stolz von diesen heruntergrinste. Jeder hatte zusätzlich ein Bild von mir in seinem Portemonnaie.

Als Coyote einen Bauern in eine Dame umwandeln konnte, gab ich auf. Ich sah keine Chance mehr.

„Oh, schau. Mein schwarzer Kaffeebauer wird zu einer feinen Dame. Das nenne ich Fair Trade. Aber deine weißen Bauern sind wohl verdrehte Schweinehirten."

„Ist mir egal, das Spiel ist jetzt sowieso sinnlos."

„Die Kunst des Scheiterns will gelernt sein", lachte er. „Aber es hat Spaß gemacht, ich habe schon lange nicht mehr gespielt."

„Mit wem spielst du sonst, alter Mann?"

„Das würdest du mir nicht glauben."

„Also, dann erzähl doch."

„Komm, lass uns rausgehen. Vor der Tür liegt ein hübsches Wäldchen."

Wir schlenderten eine Weile schweigsam nebeneinander. Als ich mich am Ende des Waldes umdrehte, entdeckte ich wieder den Fuchs. Er schaute uns an, rührte sich nicht von der Stelle.

Fast hatte ich das Gefühl, dass er uns anlächelte, aber das Verblüffende war, dass er hinter uns her trottete, als wir weitergingen.

„Vielleicht will er mit uns ins Pub, Noah."

Ich hielt mittlerweile schon alles für möglich und sah den Fuchs vor meinem geistigen Auge neben mir und Coyote sitzen und ein

Bier trinken, während bei den beiden die buschigen Schweife vom Hocker baumelten.

„Also, lass uns doch ins *Shannon* gehen, Noah. Ich habe Lust darauf."

Spät am Abend, wir waren wieder zurück aus dem *Shannon Inn*, suchte er auf meinem Laptop nach Musiktiteln und schraubte die Lautstärke hoch. Von Renaissancemusik bis Hip-Hop war alles Mögliche zu hören. Wichtig war ihm aber nur, dass ich tanzte. Er war in seinem Element. Beim Tanz zu einem Song von Little Richard überlegte ich, ob er sich bald eine neue Hüfte zulegen müsste. Bei der Renaissancemusik fürchtete ich, er würde einen Bandscheibenvorfall von den vielen Verbeugungen bekommen. Es klopfte an der Tür.

„Oh, wir machen wohl zu viel Lärm!"

Coyote stellte die Musik leiser, öffnete die Tür und grüßte meinen Nachbar Josef.

„Die Musik ist zwar laut, aber so unterhaltsam. Weiter so. Wie viel Lebendigkeit der junge Kollege in dieses müde Haus bringt. Das tut auch einem alten Mann wie mir sehr gut."

Kurz darauf verabschiedete sich Josef mit einem Lächeln auf den Lippen und ging wieder in seine Wohnung.

„Warum sah dich Josef dieses Mal? Bei der ersten Begegnung hat er dich nicht entdeckt."

„Erstens ist er offener geworden und zweitens sieht man mich nur, wenn ich es auch möchte."

Coyote drehte die Musik aufs Neue laut.

„Noah, tanze und lache. Besonders in schweren Zeiten. Dann tanze noch intensiver, lache noch mehr und atme noch tiefer. Atmen, tanzen, lachen. Vergiss das nie. Stell das Denken beiseite und gib dich dem Leben hin. Ein belebtes Gehirn kann viel klarer denken."

Coyote verschwand kurz auf der Toilette, tänzelte danach lässig mit seiner Kaffeetasse in der Hand und einer Zigarette im Mund rückwärts nach draußen auf den Balkon.

Es war tiefe Nacht. Nur ein paar Sterne funkelten vom Himmel. Das Licht der Straßenlampen erhellte die in Dunkelheit gehüllte Landschaft.

Mein Herz war weit offen. Fast überwältigte die Liebe mich. Ich zündete mir eine *Indian Spirit* an.

Coyote zeigte in Richtung eines Gartens. Dort war ein Fuchs zu sehen. Vielleicht war es jener, der mir immer wieder über den Weg lief. Der Atemhauch des Fuchses war deutlich zu erkennen, und weil seine Nasenspitze von einem Lichtstrahl angeleuchtet wurde, sah es aus, als würde auch er eine *Indian Spirit* rauchen.

„Noah, hast du eine Vision für dich und deinen Beruf?"

„Ja, aber sie ist noch etwas unscharf. Ich träume davon, eine Schule zu finden oder zu gründen, die mit dem Leben stärker verwoben ist.

Ich stelle mir da immer einen Bauernhof in wunderschöner Natur vor. Die Kinder helfen bei der Arbeit und entscheiden selbst, was sie lernen wollen und auch müssen. Lehrer werden zu Mentoren, die die Kinder begleiten.

Ich sehe Kinder, welche die Welt entdecken und erobern, die sich mit Musik, Theater, Technik, Wissenschaft und Natur beschäftigen. Kinder mit Entdeckergeist, Wärme und Humor.

Wenn der Rahmen stimmt, bringen sie auf vielen Gebieten sicher auch bessere Leistungen als in einer normalen Schule."

„Ach, stehe zu diesem Traum, auch wenn er noch unscharf ist. Er ist schön. Bleib dran, und ich bin sicher, du wirst es spüren, wenn es so weit ist. Es ist sowieso an der Zeit, dass Schulen sich verändern und aufbrechen.

Der Aufbruch kommt aber von innen und nicht als externes Schulprojekt. Aufbruch bedeutet Aufbruch des Herzens, das Hirn wird folgen. Echte Aufbrüche entspringen tief drinnen und sind von einer großen Energie und Natürlichkeit getragen. Da ist nichts Aufgesetztes zu finden."

Coyote hatte seine Hose verkehrt angezogen. Auch in seine Lederjacke war er verkehrt herum geschlüpft, wie ich überrascht bemerkte. Ich blickte auf seine Stiefel. Auch die dürfte er beim Rausgehen auf den Balkon vertauscht haben.

„Alter Mann, was soll das? Hast du dich auf der Toilette umgezogen?"

Coyote antwortete nicht, sondern lachte nur und ließ einen fahren. Dann tanzte er wild auf meinem Balkon und sang ein indianisch klingendes Lied.

„Heyoka, Noah. Hast du diesen Donner gehört, du Vogel?"

„Wer da wohl der Vogel ist oder ihn hat, verrückter Coyote!"

Coyote erklärte mir, dass die Heyokas die Narren und Clowns der Lakota waren.

„Ich vermisse das Lachen an den Lagerfeuern. Was trieben sie Scherze, rissen Witze und Possen."

„Dann ist unser Bild vom stoischen Indianer falsch?"

„Verkehrter geht's kaum. Ich sag dir ... Ein Hoch auf die Narren dieser Welt, auf alle Narren und Clowns in allen Kulturen! Heyoka!"

„Darum machst du gerade alles verkehrt herum."

„Ja, mein Schnuckelnoah. Vergiss nicht auf die Kraft des Andersseins. Nimm dir immer wieder einmal Zeit und mache alles verkehrt. Krabble mit dem Kopf vorwärts aus dem Bett, gehe rückwärts, ziehe Kleider in völlig neuen Farben an, rauche im Kopfstand, halte eine öffentliche Rede, schaue einen Film ohne Ton, pinkle im Stehen, verbringe einen Tag, ohne zu lügen, backe für deine Oma einen Kuchen, setz die Sonnenbrille erst am Abend auf, schalte dein Smartphone aus, fahr mit dem Fahrrad ins Radar, nimm ein Vollbad mit kaltem Wasser.

Erzähle Witze ohne Pointen. Stell dich als Straßenmusiker an die Ecke und spende das Geld für Flüchtlingskinder, schmiede ein Schwert, streue neue Samen, fahre mit dem Zug irgendwohin auf einen Kaffee.

Was auch immer dir einfällt. Es soll ein Anders-Tag sein. Sei ein wunderbarer Narr, ein Holzwurm im Gebälk des Systems. Tja, und an deiner zukünftigen Schule wird dafür sowieso viel Platz sein. Da bin ich mir sicher!"

„Das wird verrückt."

„Und nimm dir am besten täglich eine Stunde Zeit und mach nur das, was dir echte Freude bereitet. Wenigstens eine Stunde. Sei so verrückt, Noah."

„Aber Coyote, hast du mal meine To-do-Liste gesehen? Die scheint endlos zu sein. Wie soll ich da die Zeit für solche Späße finden?"

„Dann mache aus deiner To-do-Liste eine doo-bee-doo- oder eine Juhu-Liste.

Freu dich doch, dass du so viel erledigen darfst, während du atmest. Verstehst du? Stell einen neuen Rekord auf bei deiner Liste.

Erledige alles von hinten. Inhaliere die Energie des Wanderfalken, verbinde dich mit der Kraft des Geparden. Experimentiere. Nichts ist angesichts der Unendlichkeit so ernst, wie du meinst.

Und nichts in Anbetracht deiner Vergänglichkeit so ernst, wie es scheint. Nur wenn du deine endlichen Geschichten, die du lebst, unendlich machen möchtest, dann wird alles verdammt wichtig. Aber nur für dich."

„Coyote, es gibt Tage, wo ich funktionieren sollte. Da marschiere ich im Marschrhythmus mit der grauen Masse. Was soll ich machen, wenn ich genau im Takt dieser eigenartigen Maschinerie gehen muss? Was ist, wenn es hart auf hart geht?"

„Dann geh im Off-beat, Noah!"

Er lachte hinaus in die dunkle Nacht. Seine Zähne funkelten gemeinsam mit den Sternen.

Kurz darauf stapfte Coyote im Off-beat zu seiner selbst gespielten Beat-Box-Marschmusik nach drinnen, verschwand im Bad und schnappte sich seine mitgebrachte Decke. Er legte sich mit voller Montur in mein Bett.

Ich duschte, putzte die Zähne und legte mich neben *Old Man Coyote*.

„Weißt du Noah", sagte er nach einer Weile, „dein Lebensweg entsteht im Gehen. Letztendlich weiß niemand vorher, wohin du laufen wirst.

Manchmal planst du die Schritte, meist aber bist du wie ein Jazzmusiker. Jede Fußspur ist eine Fußnote, eine weitere Note in der Melodie, die durch dich entsteht.

Es geht nicht um den Schlussakkord als das große Ziel, sondern um das ganze Lied. Und alles entsteht in der Gegenwart."

Er sang, wie schon unzählige Male zuvor, und ich klatschte den Takt. A-bop-wop-a-lou-bop-a-whomp-bam-booom. Es war herrlich, ihm zuzuhören. Mit *Shaky halleluja* schloss er seine Improvisation ab.

„Wer ist dieser unsichtbare Reisebegleiter, von dem du mal erzählt hast, Coyote?"

„Ah, Holy Spirit. Auf den Namen meinen aber viele ein Copyright zu haben.

Nenn diese Kraft, wie du willst. Sie ist der göttliche, wahre Pädagoge, der Brückenbauer. Sei bereit, setze die Segel und statt Kanäle wirst du das weite Meer des Lebens befahren.

Erinnerst du dich an Lin-Chis bestechende Aussage? *Triffst du Buddha unterwegs, töte ihn!* Das gilt nicht nur für Buddha, sondern für jede liebgewordene Form."

Er drehte sich zur Seite und schaute mir in die Augen.

„Lerne von diesem Geist echte Vergebung, denn sie ist der Schlüssel zum Glück und zu schönen Träumen. So, und jetzt schlaf gut. Ich bin müde."

Bevor er einschlief, hörte ich ihn noch murmeln:

„Gott, war dieser Chinese herrlich verrückt! Und erst sein Meister. Wie hieß dieser Arsch? Ach ja – Huang-Po ..."

Coyote sägte in der Nacht den halben Wald um, aber seine Anwesenheit war ein Segen. Wahrscheinlich konnte ich auch nicht schlafen, weil ich das Gefühl hatte, im Licht zu baden und immer wieder lachen zu müssen.

Ich träumte, dass ich wieder ein kleiner Junge war. Meine Eltern gingen mit meiner Schwester und mir spazieren. Mama und ich hielten einander an den Händen. Dann beugte sie sich zu mir nach unten und gab mir einen dicken Kuss.

Später lief ich mit ihr einen Bach entlang, und als ich müde war, nahm mich Papa hoch und trug mich auf seinen starken Schultern. Die Welt gehörte mir. Dann waren wir plötzlich wieder am Meer in Kroatien. Papa zeigte uns den *Großen Wagen* und den Polarstern.

Papsch sprach gerne über ein einge-nordetes Leben. Er meinte damit, dass es gut wäre, eine innere Orientierung zu haben.

Später entzündeten wir gemeinsam ein Lagerfeuer und blickten zum Himmel empor. Ich lehnte mich bei ihm an, hundemüde war ich, und als ich sein Herz schlagen hörte, fühlte ich mich daheim. Pure Entspannung.

Plötzlich war ich verschwunden. Ich schaute, wo ich war – und bemerkte, dass ich durch die Augen meines Vaters auf mich blickte. Ich war mein Vater geworden. Erschrocken fuhr ich hoch und wachte auf.

Coyote saß neben mir, hellwach.

„Da ist ja einer aufgewacht!", meinte er nur. „Willkommen in der Welt. Zeit, aufzustehen."

Ich erzählte Coyote von meinem Traum.

„Noah, deine Wunde heilt. Du wirst zu einem liebevollen Vater für deinen eigenen inneren Jungen."

Er klatschte und Energie erfüllte den Raum.

„Weißt du, Papa wollte immer, dass wir den Norden finden konnten. Seitdem habe ich das Gefühl, auch am Tag intuitiv Richtung Norden zeigen zu können."

„Ja, Schnuckelbär, es ist gut, eine Richtung zu haben, aber die Liebe soll dein Kompass sein. Weißt du eigentlich, dass bei früheren Karten der Osten noch oben zu finden war? In der Kühle des Nordens kann man auch versteifen."

Coyote erstarrte plötzlich, als wäre er in der Tiefkühltruhe gelandet.

„Es braucht eine Neugeburt, mein Lieber. Neuer Wein in alte Schläuche wird nicht mehr funktionieren. Die alten Schläuche werden bersten. Aber bitte nicht alten Wein in neue Schläuche. Es geht um den Wein und nicht um die Schläuche. Wer dies kapiert, lässt sich mit Freude volllaufen. Dann findest du *abundance* - also Fülle."

„Tolles Wort, in ihm steckt *dance*."

Wir tanzten eine Weile unbeschwert in meiner Wohnung.

„Darf ich bitten?", fragte er auf einmal, bevor er mit mir einen Walzer tanzte.

Wir drehten nach rechts, dann nach links. Ich musste führen. Dann wurde ich geführt. Wir schwebten fast - bis zu dem Moment, als er meinte: „Das war unser Abschiedstanz, Noah. Danke."

Ich landete knallhart auf dem Boden der Realität.

„Was? Nein! Das kannst du nicht machen. Ich muss noch so viel von dir lernen."

„Oh doch, das kann ich machen."

„Sehe ich dich wieder, Coyote?"

„Triffst du Coyote unterwegs, töte ihn! Oder willst du an einer toten Hülle von mir hängen? Das Leben verbindet uns, Noah, das Leben selbst. Lass uns den heutigen Tag noch genießen."

Er trat auf mich zu und wischte mir die Tränen aus dem Gesicht. Ich schluckte.

„Du wirkst streng wie ein Zenmeister, wenn du diesen Ausspruch von Lin-Chi abwandelst."

„Oh, ich liebe Zen. Ich bin Großmeister von vier Linien, Noah!"

„Echt? Von welchen?"

Er gab mir einen kleinen, feinen Schlag auf den Hinterkopf und meinte: „Put-zen, hei-zen, pfur-zen und schei ...!"

Ich unterbrach Coyote schroff.

„Muss das jetzt sein? Ich finde das zum Kot-zen."

„Oh, Herr Co-Zen-Meister: Was hast du denn gegen Scheibenput-zen? Wir putzen doch schon eine Weile deine Wahrnehmungsgläser."

Ich musste endgültig lachen. Coyote hatte es wieder geschafft, und das mitten in einer wirklich schwierigen Situation. Dafür erntete er einen Tritt ins Hinterteil.

„Noah, erinnere dich an einen der erstaunlichsten Menschen, der jemals über diese Erde gegangen ist. Dann wirst du diese Problematik vielleicht besser verstehen. Klammerst du dich an den Körper, dann bleibt die Botschaft Jesu im Tunnel stecken. Du verehrst den gekreuzigten Körper und hängst somit am Tod. Ehre den Tunnel, aber bitte fahre auch hindurch!"

„Mit Vollgas, Sir!"

„Auf die Auferstehung!"

„Auf das Leben!"

„Heureka!"

13 Die Wintersonnwendfeier

Heute stand die Wintersonnwendfeier bei Bert an und obwohl ich mich schon riesig darauf gefreut hatte, war sie in meinem inneren Kalender beinahe verblasst.

Ich wollte jetzt nur die Zeit dehnen, mit Coyote reden, denn ich hatte Angst, ihn zu verlieren. Das ist eine der dunkelsten Stunden in meinem Leben, dachte ich mir.

„Aber auch eine der hellsten, außer du bleibst im Tunnel stecken", antwortete Coyote.

„Ja, beides stimmt. Du bist mein Morgen- und mein Abendstern, Coyote."

Mich überraschte es schon lange nicht mehr, dass er meine Gedanken lesen konnte.

„Noah, ich habe ein Geschenk für dich. Alles Liebe zum Geburtstag und frohe Weihnachten."

Coyote überreichte mir ein Päckchen, das er in seinem Rucksack mitgebracht hatte.

„Coyote, du bist Geschenk genug in meinem Leben. Das ist wirklich nicht notwendig." Ich schaute ihm in die Augen und ich hatte das Gefühl, Sterne zu sehen. Dann legte ich das Päckchen zur Seite, wollte es erst an meinem Geburtstag öffnen.

„Wie soll ich es schaffen, so zu leben, wie du gesagt hast. Hast du einen letzten Tipp?"

„Noah, riskiere den Kopfsprung ins Herz. Und wenn du auftauchst, dann tanze nackt in der Sonne, während andere in ihren Uniformen an dir vorbeimarschieren. In unsicheren Zeiten marschieren viele allzu gerne im Gleichschritt mit der Herde der Unbewussten. Du aber tanze. Gerade, wenn alles auf wackeligen Füßen steht, ist es der Tanz des Lebens, der dich trägt – und nicht der Marsch des Todes."

„Ja, Lebendigkeit und Leben. Heureka."

„Kümmere dich um das Leben und lass die Toten die Toten begraben. Der Schlüssel ist Verrücktheit, Humor und Lachen. So sprengst du das System, verlässt die Matrix."

„Du meinst die Sprengung in mir, nicht wahr?"

„Du erlebst immer alles in dir. Also sprenge es dort. Das Herz ist voller Energie. Wenn du vom Kopf ins Herz springst, dann kommt es bei der Landung zu einer Explosion. Ein großes Lachen ist zu hören. Lebensfeindliche Strukturen in deinem Gehirn werden hinweggefegt. Das ist der wahre Kopfsprung ins Herz, Noah."

„Dann fliegt mir das System also um die Ohren?"

„Ja."

„Auch das Schulsystem?"

„Ja, auch dieses ist in dir. Und genau in dir passiert die große Änderung, weil du die Systembrille ablegst und nun mit dem Herzen schaust. Dann siehst du alles neu. Eine neue Welt tut sich auf. Stell dir vor, was ein liebevoller Blick sieht. Und genau mit dieser Wahrnehmung gehst du an die Arbeit im scheinbaren Außen. Du bist am Leben orientiert. Systeme dienen dir nun. Das ist der springende Punkt."

„Seit du da bist, sprengst du mein System und die Liebe zieht ein."

„Heyoka Noah, der mit dem Kojoten tanzt!"

„Und wie weiß ich, dass ich auf dem richtigen Weg bin?"

„Wenn der Weg sich vor dir auflöst und du beginnst, vollständig auf dich selbst zu vertrauen. Nichts und niemand ist getrennt. Nicht einmal dein Weg von dir. Alles bloß ein blöder Scherz. Gott ist ein Komödiant, nur das Publikum versteht die Pointe nicht."

„Wie bringe ich den heutigen Tag hinter mich? Wie soll ich das schaffen?"

„Komm, lass uns am Feuer feiern!"

Plötzlich aber kam er zu mir herüber.

„Viel mehr, als dass du deine Gitarre stimmst, sollst du gestimmt werden. Und viel mehr als du mit Liebe Kuchen bäckst und Essen kochst, sollst du gekocht und gebacken werden. Du wirst geröstet, mein Lieber. Aus einer bitteren Kaffeebohne wird durch das Feuer Gottes ein herrlich duftender Kaffee werden."

„Na, dass ich dabei nicht mein Leben verliere, Coyote."

„Du machst dir Sorgen um das Sterben? Keine Sorge. Du wirst schon sterben. Todsicher. Der Tod ist ein äußerst verlässlicher Partner.

Die Frage ist nur: Wann kommt er?

Also, stirb, bevor du stirbst. Denn dann taucht er auf, der Sensenmann, und findet dich nicht, weil du schon gestorben bist, und aus dem Nichts erschallt Gelächter. Tod, wo ist dein Stachel? Bohne, wo ist deine Bitternis? Ach, du wirst duften, gerösteter Noah!"

„Ich ahne, was du meinst, aber sind wir nicht alle angetrieben von der Flucht vor dem Tod?"

„Wenn du den Tod verdrängst oder gegen ihn ankämpfst, dann stirbst du langsam ab. Nimmst du ihn an, wirst du lebendiger. Herrliches Paradoxon, nicht wahr?"

Coyote schüttelte sich vor Lachen. Dann legte er mir eine Hand auf die Brust und die andere auf meinen Scheitel. Er atmete tief. Mein Körper fing an, unkontrolliert zu zittern. Eine Welle der Ekstase erfasste mich. Mein ganzer Körper vibrierte.

„Herrlich, wie das Feuer des Geistes dich kocht!"

Ich konnte mich kaum auf den Beinen halten und brauchte ein paar Minuten, um wieder zu funktionieren.

„Siehst du das tanzende Licht, Noah? Überall Licht!"

„Coyote, habe ich auch in Zukunft Zugang zu diesem Glücksrauschen?"

„Ja, liebe das Leben, Spirit, Gott, wie auch immer du das Namenlose nennen möchtest. Das ist das Wichtigste. Diese Liebe zum Unendlichen. Der Rest fällt dir zu.

Sei präsent, denn dann bist du ein Präsent für alles Leben. Es ist die Präsenz, die dich zwischen und auf den Schienen tanzen lässt.

Erwachsene denken oft, Kinder wären zerstreut. Das ist ein Irrtum. Sie sind einfach nur präsent, während die meisten Erwachsenen in dieser Welt mit müder Konzentration auf ihren Schienen fahren. Das ist eine Geisterbahn, Noah. Es braucht Mut, auszusteigen und nicht einzusteigen."

Coyote warf sich plötzlich in Pose.

„Oh, wie sich das Leben nach mir sehnt, wie es sich nach mir verzehrt! Schatz, ich bin da!"

„Okay, danke, ich hab´s verstanden."

„Präsenz ist Verliebtheit in das vielfältige Leben. Sie wird dein Leben verändern, sie wird alles verändern. Sogar deinen Stuhlgang."

„Damit meinst du sicher nicht den Gang in die Kirchenstühle?"

„Okay, beschreiben wir es so: Sogar dein Toilettengang wird zu einem Gottesdienst. Keine Trennung mehr in profan und heilig. Wenn gelebte Spiritualität nicht sogar deinen Stuhl verändert, dann bleibt sie ein stinkender Hirnpfurz. Wenn du aber geröstet wirst, dann verbreitest du ein herrliches Aroma."

Ich sah mich schon transzendental über der Klobrille schweben, aber das hatte Coyote sicher nicht gemeint. Ach, Coyote!

Plötzlich stand er auf und meinte, es wäre Zeit aufzubrechen. Ich wollte ihm schon folgen. Er aber nahm seinen Hut und verbeugte sich vor mir. Dann begann er mit einer ausladenden Rede.

„Kommen Sie an Bord, Sir! Die Segel sind gesetzt. Das Schiff legt gleich ab. Sie meinen wohl, es wäre ein Narrenschiff. Ja und nein", begann er.

Hatte ich das nicht schon von ihm gehört?

„Sie sind herzlich willkommen. Wir freuen uns auf Sie. Es ist das Schiff der Ekstase. Haben Sie den Pass der Absurdität bei sich, bevor Sie an Bord gehen, Sir?"

„Ja, hier ist er – mein Captain oh, Captain!"

„Wo? Ich kann ihn nicht sehen!"

„Hier, die eine Hand ist mein Pass!"

„Welche Hand, Sir?"

„Hier, die eine klatschende Hand."

Ich gab ihm eine leichte Ohrfeige. Er schüttelte sich, stieg mir auf den Fuß und sagte:

„Sie sind schlagfertig, Sir. Aber hören Sie den einen Ton, Sir?"

„Ja, ich bin der Ton in Ihrem Ohr, Captain. Habe wohl zu heftig geschlagen."

„Oh, in meinem Ohr höre ich nun ein Ticken!"

„Kann nicht sein, Dietmars Frau ist schwanger! Sie ticken nicht ganz richtig! Übrigens: Stehen Sie auf mich, Sir?"

„Wie? Oh, entschuldigen Sie."

Er entfernte wieder seinen Fuß.

„Captain, es gibt doch keine Schuld. Nur das Lernen, bis wir neu geboren werden."

„Sind Sie etwa auch schwanger, Sir?"

„Ja, mit mir, ganz ohne zu ticken. Ich werde in diesem Augenblick wohl neu geboren."

„Dann hören Sie aber den Klang der Glocke, nicht wahr?"
„Ja, sie läutet die Stille, die ich bin."
„Oh, Sie meinen wohl die Schulglocke, Sir?"
„Ich habe sie verbogen! Reine Stille jetzt im Raum der heiligen Pädagogik, mein Captain!"
„Wie sollen die Kinder vom Unterricht erwachen, Sir?"
„Die kleinen Kinder sind schon erwacht, aber sie werden verbogen."
„Wie viel Platz brauchen Sie am Schiff, Sir?"
„Wie viele von uns können auf einer Nadel tanzen, Captain?"
„Alle, Sir! Es ist Platz für alle! Oh, welcher Disziplin verschreiben Sie sich denn an Bord?"
„Tan-zen, put-zen und nach Gott lech-zen! Ach ja: Und Kaffee kreden-zen!"
„Sind Sie betrunken, Sir? Das sind doch keine Disziplinen!"
„Ja, ordentlich. Ich habe mich volllaufen lassen mit Liebe. Ich torkle nun rauf auf Ihr Schiff, ganz ohne Disziplin."
„Warum singen Sie denn nicht erst einmal Ihr Lied?"

Das Universum sang *Becoming a coyote*, mein Körper tanzte dazu.

„Ich kann nichts hören, Sir!", brüllte der Captain.
„Die Tanzenden wurden für verrückt gehalten von denjenigen, die die Musik nicht hören konnten!"
„Vielleicht hörten Sie die Musik, weil Sie tanzten, Sir!"
„Nein, es tanzte die hörende Musik!"
„Wo sind Ihre Freunde?"
„Im Herzen, Captain!"
„Oh, darum wiegt es so leicht. Und die Kinder?"
„Auch sie fahren mit!"
„Und die Übrigen?"
„Im Arsch! Aber die werden irgendwann ins Meer gespült. Manche unterrichten noch!"
„Im Arsch wird unter-richtet. Bei uns wird aufgerichtet. Tanzen Sie durch das Nadelöhr auf die Spitze der Nadel. Es ist leichter, als durch den Arsch zu kriechen. Nadeltänzer haben unendlich viel Platz, Arschkriecher kämpfen um ihren Platz."

Er gab mir einen Tritt in den Allerwertesten und glitt mit einem genialen *Moonwalk* an Bord, ohne sich einmal umzudrehen. Ich tanzte ihm hinterher aufs Schiff – in die Küche meiner Wohnung.

„Sie nehmen sich wohl wichtig!", posaunte er plötzlich.

„Hier ist niemand, mein Captain. Sie plappern mit dem Leben selbst, Schiffspapagei! Keine Gestalt, nicht mal Schatten."

Das Nadelöhr lachte, als es mit seinem Ohr lauschte.

„Wo ist Ihr Hirn?", rief er mir hinterher.

„In den tanzenden Füßen, Ihres anscheinend im Arsch!"

„Danke, Sie Flegel. Gott erwartet Sie schon ungeduldig. Ich höre sein Lachen. Sie haben sich interessant gemacht für ihn. Er mag keine Leichenträgermienen, schon gar nicht in seinem Namen. Küssen Sie mit Ihren heißen Sohlen den Schiffsboden. Die Lieder bedanken sich im Vorhinein bei Ihnen. Ah ... übrigens, Sir: Das hätte ich fast vergessen: Dieses Schiff ist Ihre Arche, gebaut mit Ihrer Energie und Gottes Hand. Wie heißen Sie?"

„Noah, mein Captain."

„Oh, wie passend."

„Freut mich, dass wir alle Platz hier finden. Jeder von uns macht das Schiff leichter und den Platz größer. Ich danke, mein Captain - oh Captain. Halleluja."

„Wir können ablegen! Sie sind am Schiff des Lebens! Bordkapelle: Musik! Wir brechen auf! Der wahre Captain lacht und wartet schon! Halleluja!"

Coyote drückte mich fest an sich. „Prüfung geschafft! System gesprengt! Bohne befreit!" Er lachte schallend.

„Das war und ist die Prüfung, nicht wahr?"

„Unsichtbare Schule, unsichtbare Prüfung. Und du warst und bist fantastisch. Ich bin stolz auf dich – du Nichts!"

Wir standen eine Weile am Schiff – pardon - im Raum. Das Licht fiel sanft durch das Fenster und tanzte golden auf unseren Körpern. Ich lachte und schluchzte. Manchmal sogar gleichzeitig. Dann war es wieder still. Wellen an Energien und Emotionen brandeten herein, um danach wieder einer stillen, großen Weite zu weichen.

Manchmal hatte ich das Gefühl, das alles nicht mehr er-tragen zu können.

„Darf ich dir noch einmal einen Kaffee kredenzen, alter Mann?"
„Ich bitte darum, junger Mann. Darf ich noch einmal furzen?"
„Mir soll es recht sein. Von lechzen nach deinen Flatulenzen ist aber keine Rede."

Während ich die Edelstahlkanne aktivierte, blies Coyote Ringe, die er dann mit seinen Winden zu zerstreuen versuchte, in den Raum. Wir saßen uns gegenüber, tranken Kaffee und schwiegen. Eine ungeheure Kraft und Präsenz hatte mich erfasst.

„Noah, du bist auf einem wunderbaren Weg, der eigentlich kein Weg ist."

„Danke. Du hast mir schon einen letzten Ratschlag gegeben. Hast du noch einen allerletzten Tipp?"

„Unersättlich wie immer. Also gut: Trink in Zukunft weniger Kaffee und rauche nicht so viel."

Er zwinkerte mir zu.

„Ist das alles?"

„Das ist alles. Es war mir eine Ehre."

Coyote blickte nach oben, seine Augen schimmerten feucht. Dann lächelte er mich an. „Komm lass uns für die Feier packen."

Wir sausten mit meinem Toyota kurz nach Mittag los. Die tief verschneite Landschaft breitete sich vor uns aus, über uns wölbte sich der azurblaue Himmel.

Coyote sang und pfiff unentwegt *Swing low, sweet chariot*. Nach einiger Zeit schaltete ich das Radio ein. Es war *Little drummer boy* von Bing Crosby und David Bowie zu hören.

„Na, little drama boy?", meinte plötzlich Coyote und grinste mich an.

Als wir am Parkplatz ankamen, erwartete uns Bert bereits mit seinen Tourenski. Wir wollten gemeinsam zu seiner Hütte aufsteigen. Franziska entdeckte mich am Parkplatz, rannte mir entgegen und küsste mich überschwänglich. Danach umarmte sie Coyote herzlich. Sie war mit Patrizia und Vanessa angereist.

Kurz darauf fuhr Jakob mit Florian und Michael, der über die Feiertage freibekommen hatte, in den Parkplatz ein.

„Ich hätte die Einfahrt fast übersehen", meinte Jakob, „aber zum Glück entdeckte ich noch die Serpentine, von der du gesprochen hast, Noah."

Während wir einander begrüßten, parkten Martin und Susi ihr Auto. Es war großartig, all die Freunde hier zu wissen. Berts Frau Miriam, die mit dem Geländewagen gekommen war, holte Coyote und Susi ab. Beide wollten bei den Vorbereitungen helfen. Bald schon tuckerte der Wagen die Straße hoch, die sich gemächlich den Berg hinaufschlängelte.

Unser Tross bewegte sich langsam durch den Schnee in Richtung Hütte. Anfangs stiegen wir einen offenen Hang hinauf. Danach ging es durch dichten Wald, bevor unsere Spuren in einen Forstweg einmündeten. Bert führte unsere Tourengruppe an und motivierte jeden, der ein wenig Zuspruch brauchte.

„Jetzt kommt nur noch ein steiler, nicht ganz einfacher Anstieg. Aber dann haben wir's geschafft", verkündete er vor dem letzten Teil überschwänglich.

Ich war erschöpft, während ich Franziska folgte.

„Wir hätten vielleicht doch das Geländetaxi nehmen sollen, Franziska."

„Komm einfach noch näher ran und häng dich in meinen Windschatten."

Hinter mir kämpfte sich Martin vorwärts. Martin war der Letzte von uns allen, da er mit den Schneeschuhen durch die Spur von uns Skitourengeher stapfte.

Auf der Bergkuppe angekommen, sahen wir Berts Haus in der Ferne. Über dem Tal verabschiedete sich die Sonne als blutoranger Feuerball. Es wurde dunkler und die Bilder, die das Auge erfasste, verloren langsam an Farbe. Die letzten Meter des Weges waren ein Riesenspaß. Wir liefen mit den Skiern um die Wette, bewarfen uns mit Schnee und lachten. Coyote hatte uns gehört und kam mit Miriams und Berts Kindern raus ins Freie.

„Ich begrüße die Jugend sehr herzlich!", rief er uns zu.

Die Kinder hatten sichtlich Spaß mit Coyote. Er bewarf sie mit kleinen Schneebällen und rannte davon, die Kinder hinterher wie kleine Kojoten. Wir stellten unsere Skier ab und verstauten die Ausrüstung im Haus. Wenig später saßen wir alle rund um den massiven Eichentisch in der warmen Stube und genossen die Erdäpfelsuppe, das von Miriam frisch gebackene Brot und den Tee. Florian schoss mit seiner Kamera mehrere Fotos.

Ich zählte nach. Wir waren ohne Kinder ein ganzes Dutzend. Als wir Jungs die Bänke um die Feuerstelle platzierten, führte Miriam die Mädels durch ihr Zuhause. Bert zeigte uns die Umgebung seiner Holzhütte.

„Es ist sehr abgeschieden hier, aber wir lieben das."

Meine Freunde wirkten angetan von diesem jungen, weisen Mann in den Bergen. Bert und Coyote verschwanden dann kurz gemeinsam im Haus. Es dauerte nicht lange und beide kamen scherzend wieder zurück.

„Wer braucht schon ein Feuerzeug?", meinte Bert.

„Scheiß doch der Hund aufs Feuerzeug!", hörte ich noch Coyote lachen.

Bert hatte einen Bogen mitgebracht, den er auf die Holzscheite vor seinem Holzhaus legte.

Es war mittlerweile stockdunkel. Die letzten farbenfrohen Boten der Sonne, die sich nun anderen Erdteilen zuwandte, hatten sich von den Bergspitzen verabschiedet und gaben den Blick frei auf die Sterne, die am Firmament der Reihe nach erschienen.

Wir blickten nach oben und teilten unser Wissen über die einzelnen Sternenbilder.

Während wir im Kreis auf den Bänken saßen, fragte Coyote: „Darf ich ein Gebet sprechen?"

„Sicher, gerne John."

Coyote bedankte sich bei allen Wesen, bei den Himmelsrichtungen, bei Himmel und Erde, bei Vater und Mutter, beim ewigen Kind und letztendlich beim Namenlosen.

Danach sprach er ein Gebet und verkündete die Geburt des ewigen Kindes im einfachen Stall, in der Krippe des Herzens und machte uns darauf aufmerksam, wer damals das Kind hatte sehen können: die einfachen Hirten, die exotischen Weisen und die Tiere im Stall. Nicht die Führer, Herrscher und Priester.

Er sprach über den Stern, dem es in der Dunkelheit zu folgen galt. Dann bat er um Feuer. Alle waren froh, denn die Kälte am Berg war uns bis in die letzten Glieder des Körpers gekrochen.

Florian holte sein Feuerzeug aus der Hosentasche.

„Ist das nicht tröstlich? Der absolute Nullpunkt kann niemals erreicht werden. Die Bewegung der Teilchen lässt sich nicht aufhalten. Finde ich gut, wenn ich diese Kälte spüre."

Coyote grinste.

„Erst einmal kann der Tanz des Lebens niemals aufgehalten werden. Wenn euch das Feuer des Geistes voll erwischt, dann ändert sich der Aggregatzustand eures Bewusstseins und ihr steigt tanzend auf. Und zweitens", Coyote blickte zu Florian, „scheiß doch der Hund aufs Feuerzeug!"

Bert nahm den Bogen, das Holzbrett und die Spindel. Er spannte die Spindel in die Schnur des Bogens ein und brachte diese geschickt durch Hin- und Herbewegen in Drehung. Es dauerte nicht lange und es bildete sich am Holzbrett, auf dem die Spindel sich drehte, feiner Holzstaub, der sich in eine Glut verwandelte.

Bert ließ die Glut geschickt in einen Zunder, den er mitgenommen hatte, fallen. Dann hob er ihn in die Höhe und blies sanft hinein, bis dieser plötzlich in Flammen stand. Er schob den Zunder unter eine kleine, vorbereitete Pyramide aus Zweigen, die wie die Zwergen-Variante eines Lagerfeuers wirkte. Sobald die Zweige Feuer gefangen hatten, lud er sie auf eine Schaufel und trug sie zum Lagerfeuerplatz.

Bald knackste und knisterte es, und im Nu loderten die Flammen meterhoch.

„Bert, was hältst du von Survival?", erkundigte sich Jakob, der neben Michael Platz genommen hatte.

„Survival, Bushcraft, Wilderness. Ich würde diese Zugänge nicht voneinander trennen. Für mich sind sie alle bereichernd.

Ein Feuer sollte jeder ohne künstliche Hilfsmittel machen können. Das ist unser Erbe. Außerdem könnte es noch sehr wichtig werden in einer Zeit, in der die Natur blutet und einige Mächtige immer wieder unverhohlen mit den Säbeln rasseln."

„Manchen Führern sollte man sogar heute noch Die *Kunst des*

Krieges von Sun Tsu ans Herz legen, damit sie lernen, wie man diesen am besten vermeidet."

Martin rieb sich seine Hände und lächelte in die Runde.

Coyote wirkte nachdenklich.

„Lerne das Feuermachen, zumindest für mich, Noah. Du weißt schon: Das Feuer und ich, wir gehören zusammen", flüsterte er mir zu.

Mir war schwer ums Herz. Während das Lagerfeuer immer kleiner wurde, erzählte Coyote aberwitzige Geschichten von der Entstehung des Universums, des Firmaments und des Feuers. Alle lauschten gebannt; nur die Kinder waren auf dem Schoß ihrer Eltern eingeschlafen.

„John, wo wohnst du eigentlich?", fragte Vanessa.

„Letztendlich überall."

„Wie meinst du das?"

„Naja, wenn du eine Welle fragst, wo sie wohnt, dann wird sie dir das nicht genau beantworten können."

„Okay John, so genau wollte es Vanessa wohl gar nicht wissen", funkte ich dazwischen.

„Immer mehr Menschen sitzen wieder rund ums Lagerfeuer und erzählen sich Geschichten und immer mehr Menschen können wieder Feuer machen und in der Natur überleben. Ist das nicht schön?", schwärmte Miriam.

Franziska kuschelte sich an mich ran.

„Gebt dieses Feuer weiter", spornte Coyote alias John uns an. „Wir sind alle verbunden. Wenn wir erkennen, dass es nichts Getrenntes gibt, lassen wir äußere Kontrolle los. Kontrolle klebt immer an der äußeren Form und erreicht den Inhalt nie.

In der Verbundenheit können wir von innen über das Herz erschaffen, gestalten, steuern, lenken und bestimmen. Es ist die Stimme des Herzens, die dann bestimmt und lenkt, in Harmonie mit dem Netz des Lebens."

In die darauf folgende Stille hinein zitierte Bert mit zitternder Stimme aus dem Gedächtnis:

*Eines Tages, nachdem wir die Winde, die Wellen,
Ebbe und Flut und die Gravitation gemeistert haben,
werden wir uns auch die Energien der Liebe
nutzbar machen.
Und dann, zum zweiten Mal in der Geschichte unseres
Planeten, wird der Mensch das Feuer entdecken.*

Nach einer kurzen Pause meinte Bert: „Das ist eines meiner Lieblingszitate. Es ist von Teilhard de Chardin."

„Besser kann man es nicht sagen", befand Coyote, stand auf und bat uns, einander an den Händen zu halten.

„Ich danke euch", sagte er. „Ich danke euch von ganzem Herzen. Wachst und gedeiht und gebt das Feuer der Liebe weiter, auch mitten in einer Welt, die glaubt, alles selber schaffen zu können.

Wenn man uns sagt, dass wir göttlich und unermesslich seien, dann bedankt sich meist sofort das kleine Ich, das an Trennung glaubt. Echte Spiritualität stellt uns aber auf den Kopf, und wir werden wieder an das lebendige Leben angeschlossen, an jenes Leben, das die meisten als Kinder noch erleben konnten. Das Leben tanzt uns dann, wie der Wind die Schneeflocken."

Danach begann er zu tanzen. Er fing langsam an, um dann immer schneller und wilder zu werden. Bert holte seine Gitarre. Nach einigen Liedern wechselten wir einander beim Spielen ab. Die Stimmung war ausgelassen und doch auch sehr bewusst.

Ich fühlte mich tief verbunden mit Mutter Erde und all dem Leben hier. Ich blickte nach oben, um die Sterne auszumachen und wackelte zum Spaß mit dem Po und den Hüften, so wie Coyote mich oft aufgefordert hatte.

Herrlich ist es, Mensch zu sein, was für eine Ehre! Die Füße am Boden, den Kopf im Himmel und aufrecht durch das Leben tanzen.

Später, als wir wieder saßen und in die Stille lauschten, musste ich noch etwas loswerden.

„In letzter Zeit passiert es mir immer wieder. Vor allem, bevor ich einschlafe oder aufwache. Ich frage mich, wer ich wirklich bin.

Kennt ihr das auch? Ich kann mich einfach nicht greifen. Wenn ich mir diese Frage stelle, dann empfinde ich eine tiefe Freude, die wie ein Echo aus unerreichbarer Tiefe kommt."

„Leute, das ist die intimste Frage, die man sich stellen kann. Apropos: Wer bin ich? Es ist Zeit für mich zu gehen. Ich wünsche euch noch eine wunderschöne Nacht im Schoße der Mutter Erde."

„Was? Wo willst du denn jetzt noch hin?", rief Franziska.

„Dorthin zurück, woher ich gekommen bin."

Jetzt war der Moment gekommen, mein Lied, an dem ich so lange gefeilt hatte, zu singen.

„Für dich, von ganzem Herzen, zum Abschied", sagte ich zu Coyote, schnappte mir die Gitarre und sang *Becoming a coyote* in die Stille der Nacht. Ich sang aus tiefstem Herzen.

In der letzten Strophe wechselte ich spontan zu *Being a coyote*.

Bert weinte und hielt die Hand des alten Mannes. Als ich fertig gesungen hatte, stand Coyote auf und umarmte mich.

„Danke, ihr seid wunderbare Freunde. Tragt das Feuer hinaus in die Welt. Und seid verrückt. Vergesst das nie!"

„Herzenszentrierte Verrücktheit!", rief ich unter Tränen.

„Der Weg des Kojoten ist spurlos. Spurloses Glück", fügte er hinzu. „Seid wie ein Kojote. Rätselhaft, spurlos, aber nicht humorlos. Erinnert euch an das Lied von Noah. Das sagt alles. Auf den göttlichen Hund – Kojote!"

Miriam bot an, ihn ins Tal zu fahren.

„Danke, Miriam. Ich gehe zu Fuß. Ein Freund erwartet mich schon."

Er umarmte jeden von uns und sprach persönliche Worte. Als Coyote zu mir kam, griff er an meine Brust und gleißendes Licht bohrte sich in mein Herz. Es stand in Flammen.

„Sehen wir uns wieder, Coyote?", flüsterte ich ihm ins Ohr.

„Weit mehr als das, Noah. Weit mehr! Und danke dir, dass du dich hast rösten und backen lassen. Jetzt bist du herrlich freier Kaffee und schimmerst am Himmel als frisch gebackener Weihnachtsstern. Eine richtige Götterspeise. Feiere das Kind in der Krippe deines Herzens."

Ich stand da, zwischen Franziska und Bert, als Coyote zum Abschied winkte und in Richtung Tal verschwand. Einen kurzen

Moment meinte ich, einen Kojoten laufen zu sehen.

„Hast du das auch gesehen?", flüsterte mir Bert zu.

„Ja", sagte ich.

Bert suchte nach Spuren, fand aber keine, weder eine menschliche noch eine tierische. Weg war er, der Freund meines Herzens, und doch stand mein Herz in Flammen.

Wir kehrten zum Lagerfeuer zurück. Bert schlug mir vor, diese außergewöhnliche Nacht doch zu durchwachen, wenn ich bereit dafür sei.

„Ich weiß, es wird eine lange Nacht. Aber es wird dir in diesem besonderen Moment helfen, wenn du das Feuer hütest."

Er zeigte mir, wo ich das Holz holen konnte und gab mir Decken mit. Meine Freunde machten mir Mut.

Franziska ließ es sich nicht nehmen, draußen neben mir zu schlafen, ein wenig gewärmt vom Feuer. Sie holte sich von Bert eine Spezialisomatte und schlüpfte in ihren Daunenschlafsack. Bald schlief sie den Schlaf der Seligen. Ihre Haube hatte sie dabei tief ins Gesicht gezogen.

Das Feuer, mein Herz und der Anblick von Franziska wärmten mich. Die Nacht war klirrend kalt. Ich dachte an die universelle Mutter, die mich gerade umarmte und summte das Lied *In this heart*. Während die Sterne langsam über den Himmel zogen, erinnerte ich mich an meine letzten Wochen mit Coyote.

Was für eine unglaubliche Zeit! Ich fühlte mich reich beschenkt und lebendiger als je zuvor. Ob mein Vater mich jetzt sehen konnte? Wir waren Abenteurer, mein Vater und ich, und er war mir vorausgegangen, in eine Welt, die ich nur erahnen konnte.

Irgendwann holte ich mir Berts Gitarre. Die Nacht lauschte, als aus dem Nest der Stille die Melodien entsprangen. Immer wieder summte ich *Being a coyote* und hütete das Feuer am Lagerfeuerplatz.

Die Nacht schien endlos lang zu sein. Ich hatte weder Uhr noch Handy bei mir. Die Sterne wollten sich kaum vom Fleck bewegen. Wunderschön funkelten sie am Himmelszelt. Ich dachte an Dante, der einmal gesagt hatte: *Drei Dinge sind uns aus dem Paradies geblieben: die Sterne der Nacht, die Blumen des Tages und die Augen der Kinder*. Ich musste lächeln, da ich mir am Morgen höchstens Eisblumen an den Fenstern vorstellen konnte.

Dann starrte ich ins Feuer. Manchmal kam es mir vor, als wäre es ein Wesen, ein Wesen der Verwandlung. Sogleich schaltete sich wieder der Verstand dazu und sprach in Gestalt meines ehemaligen Chemielehrers: „Feuer ist lediglich ein sichtbares Phänomen einer stark exothermen Reaktion."

Einen Wimpernschlag später sah ich das unglaubliche Grinsen von Coyote und die Flammen schienen seine Gestalt anzunehmen und zu tanzen. Auch mein Körper begann zu vibrieren.

Der Engel der Nacht hütete noch immer die Dunkelheit, während ich auf unserer wunderbaren Erde saß und dem Herzschlag des Universums lauschte. Müde und steif vor Kälte wartete ich auf die Sonne. Gemächlich wanderten die Sterne am Firmament, kaum wahrnehmbar. Noch nie hatte ich mich nach der Geborgenheit der Nacht so sehr auf die ersten Strahlen gefreut, die auf den Bergrücken und -kämmen zu erwarten waren.

Was für ein Privileg, diese belebte Oase im Weltall bewohnen zu dürfen! Warum sich nach einem Himmel sehnen?

Nur langsam schälten sich die Konturen der Berge aus der Nacht. Und dann küssten die ersten Lichtstrahlen die Spitze eines Gipfels. Freude und Erleichterung durchfluteten mich. Ich hatte durchgehalten und war stolz auf mich.

Franziska wachte auf und auch sie wurde natürlich geküsst. Sie hatte eine wundervolle Nacht im Dunkel der Erdenmutter erlebt, wie sie später erzählte.

Allmählich kamen auch meine Freunde aus Berts Holzhaus. Während die Sonne am Firmament erschien, brannte das Feuer noch ein wenig, Bert lächelte mir zu und bedankte sich im Namen der Gruppe bei mir. Miriam hatte im Haus schon den Tisch gedeckt. Das Frühstück war fertig. Wir stärkten uns mit Keksen, Brot und Tee.

Ich ging bald wieder nach draußen und schaute mich um.

War Coyote wirklich nicht mehr da? Vielleicht gab es noch eine Chance, ihn zu finden? Wer wusste das schon?

Aber vergebens: Keine Spur, außer jener in meinem und unseren Herzen. Wir verabschiedeten und bedankten uns bei Bert und seiner Familie. Bert zwinkerte mir zu und wir umarmten uns innig. Ich würde ihn schon bald bei der Weihnachtsfeier im

Shannon Inn wiedersehen. Er war mir ans Herz gewachsen und ein wichtiger Freund geworden.

Wenig später fuhren wir auf unseren Skiern los. Martin surfte mit seinem neuen Snowboard unter wildem Geheul als Erster ins Tal.

Ich hatte das Gefühl, Teil einer verschworenen Truppe zu sein. Ich liebte meine Freunde. Am Parkplatz verabschiedeten wir uns voneinander.

„Mir fehlt John jetzt schon", gestand Martin, der sich auf sein Snowboard stützte.

Alle nickten.

„Aber wir werden ihn wieder sehen. Da bin ich mir sicher", erklärte Susi.

„Ja, bestimmt, auf die eine oder andere Weise. Ich freue mich nun aber riesig auf unsere Weihnachtsfeier übermorgen im *Shannon Inn*."

„Ich auch, Franziska", stimmte Jakob ein. „Jetzt verstaue ich aber mal Florian und Michael in meiner alten Karre."

Bald verschwanden die Freunde mit ihren Autos in der verschneiten Landschaft. Alte, verwandte Seelen, endlich wieder zur selben Zeit am selben Ort.

Franziska und ich fuhren gemeinsam mit dem Auto nach Hause. Während der Fahrt schaltete ich das Radio ein. *Driving home for christmas* war zu hören. Franziska und ich sangen mit Chris Rea, während Bilder der letzten Tage in mir hochstiegen.

Tränen liefen über meine Wangen und ich freute mich auf die traditionelle Weihnachtsfeier mit meinen Freunden im *Shannon Inn* einen Tag vor Weihnachten.

„Noah, du hast so ein wunderschönes Lied am Lagerfeuer gesungen. Singst du es noch einmal?", fragte Franziska unvermittelt während der Fahrt. „Ich schalte das Radio aus."

Ich räusperte mich kurz. „Weißt du eigentlich, wer John wirklich ist?"

Sie lächelte, und ich sang *Being a coyote*, während wir heimwärts Richtung Weihnacht fuhren.

ERDÄPFELGULASCH –
Rezept (für 2 Personen)

½ Zwiebel
½ kg Erdäpfel
etwas Salz, Majoran, Kümmel
1 Lorbeerblatt
2 Teelöffel Paprikapulver
½ Suppenwürfel
2-3 Esslöffel Sauerrahm
ev. 1 Frankfurter Würstel

Zwiebel anrösten und die zu Würfel geschnittenen Erdäpfel dazugeben.

Würzen, mit etwas Wasser aufgießen und weich kochen.

Sauerrahm einrühren und die in Scheiben geschnittenen Würstel dazugeben.

Eventuell mit Schnittlauch noch verfeinern.

Mahlzeit!

Erklärung

Die Mythologie des Kojoten ist eine der populärsten innerhalb der *Native Americans*, besonders viele indianische Erzählungen stammen aus dem Südwesten der USA.

Vergleichbar mit dem Raben und dem Fuchs ist es Kojote, der als „Heiliger Narr" und Trickster – aber auch als Schöpfer auf die Bühne der Archetypen tritt. Vielleicht ist er dabei der Verrückteste unter den Narren Gottes.

Old Man Coyote ist die menschliche Gestalt dieses kreativen Typen, der in manchen Legenden nicht nur das Feuer auf die Erde holte, die Pferde den Menschen brachte, sondern auch die Sterne an das Himmelszelt warf. Kojote nimmt also eine zentrale Rolle in der indianischen Mythologie ein.

Dabei wurde er aber nicht nur bewundert und verehrt, sondern zum Teil auch wegen seiner Streiche und seiner unberechenbaren Art gefürchtet.

Warum taucht *Old Man Coyote* in einem Roman innerhalb der Schulwelt auf?

Vielleicht, weil er mit seinem Humor und seiner unergründlichen Weisheit die Natürlichkeit des Lernens zu retten vermag und über die Ernsthaftigkeit der Schuldebatte herzhaft zu lachen weiß.

Coyotes Auftritt außerhalb des nordamerikanischen Kontinents erfolgt dabei mit größtem Respekt vor der indianischen Kultur.

Old Man Coyote – kurz Coyote – ist nun mal ein Wesen, das sich nicht eingrenzen lässt. Das wäre wider seine Natur. Und so findet er sich, selten aber doch, in scheinbar fremden Gefilden …

ÖSTERREICHISCHE AUSDRÜCKE

angreifen: auch berühren, anfassen

Direktor: Rektor, Schulleiter

Erdäpfel: Kartoffel

Frankfurter Würstel: Wiener Würstchen

Gaudi: Spaß

Gewand: Kleidung

Gulasch: ursprünglich ungarische Spezialität, Eintopf der Magyaren, das Wiener Gulasch entstand im 19. Jahrhundert; die Variante des Erdäpfelgulaschs ist bei Kindern besonders beliebt und gehört zu den schnellsten Gerichten der Wiener Hausmannskost.

hackeln: arbeiten

Haube: Mütze

Häferl: große Tasse

Jause: Zwischenmahlzeit, Brotzeit

Kapazunda: Koryphäe, Kapazität

Kasperl: auch Kasper, Kasperle genannt. Komischer Held des Kasperltheaters. Dieses Puppentheater wird meist mit Handpuppen gespielt.

Krampus: eine Gestalt des Adventbrauchtums in Österreich, Bayern, Südtirol, Ungarn, Slowenien. Er kommt in Begleitung des Nikolaus und bestraft die schlimmen Kinder, während die braven vom Nikolaus belohnt werden. Der Krampus geht mit dem Nikolaus, den er beschützt und dem er gehorcht, am 5. bzw. 6. Dezember von Haus zu Haus.

Matura: Reifeprüfung

Mistkübel: Abfalleimer

Perchten: Gestalten des österreichisch-bayrischen alpenländischen Brauchtums, die ab dem 21. Dezember im Einsatz sind. Es wird zwischen den angsteinflößenden, hässlichen „Schiachperchten", die das Böse vertreiben und den Schönperchten, die für Fruchtbarkeit stehen, unterschieden.

Perchtenläufe: In den Alpenländern stattfindende Umzüge und Tänze in Perchtenmasken, diese Läufe finden traditionell zwischen dem 21. Dezember und dem 6. Jänner statt.

Polster: Kissen

schiach: hässlich

schnipseln: schnippeln, schneiden

Schulwart: Hausmeister

Schwammerl: Pilz

Stamperl: genormtes Schnapsglas

supplieren: das Halten von Vertretungsstunden im österreichischen Schulwesen

Pensionist: Rentner

pfurzen: furzen, flatulieren

Volksschule: Grundschule

Literatur

Blake, William: Die Hochzeit von Himmel und Hölle, edition Tramontane, 1987, Seite 69

Blake, William: Die Hochzeit von Himmel und Hölle, edition Tramontane, 1987, Seite 71

Bly, Robert: Eisenhans; Rowohlt Taschenbuch Verlag, 5. Auflage, April 2009, Seite 190, 191

Rilke, Rainer Maria: „Advent", In: „Als du mich einst gefunden hast", Anaconda Verlag, Köln 2016, Seite 8

Rilke, Rainer Maria: „Gebete der Mädchen zur Maria" – „Ich fürchte mich so vor der Menschen Wort"; In: „Du musst das Leben nicht verstehen"; Marix Verlag, 9. Auflage 2016, Seite 42

Russell, Bertrand: „The Triumph of Stupidity" aus „Mortals and Others. American Essays 1931-1935" (Routledge Chapman & Hall, 1998), Original: The fundamental cause of the trouble is that in the modern world the stupid are cocksure while the intelligent are full of doubt."

Shakespeare, William: „Der Kaufmann von Venedig, Kapitel 21, erster Aufzug, erste Szene", In: „Die Komödien", Lambert Schneider Verlag, Seite 629

Shakespeare, William: „Der Widerspenstigen Zähmung, erster Aufzug, erste Szene"; In: „Die Komödien", Lambert Schneider Verlag, Seite 723

Shakespeare, William: Richard III., zweiter Akt, zweite Szene; Wiesbaden: R. Löwit, 1969

Shakespeare, William: „Sommernachtstraum, fünfter Aufzug, erste Szene"; In: „Die Komödien", Lambert Schneider Verlag, Seite 549

Shakespeare, William: „Was ihr wollt, erster Akt, fünfte Szene"; In: „Die Komödien", Lambert Schneider Verlag, Seite 882

Shakespeare, William: „Wie es euch gefällt, zweiter Aufzug, siebente Szene"; In: „Die Komödien", Lambert Schneider Verlag, Seite 668

Voltaire; In: „Einführung in ein Kurs in Wundern", Kenneth Wapnick, Greuthof Verlag 2015, 16. Auflage, Seite 46

Swami Vivekananda, Vedanta – Der Ozean der Weisheit, O.W.Barth Verlag, 3. Auflage 96, Seite 36

Guardini, Romano; In: Lienhard Valentin, „Mit Kindern neue Wege gehen", Arbor Verlag 2005, Seite 55

Casals, Pablo; In: Glenda Green, „Liebe und Bewusstsein, Neue Weisheiten von Jeshua", Koha Verlag, 1. Auflage Nov. 2003, Seite 100

Wang Shu-he; In: Nicole Franke-Gricksch/Jens-Falk Heimann, „Der Puls des Lebens", PACS Verlag, 1. Auflage 2015, Seite 38

Nietzsche, Friedrich: Also sprach Zarathustra, Ein Buch für Alle und Keinen; Edition Holzinger, Berliner Ausgabe 2013, Seite 179

Lin-Chi, Meister Linji, Begegnungen, 1986, Ammann Verlag, Seite 90

Teilhard de Chardin, „L'evolution de la chasteté" (Fev. 1934) In: „Les directions de l`avenir", Paris, Seuil, 1973, Seite 92

Alighieri, Dante;
Quelle: http://www.zitate-online.de/literaturzitate/allgemein/16972/drei-dinge-sind-uns-aus-dem-paradies-geblieben.html

Antoine de Saint-Exupery;
Quelle: http://www.zitate-online.de/literaturzitate/allgemein/18950/wenn-du-ein-schiff-bauen-willst-dann-trommle.html

Dalai Lama;
Quelle: http://ein-neues-wir.de/wp/willkommen/unser-traum/

„Der liebe Augustin";
Quelle: http://www.sagen.at/texte/sagen/oesterreich/wien/1_bezirk/derliebeaugustin.html

Dschalal ad-Din al-Rumi;
Quelle: https://unglaublichleicht.com/tag/selbstannahme/

„Eating our future";
Quelle: https://wildbeimwild.files.wordpress.com/2015/08/eating-our-future_english_tcm46-28198.pdf, S. 7

Einstein, Albert;
Quelle: https://mensch-sein-heute.blog/2015/09/albert-einstein-zum-thema-intuition

nach Ernst, Paul; „Erdachte Gespräche",
Quelle: https://www.aphorismen.de/zitat/65782

Gershwin, George;
Quelle: http://jazz-quotes.com/artist/george-gershwin/

Keats, John;
Quelle: https://www.zitante.de/kommentare/-john-keats-....4423/

Konfuzius;
Quelle: http://www.poeteus.de/zitat/Gib-einem-Mann-einen-Fisch-und-du-ern%C3%A4hrst-ihn-f%C3%BCr-einen-Tag-Lehre-einen-Mann-zu-fischen-und-du-ern%C3%A4hrst-ihn-f%C3%BCr-sein-Leben/297

Landesamtes für Verbraucherschutz und Lebensmittelsicherheit (LAVES):
http://www.laves.niedersachsen.de/tiere/tierschutz/tierhaltung/tierschutz-auflagen-fuer-schweine-haltende-betriebe-73944.html,
mit freundlicher Genehmigung

Mahler, Gustav;
Quelle: https://www.spruch-archiv.com/completelist/comment-5362/?query=tradition+asche

Nietzsche, Friedrich;
Quelle: http://de.musicthoughts.com/t/2467 ; http://quoteinvestigator.com/2012/06/05/dance-insane/

Özil, Mesut;
Quelle: http://www.mesutoezil.com/de

Shakespeare, William;
Quelle: https://www.aphorismen.de/zitat/5743

Shaw, George Bernhard;
Quelle: http://www.zitate-online.de/literaturzitate/allgemein/1301/was-wir-brauchen-sind-ein-paar-verrueckte.html

Thoreau, Henry David;
Quelle: http://www.ostufer.net/de/gedichte-lieder/zitate-sammlung/285-zitate-f

Van Gogh;
Quelle: http://www.zitate-online.de/sprueche/kuenstler-literaten/17497/die-normalitaet-ist-eine-gepflasterte-strasse.html

Young, Edward;
Quelle: http://www.kirchner-seminare.de/uploads/tx_downloadit/Kirchner_Texte-Wir_werden_als_Originale_geboren.pdf, S. 4

Wilde, Oscar;
Quelle: http://www.wecker.de/de/weckers-welt/start_entries/240/item/502-Utopien.html

Dank

Zuallererst möchte ich mich bei meiner wunderbaren Frau Irene bedanken. Sie war es, die mich zum Schreiben des Buches ermutigte und es später dann manchmal bereute, wenn sie alleine die Reifen wechselte, die Lampen montierte, mit den Kindern lernte, während ich mit Coyote vor dem Computer saß.

Meinen fantastischen Kindern sei Dank für ihr Verständnis dafür, dass sie mich zeitweise nur mehr von hinten am Schreibtisch sahen (auch ein schöner Rücken muss nicht entzücken). Ihr und Irene seid die größten Schätze in meinem Leben!

Danke an Kater Fredi, der in turbulenten Zeiten immer wieder den Frieden herbeischnurren konnte.

Großer Dank gilt meinen Eltern, die immer an mich glaubten und mein Leben mit einer unkonventionellen Herzensbildung bereicherten. Meinen beiden Schwestern sei für ihr liebevolles Wesen gedankt.

All meinen Freunden, ob in meiner Nähe oder in der Welt verstreut – herzlichen Dank. Wegen euch verstehe ich, warum die Worte Freunde und Freude so knapp beieinander liegen. Ohne euch wäre ich nicht da, wo ich heute tanze …

Ein besonderer Dank gilt meinem verstorbenen Cousin Karl, der, ohne es zu wissen, mich vor vielen, vielen Jahren zum Schreiben eines Buches ermutigte. Oft reicht ein Satz, um einen Traum wahr werden zu lassen.

Ein riesiger Dank gilt auch all meinen Schülern. Es ist fantastisch, mit euch zu arbeiten bzw. mit euch gearbeitet zu haben. Wir Lehrer können nicht genug von euch lernen.

Danke an meine Lehrer – besonders an jene, die mich zu mir selbst begleiteten und begleiten, die mir zuhörten und mich ermutigten.

Meinem Körper sei gedankt, ohne seine Signale hätte ich das Buch wohl nicht fertig gestellt.

Danke an das Leben selbst und natürlich an Coyote, der mich lehrte, dass Gott verdammt viel Humor besitzt.

Dem Tao.de-Verlag möchte ich für seine freundliche, kompetente und unkomplizierte Unterstützung danken.

Meiner lieben Lektorin Eva Maria Nielsen vom Lektorat *Der rote Faden* für ihre Fähigkeit, ausufernde Passagen wieder in Fluss zu bringen. Die Zusammenarbeit war sehr bereichernd.

Danke an Nora Leitl für ihr wunderbares Cover und ihre Fähigkeit, *Old Man Coyote* abzubilden. Vani sei gedankt für ihre grafische Gestaltung und ihre liebevolle Umsicht im Prozess der Buchfertigstellung.

Danke an alle Mutmacher und Testleser. Alle beim Namen zu nennen, würde den Rahmen sprengen.

Danke an Barbara Vödisch, Peter Schipek und Gerald Hüther für die wertvolle und aufrichtige Unterstützung meines Buches. Danke auch an Gildis für die kostbare Hilfe. Ein besonderer Dank gilt Christoph als kraftvollen Ermutiger auf meinem Weg.

Abschließend möchte ich mich bei Betsy und Emerald dafür bedanken, dass sie mir mitten in der Wildnis eine außergewöhnliche Fährte zeigten, an deren Ende nun diese Geschichte zu finden ist.

Über den Autor:

Gerald Ehegartner lebt mit seiner Frau und seinen beiden Kindern in Dietach bei Steyr, Österreich. Vielfältige Tätigkeitsbereiche und Erfahrungen kennzeichnen seinen beruflichen Werdegang. Er arbeitete unter anderem als Campleiter, Musikschul-, Volksschul-, Integrations-, Religions- und Mittelschullehrer.
Gerald Ehegartner ist Mitbegründer des österreichweit ersten Naturpädagogik-Wahlpflichtfaches – „Abenteuer Natur".

Der Autor ist Teil des „Lernweltteams", einer Bildungsinitiative, die sich der Förderung der vielfältigen Talente von Kindern und Jugendlichen verschrieben hat.

Ausgebildet in Council, in Theater-, Natur- und Wildnispädagogik und als Visionssucheleiter („School of lost borders") gibt er sein Wissen und seine Kenntnisse gerne weiter.

Informationen zum Autor finden Sie unter:

www.geraldehegartner.com

Heilige Narren, Clowns, Trickster dieser Welt –
vereinigt euch!
Der Zustand dieser Welt ist viel zu ernst!